教師を育てる
教育課程

星 槎 大 学 叢 書

6

星槎大学出版会

星槎大学
SEISA

教師を育てる教育課程

はじめに

　本書は、大学の教員養成課程において、専門職である教師を目指して学んでいる学生を、主たる対象として執筆しているが、既に教職に就いている多くの専門職である教師及び研究者たちにも有益な書物であると自負している。

＜本書での表記について＞

　文章の表記については、いろいろな考え方が背景にある。本書の読者も表記に悩むことがあるであろうことを想定して、表記の背景となる議論の一部をここに明記しておく。読者が文章を書くときの参考になれば幸いである。

　例えば本書では「子供」で統一した。昨年2023年4月1日に発足した「こども家庭庁」は、「こども」とひらがな表記となっている。教師時代も人権的な意見を踏まえ「子ども」と表記した時期もある。表記については、執筆者もいろいろな考えを背景にして、多様であった。

　そこで、本書の表記は、文化庁が出している「言葉に関する問答集」及び「常用漢字表」を基本とし、その他については、学習指導要領等の行政文書を基本とした。同じように、教育漢字は漢字で書くようにした。例えば、「全て」「作る」「少なく」「頃」「毎」「立てる」である。子供たちの「たち」は、複数を意味し、「達」を使わない。

　さらに、年号は、基本的に西暦表記とした。世界共通であり、幅広い年齢層に本書を読んでいただくためにも西暦表示が妥当であるとした。しかし、学習指導要領等の行政文書には「平成29年告示」等の和暦での表記が多い。学習指導要領の改訂を語るときには、和暦の方が改訂の趣旨を想起

しやすいという執筆者もいた。タイトルとしての固有名詞には和暦も用いているが、本文の中では西暦で表記するようにしている。

　学校名は「A小学校」「B中学校」とし、学校現場に問い合わせ等がいかないよう配慮した。各執筆者の中には、出典を明らかにすることが倫理上のルールであるため、明記すべきという考えもあったが、記号で統一した。また、子供の個人情報保護の視点から、指導案等の個人情報に関わる部分は、「A児」「B児」「C児」……とした。

　ナカテンのある熟語については、「安全・安心」「児童・生徒」「指導・支援」「得手・不得手」「資質・能力」「コミュニティ・スクール」等、行政文書に合わせて統一した。しかし、執筆者のこだわりもあり、統一しきれないところもあった。各執筆者の本文については、執筆者の主張があるため、統一しなかったが、もくじは、本書の編集意図もあるため、一般化して表記してある。

＜専門職である執筆者＞

　あえて「専門職である教師」と表記しているのには、意図がある。教師は、大学等での「養成」、自治体等での「採用」、着任した学校や多様な組織での「研究と修養」の中で育ち、専門性を磨いている。本書の執筆者は、「チーム横浜」の専門職者たちである。横浜市の教師として、教育委員会事務局の職員として学び、現在も学校管理職や大学教員として活躍している専門職者である。

　執筆者たちを専門職者と呼ぶ理由は、教え合い・学び合う仲間であるからである。それぞれの教科等専門領域を渡り歩きながら、実践を重ね、今の自分がある。何よりも実践を通して、学びを生かし、自己変容してきた専門職者である。仲間からも学べる専門職者である。だからこそ、テキスト執筆を依頼した。快く受けてくれたものの、まとめるのに苦労した。それぞれ、時間がない中、メールや電話等で議論し、対面での時間が十分に保障されなかったからである。

＜執筆者たちの専門性はどう磨かれてきたのか＞

　中学校・高等学校の教師は、学術的背景をもって、養成され、採用を経て教師として教壇に立っている。教師としての研究と修養は、各学校の教科会等で行われている。横浜市では各教科等の教育研究会の中で専門性を磨いていく。

　小学校の教師の学術的背景は、学位論文をまとめることにより、養成され、採用を経て教壇に立っている。教師としての研究と修養の内容は、学位論文にまとめたことを継続していくというより、各学校の校務分掌によって、決められてしまう。働き方改革の中で会議は精選され、人事異動等により担当教科等の校務分掌も継続的に担当することができていない。

　そんな中でなぜ、専門職になり得たのか？

　横浜市では、各教科等の教育研究会が任意団体として組織されている。自らが研究と修養に努めたい教科等に加入することができ、そこで、継続的に専門性を磨いてきている。さらに、執筆者たちは、横浜市教育課程研究委員会総則及び専門委員会の中で、議論し、学び、育ち、実践を積み重ねてきている。そのほかにも、多様な組織で学んでいる。そんな中で、専門職に育ってきている。

＜本書の役割＞

　学習指導要領は教育政策と実践の橋渡しをする文書であり、学術的な視点からの影響を受けながらも、具体的な教育実践に直結する形で示されている。

　本書のもくじは、2017年「学習指導要領総則 小学校・中学校・特別支援学校版及び幼稚園教育要領」、2018年「学習指導要領総則 高等学校版」を具現化すべく、構成している。それぞれの校種の学習指導要領総則に書かれていることを実践レベルに落とし込んで編集したつもりである。横に並べながら読むことをおすすめする。ただし、紙面の関係で全てを網羅できなかったことをお許し願いたい。

それぞれの執筆者の担当項目の中で、できるだけ共通化したことは、

○「新学習指導要領の実践」と「過去の実践」を対比できるような実践の一部を掲載すること

○対比することにより、教育課程の不易の部分と流行の部分を分析すること

○現行学習指導要領で重視されている『資質・能力』を基に教育課程の未来にふれること

　また、本文に続いて、「執筆者からの熱いメッセージ」を掲載している。教育を目指し、教育に関わり、学び続けている人へのメッセージである。学習指導要領のキーワードが各所に出てきているため、関心のあるところのどこから読んでいただいてもよい本である。

　教育課程にこだわりのある執筆者が込めた思いを是非、読み解いていただきたい。

＜これからの「教師の専門性」と教育課程編成の課題＞

　学校運営協議会の委員として関わっている、ある高校の校長先生と話す中で、次のように話されたのが印象に残っている。「本校の教師は、授業力はある。生徒指導でもしっかり生徒と向き合い、部活も頑張っている。しかし、地域とのつながりが薄い。」

　学校教育目標には、在籍する児童・生徒の実態を踏まえた願いや地域社会の課題解決が含まれている。その学校教育目標を具現化するのが教育課程である。

　私が大学教員として、これまでの教育実践を整理し、研究活動に取り組み、学生と向き合う中で、改めて気付いたのは「社会とのつながり」である。教師が育つためには、社会とつながる実践的視点が必要である。大海原に浮かぶ島のような学校の中だけでは教師は育たない。自分が育ったのも、学校を出て、多様な人材と出会い、議論する場の中にいたからである。

　幸せなことに私は、横浜市教育研究会理科部会、横浜市教育課程研究委

員会の中で大学教授も含めた「議論」の中で育ってきた。

　働き方改革の中であっても、学校の教育課程は、校長が編成しなければならない。校長は、部下である教職員を育てることが、第一の仕事である。校長の二つの仕事をつないでいるのが教育課程である。学校の教育課程は、校長室の本棚に並べるような書物なのだろうか？

　「社会に開かれた教育課程」が叫ばれる現代、社会が変化するスピードも速い。その変化する社会に開かれている教育課程は、本棚に並べていては、使えないものになってしまう。その上、多様な人材による議論の場も必要である。教師の専門性は、社会に開かれた教育課程を核としたカリキュラム・マネジメントを通して培われていくものであることは明確である。しかし、学校の教育課程がどのようなものであるべきか、形が見えてこないのが課題である。

北村克久

教師を育てる教育課程 もくじ

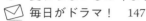
第Ⅳ章　今日的課題と教育課程

装幀／中村　聡

第Ⅰ章

学校の授業と教育課程

1 教育課程と教師

1 新任教師が作る「教育課程」と「週案」

　新任教師として着任した年に改訂された小学校指導書理科編（1978年5月文部省）には、次のように書かれている[1]。

> 　文部省では，昭和52年7月に小学校学習指導要領の改訂と学校教育法施行規則の一部改正を行った。
> 　今回の改訂に当たっては，ゆとりのあるしかも充実した学校生活の中で人間性豊かな児童を育成することを目指し，これまでの理科教育の基本的な考え方を継承しながらも内容に一層の検討を加え，基礎的・基本的な事項の精選を図ったところである。
>
> 　　　　　　　　　　　　小学校指導書理科編（1978年5月文部省）

　着任した年が、学習指導要領改訂の年に当たり、教育課程を作成することとなった。校務分掌では、希望していた理科部に所属した。理科主任は、研究主任も務める大先輩であり、いろいろ指導してもらった。2校目の中堅先輩にも優しく教えてもらったが、教育課程作成についての議論の記憶はない。それぞれ6学年分を3人で分担し、中学年理科の指導計画を担当した。

　「教育課程」を編成するというよりも、書店に行き、分かりやすい指導計画が記載されている本を購入し、転記した。着任したばかりで、2年生を担任していたため、中学年の担任経験もなく、地域や子供の実態に合わせて作成したとは言えない。今考えれば、教育課程の価値を実感する。

　着任する直前の3月に開校10周年の記念式典を終えたばかりの学校だったため、参考にする教育課程もなかったようだ。書籍を参考にして作成したとしても、PDCA（Plan Do Check Action）サイクルの出発点と考えれば、まず、学校としての「教育課程が編成されている」ということが重要である。

　教育実習等で指導案は作成してきたが、着任してすぐに、毎日、5時間ある授業をどうしていこうかと心配であった。そんなとき、学年研究会で学年主任が1週間分の「週案」を作成していることを知った。早速、大学ノートに枠を

作り、1週間分の時間割の1時間ごとの内容を記載して、計画を立てるよう指導を受けた。この「週案」を書くためにも「教育課程」は必要であった。

　当初は、教科書の指導書等を参考にしながら、時間割の中に転記していった。毎週の学年研究会で、行事を入れ、行事と重ねて教科指導の内容を「○○するとよい」と指導していただく。「なるほど」と思いながら、記載していく週案の面白さを知った。教師にとっての教育課程は、週ごとにPDCAが繰り返されていく「週案」という形で実践され、改善されていく。

（1）校内の「協働」により育つ教師

　新任教師の着任は、A小学校にとって、久しぶりということもあり、球技大会の朝練習や夏休み中の水泳指導など、中堅教師の先輩と共に任され、多くの指導方法を学んだ。しかし、教育課程改訂の趣旨などを学んだ記憶はない。教育委員会が主催する夏休み中の教育課程研究委員会にも、水泳指導のため参加できず、学習指導要領の改訂の趣旨を理解していたとはいえない。

　そんな中、着任3年目には校内の研究活動のリーダーである研究主任を任された。「創意ある教育活動」の時間の教育課程編成である。教員養成段階の大学時代、教育実習でお世話になった附属小学校で「創意ある教育活動　◯の時間」の研究発表があった。関心があったわけではなく、指導教員に憧れて参加申し込みをし、本を購入していた。その本の話をした記憶はないが、研究主任を任されたのである。各学年の推進委員も中堅どころの教職員で、ここでの議論は教育活動を創っているという実感があり楽しかった。

　学習指導要領[2]の以下の部分の具現化である。

> 　ゆとりのある充実した学校生活を実現するため，各教科の標準授業時数を削減し，地域や学校の実態に即して授業時数の運用に創意工夫を加えることができるようにしたこと。
> 　ゆとりのあるしかも充実した学校生活を実現するため，各教科の指導内容を精選するとともに，学校教育法施行規則の一部を改正し，第4学年では週当たり2単位時間，第5，6学年では4単位時間の標準授業時数の削減が行われた。このことによって，学校の教育活動にゆとりがもてるようにするとともに，地域や学校の実態に応じ創意を生かした教育活動が展開できるようにした。
> 　　　　　　　　　学習指導要領等の改訂の経過（1978年5月　文部省）

　1年生から6年生までの「縦割り班」を編成して、「○○祭」を実施した記

憶が強く残っている。

　こうして、新任教師、経験豊かな教師に関わらず、学習指導要領が改訂されれば、教育課程の編成に関わるということになる。校内での「重点研究会」を中心とした授業研究会や研究推進委員会を通して、教育課程の改訂の趣旨や、よりよい実践について語り合い、講師から指導を受けながら、教師は育っていく。

（2）横浜市小学校教育研究会の中で育つ教師

　横浜市には、任意団体の「小学校教育研究会」[3] がある。

第2章　目的および事業
第4条　本会は、小学校における「各教科・道徳・特別活動並びに総合的な学習の時間・その他」の指導計画、指導法に関する研究、調査並びに研修を行い、小学校教育の振興と充実を図ることを目的とする。
第5条　本会の目的を達成するために、次の事業、連絡等を行う。 （1）研究大会（2）研修と研究調査（3）研究成果の刊行（会報・市小教研だより等）（4）他の研究団体（横浜市立中学校教育研究会、神奈川県小学校教育研究会、関東地区小中学校教育研究会連絡協議会及び、横浜市立小学校・中学校・高等学校・特別支援学校の各校長会）との連携。 横浜市小学校教育研究会規約（閲覧日2023年8月24日）

　校内研修の中でも、教師は育てられているが、「小学校教育研究会○○部会」の中で、教科指導の基礎・基本を学び育てられている。

　横浜市内18区に、各区の教育研究会（以下「区研」）があり、月に1回の会合がある。校務分掌で分担された教科等の研究会に参加するため、学校を離れ、区内の同じ校務分掌を担当する教師同士が情報交換することに意味がある。

　区研の理科部会では、花壇の整備計画や理科室の整備の仕方なども情報交換の対象となり、初めての理科主任を命じられても、相談する同僚がいるという安心感がある。また、各学校で分担された単元の実践を持ち寄り、同僚の実践に学び、実践を自分の学級に持ち帰り、自分なりの実践を重ねる。区研は、地域もコンパクトにまとまっているため、教育課程を検討しているとも言える。月に1回ではあるが、1ヶ月後の部会を楽しみに参加する。メダカなどの教材の共有もありがたい。

　区研と同じように横浜市全体（以下「市研」）の教科等部会もある。

　区研は、学校で命じられた校務分掌としての参加のため、教科等の所属が変わってしまうことがあるが、市研は、自らが会費を払い任意で所属していくため、継続的な人間関係ができ、実践研究ができる場である。新採用として初任者研修を受けた仲間と出会えるのは区研はもちろんだが、市研に行けば、半永久的に会えるという研究の場なのである。

　佐藤（2015）が主張する「聴き合う関係」が実現し、「訊き合う関係」[4] が構築されていた。授業研究のための指導案検討を繰り返し、各学校の同僚が指導案に沿った事前授業を実践し、結果を持ち寄る。そこで指導案が修正される。各学校の教育目標の実現に向けての教育課程であり、教育課程のカリキュラム・マネジメントを目指す議論を、複数校の教師が集まって議論しているのである。「訊き合う関係」での「なぜ、その教材がいいと思ったのか」「予備実験でのデータはとったのか」など、質問する側も、質問される側も必死であることが楽しい。月に1回の研究会であったが、学校に戻って、次回までに予備実験することなどがはっきりすると、さらに楽しくなる。

　そうした議論を重ねて、年に1回の研究発表会で発表させてもらった。資料1は、北村（1983）の研究発表会での実践記録[5] の一部である。現行学習指導要領理科にとって重視されている「問題解決学習」の基礎・基本が、実践記録に残されている。

2　横浜市教育課程研究委員会の「教育課程」

　横浜市教育研究会理科部会の他に、教育委員会事務局が主催する「横浜市教育課程研究委員会」[6] がある。この組織は、総則部会から各教科等部会において教育課程編成の指針となるべきものを作成していた。

> 平成30年度横浜市教育課程研究委員会研究協議会について
> 　本市教育委員会では、市立学校の教育課程の編成・実施・評価・改善を促進し、学習指導の充実を図るため、教育課程研究委員会総則部会及び専門部会を組織して研究を進めています。毎年8月には研究協議会を開催し、研究成果の発信及び意見交換を行っています。
> 　本年度の研究協議会は、8月17日に総則部会、20日に特別支援学校専門部会

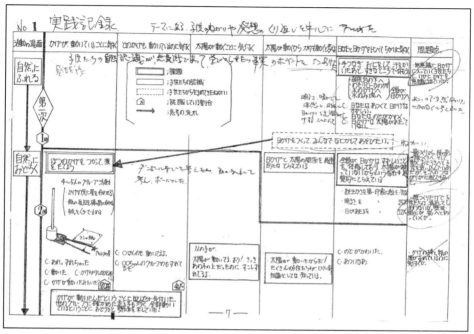

資料1　実践記録　日なたと日かげ

と高等学校教育課程研究委員会、21日・22日に各教科等・個別支援学級・通級
指導教室等の専門部会という日程で開催しました。
　「横浜教育ビジョン2030」を受けて策定した「横浜市立学校カリキュラム・マ
ネジメント要領」に基づき、総則部会では学校経営の視点に立ったカリキュラム・
マネジメントについて、専門部会では「じっくり考え　高め合い　次につなげる
確かな学び」の実現に向けた授業改善の視点に立ったカリキュラム・マネジメン
トについて、有意義な協議が行われました。
　　　　　　（教育委員会一般報告資料　平成30年９月７日教育課程推進室）

　教育課程は、各学校が編成するものであるが、各学校の教育課程を編成する
ために、当該自治体が果たす役割もある。
　横浜市教育委員会事務局では、毎年「横浜市教育課程研究委員会研究協議
会」を組織し、教育課程研究を積み重ねてきている。自治体が作成している

「教育ビジョン」「教育振興基本計画」等を各学校の教育課程に落とし込んでいく場でもある。その基盤となるものを、横浜市内の教職員で組織された総則部会及び専門部会で検討している。

　5月に委員会が組織され、8月の夏休み中にその成果を発表するという、ハードスケジュールである。教育委員会事務局の担当部署の指導主事が、年間を通して検討し、見通しを立て、全体指導主事会議を通して各教科等の指導主事に周知するという仕組みがあるため、指導主事も育つ。

　任意団体である教育研究会で継続的な実践研究を積み重ねながら育つ教師が、教育課程研究委員会の中でも「聴き合う関係」の中で育っていくのである。この重層的あるいは、スパイラルともいえる横浜市の教育課程研究組織の中でも教師が育つ。

3　コロナ禍の中で明確になった「教育課程」

　2020年2月27日、当時の安倍晋三首相は新型コロナウイルス感染症の拡大抑制を目的として、全国の小学校・中学校・高等学校、特別支援学校等に、一斉休校を要請した。大学では、卒業式も中止となった。晴れ姿を望む学生たちは、落胆の中にいた。

　2020年4月、入学式を迎える子供は、新しいランドセルを準備していたものの、1日だけ背負って登校したが、休校は続いた。子供が家庭にいることにより、保護者は、働きにも行けない状況となった。これまでになかった生活は、保護者にも大きなストレスとなった。

　学校では、教育課程に基づいた学習を進めようと、課題を提示したりプリントを配付したりして家庭で学習できるような工夫がなされた。教育委員会では指導主事が動画を作成して、ONLINEでの学習が進められるような取り組みも行われた。文部科学省が進めていたGIGAスクール構想が、一気に加速し、児童・生徒一人一人がタブレット端末等を持ち、家庭への持ち帰りも行われた。

　各学校は、教育課程を「これまでの授業」ではない指導方法で指導することとなった。地域の方々が授業に入り、それぞれのよさを生かした授業やボランティアとしてのお手伝い等も一切排除された。

　「子供が学校に行かないと困る」という経験をしたことにより、「学校」が見直された。「子供にとって安全・安心な居場所」である学校にいるからこそ、

保護者が安心して働くことができ、公共交通機関等が必要とされ、生産と消費の循環が回ることにより、社会生活が動くことも改めて実感した。

子供が安全・安心な居場所で過ごすために教育課程がある。

安全・安心である条件が「行きたくなる楽しい学校」であり、「楽しい」を実現するために「教育課程」がある。学校生活は、意図的・計画的・組織的に営まれている時間と無意図的に営まれている時間がある。ほとんどの時間を占めているのが「意図的・計画的・組織的に営まれている授業」である。その授業を支えているのが「学校の教育課程」である。

子供は、各学校が決めた日課表に沿って規則正しい生活を営んでいる。日課表も教育課程の一部であり、教科等の授業時数を意図的・計画的・組織的に実践していくために時間割が作られている。時間割には該当しない「給食の時間」等は、日課表の一部として設定されているが、子供にとって安全・安心であり、いちばん楽しい時間でもある。教師は、給食当番の指導や、待っている間の席での過ごし方の指導なども含めて、給食指導をしている。

一斉休校が解除され、一斉登校がはじまった後も、給食の時間の「話さずに前を向いて食べる黙食」は継続された。安全・安心のために空腹を満たすことはできても、食事を共にするという楽しさはない。感染拡大を防ぐための管理教育であり、教育課程ではない。体育に位置づけられている水泳指導もできない。音楽の時間の歌も、大声を出して歌ってはいけない。

その上、特別活動に位置づけられている行事の、宿泊体験学習や修学旅行も全てが中止となった。

「学校が楽しくない」「学校に行きたくない」という声と「家にいると好きなことができて、楽しい」「指示されることばかりが多い学校に行きたくない」との声が聞こえた。

中村（2021）は、「一斉休校の中、子供たちと保護者には微妙な感情が生まれたのではないだろうか。一方では、休校で失われた関係性を復活させたいという『学校がないと困る』という感情。他方では、関係性が失われてもONLINEによる私だけの学びがあれば『学校がなくてもいい』という感情」[7]この相反する2つの感情が残ったと言っている。

学校に登校しない経験をした子供の中には、この相反する感情が残り、登校しない子供が多くなったのも現実である。教育課程の内容は、全ての子供たちに共通するものであるが、その学び方は、多様であっていい。学校で受ける授

業だけではない選択肢が、子供や保護者にできたと考えることもできる。教師自身もそのような選択肢ができたと認識することが重要である。

4 「楽しい学校」と教育課程

アフター・コロナの2023年5月8日以降、政府として一律に、日常における基本的感染対策を求めることがなくなり、感染症法に基づく、新型コロナ陽性者及び濃厚接触者の外出自粛は求められなくなり、個人の判断となった。

各学校へは、次のような衛生管理マニュアル[8]が通知されている。

3．具体的な活動場面ごとの感染症対策
（1）各教科等
　地域や学校において感染が流行している場合などには、以下に示すような各教科等における「感染リスクが比較的高い学習活動」の実施に当たって、活動の場面に応じて、一時的に
・「近距離」「対面」「大声」での発声や会話を控えること
・児童生徒等の間に触れ合わない程度の身体的距離を確保すること
等の対策を講じることが考えられます。
　「感染リスクが比較的高い学習活動」
【各教科等共通】「児童生徒が対面形式となるグループワーク等」
　　　　　　　　「一斉に大きな声で話す活動」
【理科】「児童生徒がグループで行う実験や観察」
【音楽】「児童生徒が行う合唱及びリコーダーや鍵盤ハーモニカ等の演奏」
【図画工作、美術、工芸】「児童生徒が行う共同制作等の表現や鑑賞の活動」
【家庭、技術・家庭】「児童生徒がグループで行う調理実習」
【体育、保健体育】「組み合ったり接触したりする運動」
（文部科学省　学校における新型コロナウイルス感染症に関する衛生管理マニュアル
〈2023.5.8〜〉）

【理科】での「児童生徒がグループで行う実験や観察」は、「感染リスクが比較的高い学習活動」として位置づけられ、一時的に「近距離」「対面」「大声」での発声や会話を控えることと指示されている。日常的な理科実験における安全指導の面からも「近距離」「対面」「大声」は、安全指導の内容である。

主体的で対話的、深い学びは、以前と同じように実践できている。衛生管理

マニュアルによる制約下での対話的学びにおいては、「つぶやき」を大切にしながら、これまで通り観察、実験における「大声」は、控えていくことにより、落ち着いた観察、実験の授業が期待される。深い学びについては、ノートに記録したりICTを活用したりして、記録をしっかりととり、対話的学びから自らのよさや友達のよさに気付き、自らの変容に気付き、深い学びも実現する。

　こうして、衛生管理マニュアルに従いながら、アフター・コロナの教育課程を考えたとき、大きく変えなければならない状況ではない。ただし、2020年度～ 2022年度の3年間の学習活動については、大きな制約の中で実施されてきている。コロナ禍以前の教育課程を実践しながら、子供の実態を重ね合わせ、授業実践をし、PDCAサイクルを回しながらカリキュラム・マネジメントを進めていくことが重要である。

　教育課程が、学校教育の目標を達成するために、教育の内容を子供の心身の発達に応じ、授業時数との関連において総合的に組織した教育課程であることから、アフター・コロナだからといって、編成し直す必要はない。編成責任者である校長は、教育課程について各教科担当者と衛生管理マニュアルと重ねながら確認し、全教職員と共通理解をしておく必要はある。

　アフター・コロナでの教育課程は、一人一人の子供にとっての「楽しい学校」を実現するために、重要な教育計画である。教師は、子供一人一人の学習の有り様が多様化されたことを踏まえ、子供一人一人のカリキュラム・マネジメントの意識も必要となったと考える。

5　教員養成・採用・研修と教育課程に基づいた学習指導案

（1）学ぶ（まなぶ）は、真似ぶ（まねぶ）

　教員養成における理科の指導法の授業では、学生が学習指導案を書けるよう指導している。また学習指導案を作成する過程で、学校の教育課程の存在を強調している。新任教師は、教育課程を実践することが、チーム学校の一員として子供を育てることにつながるからである。

　学習指導案の作成について、単元目標や単元の評価規準、学習指導計画などは、「教育課程を写しなさい」と指導すると「写していいのですか？」という声が返ってくる。レポート作成等、写す行為が禁止されているため、必然的な反応である。

　学校の教育課程は、校長を中心とした教師集団が子供や地域等の実態を踏まえ、意図的・計画的・組織的に作成されたものである。着任早々の新任教師は、その学校の教育課程に沿って授業実践していくことが求められている。本やインターネット上に流れている学習指導案は、参考にしてもよいが、真似すべき主体は、学校の教育課程である。角屋重樹（2019）は、「学習指導案をなぜ書くのか」[9] の中で、次のように述べている。

1　指導案は仮説であり、授業実践を通して仮説を修正しながら指導できるようにするため

2　単元目標や本時のねらいなどを明記して、子供が獲得する力を明確にするため

3　つまずきを含む子供の実態を明らかにするため

4　指導過程をより緻密かつ詳細にして、子供理解を容易なものとするため

　　　　　　　　　　（角屋重樹「改訂版　なぜ、理科を教えるのか」より）

　1の「指導案は仮説であり、授業実践を通して仮説を修正しながら指導できるようにするため」がいちばん重要である。科学的な授業づくりを考えるとき、これまで検討されてきた教育課程を基に学習指導案を作成すること自体が仮説である。2の学校教育目標・学年目標・学級目標及び単元目標具現化のために作成され、3の子供一人一人を考えた学習指導案は、4の子供理解を容易にする手立てでもある。さらに、文章化されることにより、多くの教師等で検討することも可能になる。

（2）教師の論文とも言える「学習指導案」

　北村（1993）の「第26回全国小学校理科研究大会神奈川大会学習指導案　第6学年1組理科学習指導案」[10] には、2つの提案が込められている。

　1つ目は、単元名「宇宙船地球号　コンクリートのつららの秘密を探ろう（水溶液の性質）」である。「宇宙船地球号」は、年間を通した理科が目指す主題（テーマ）ともいうべきものであり、現代で叫ばれているSDGsともいえる。「コンクリートのつらら」は、日常生活の中から問題を見出すための教材開発である。高度経済成長期のコンクリートに多くの石灰が使われたことにより、その石灰が酸性雨によって溶け出してくるという教材である。石灰を溶かす酸性雨を教材としたことにより、全国の方々に協力を求めることができ、イ

第 6 学年理科学習指導案

| 1組 | 2枚時 | 授業会場：6年1組教室・学習センター |

単元名 宇宙船地球号

単元目標 コンクリートのつららの秘密を探ろう （水溶液の性質）

コンクリートのつららとの出会いから酸性雨の影響に気付き，身の回りの水溶液の性質や変化を意欲的に追究したり，日常生活に見られる水溶液を見直したりする態度を育てる。また，いろいろな水溶液の水質検査をしたり，加熱したり混ぜ合わせたり金属やコンクリートとかかわらせたりしたときに見られる変化を調べる活動を通して，物の質的変化についての見方や考え方を培うとともに，水溶液が日常生活に及ぼす影響について関心をもち，環境保全に対する態度を養う。

行動する子供像

自分たちが住んでいる地域の大岡川や海水の水質検査をする子供。

雨水を集め，酸性雨チェックをしながら
全国ネットでパソコン通信する子供

ンターネットを活用した授業の走りである。

　単元名ひとつとっても，多くの教師への提案が込められている。教育課程という先行研究を踏まえ，自分の実践研究を提案していく，現場教師の実践論文である。

　2つ目は，「行動する子供像」である。理科学習で育まれた行動は，単元終

了後も行動する子供像として、生きて働く力となっていくという提案である。現行学習指導要領が目指す資質・能力の3番目「学びに向かう人間性」を30年前に実践してきたと言える。

　教員養成段階に学ぶ「学習指導案」は、教育課程に基づいて作成することと書き方を学べばよい。

　採用における「学習指導案」も、学校の教育課程を参考にして、どの教科等においても書けるということが重要である。

　学校現場での教師は、校内研修や区研、市研における学習指導案の検討を通して、研修を積み重ね、多くの仲間と議論しながら、自分なりの教育観や指導観を、自分なりの学習指導案として、書き残していく。正に論文である。

6　教育課程は教師を育てる

　北村（2022）[11]は、「教育課程の基準」である学習指導要領を貿易風や偏西風に例えている。

　宇宙船地球号の乗組員として生きていく子供を育てる時代には、地球全体の未来を見通し、地球規模で議論する必要がある。学校現場で働く教師も海外の学校を視察し、海外の学校の教師と語り、地球規模の教育課程を実感する必要がある。現職教育の一環として、地球規模の教育課程を実感するための海外研修制度等を、国や各自治体が推進するべきである。横浜市にも以前はあったが、アフター・コロナの今は定かではない。

　さらに、「各学校の教育課程」を地上を吹く風に例えている。

　家庭や地域に生きる子供は、家庭や地域の中で育っている。各家庭に吹く風も各家庭で異なる。各家庭の風も偏西風や貿易風の影響は受けるものの、地域や学校が異なれば、異なる地上の風が吹いている。地上の風を肌で感じているのが教師であるからこそ、教師自身が各学校の教育課程のカリキュラム・マネジメントを実践していかなければならないのである。個人で研究していくことは、非常に困難である。横浜市では、区研や市研・教育課程研究委員会の中で育つことを述べた。

　現代は、SNSを通して研究会組織が構築されている。教師が育つ条件として、学習指導案を作成し、議論する場は、校内はもちろんのこと多様な仲間たちとの場が必要である。ONLINEシステムを活用することにより、地球規模の風も

地上の風も、肌で感じる時代が来ているのかもしれない。

引用文献
1）文部省（1978）「小学校指導書 理科編」大日本図書株式会社 まえがき
2）文部科学省「学習指導要領等の改訂の経過」
3）横浜市小学校教育研究会 規約https://www.edu.city.yokohama.lg.jp/sch/kenkyu/es-kenkyu/shiryo/2021/2021syokyokenkiyaku.pdf（閲覧日2023年8月24日）
4）佐藤学（2015）「学び合う教室・育ち合う学校」小学館 pp.314-315
5）北村克久（1983）「横浜市教育研究発表会理科部会2年『こどものねがいや発想のくり返しの中で、自然をさぐったり、はたらきかけたりする力を育てるくふう』単元名日なたと日かげ」
6）横浜市教育委員会事務局 教育課程推進室「教育委員会一般報告資料」（平成30年9月7日）https://www.city.yokohama.lg.jp/kurashi/kosodate-kyoiku/kyoiku/iinkai/kaigi/h30kaigi.files/300907kaigi-siryo.pdf（閲覧日2023年8月24日）
7）中村文夫（2021）「アフター・コロナの学校の条件」岩波書店 はじめに pp.vii
8）https://www.mext.go.jp/a_menu/shotou/new-cs/idea/__icsFiles/afieldfile/2011/03/30/1304372_001.pdf（閲覧日2023年7月25日）
文部科学省「学校における新型コロナウイルス感染症に関する衛生管理マニュアル（2023.5.8〜）」https://www.mext.go.jp/content/20230427-mxt_kouhou01-000004520_1.pdf（閲覧日2023年7月25日）
9）角屋重樹（2019）「改訂版 なぜ、理科を教えるのか」文溪堂 p.88
10）北村克久（1993）「第26回全国小学校理科研究大会神奈川大会学習指導案」pp.84-91
11）北村克久（2022）「OECD Education2030のラーニング・コンパスとこれからの教育課程」星槎大学教職研究第7巻 pp.1-8

夢と情熱をもち、実践する教師に！

　新任時代、一日を終えて下校する子供たちが「明日も学校に来たい！」と思う授業づくりに必死だった。各教科等の授業は、教材研究をしても子供から「○○先生の方がよかった」と言われて、悔しい思いをした。

　キャンプファイヤーの企画・運営を学びにリーダー研修に参加した。その経験は、特別活動の集会活動に生かされた。初めての高学年担任で「一日遊ぶ日」を子供たちが企画・運営した。その後の学級通信で「子供たちの自主性や行動力には驚かされることがたくさんあった」と自身が書いている。子供の力は、未知である。

　学校の教室で子供と共に生活できる教師は、「未来と共に生活している」といえる。目の前の子供たちが、これからの未来を創っていくからである。教師は、授業の中で子供と共に未来を作っている意識で授業に取り組むといい。野球で言う３割打者でいい。「今日の授業は、よく分かった」「今日の理科は、楽しかった」等の言葉が１日に１〜２時間くらい聞こえてくれば、その声が未来につながる。

　教師自身も「明日も学校に来たい」とわくわくするような授業づくりが一番のやりがいであり、「教育課程の夢」である。

　VUCA（40ページ参照）といわれる先行き不透明な未来を託す子供たちに、何が必要なのか？

　「教科等の知識」「創造性」「自然体験」「健全な心と体」「コミュニケーション力」など、教師の数だけ、その答えがあっていいと考える。大学教授や先輩、同僚と語り合い、多くの文献から学び、自分なりの「指導目標」「教育理念」を持って欲しい。その答えは、時代によって変化していい。それが「教育課程への情熱」である。

　現場の教師は、日々、教育課程の夢と情熱を子供にぶつけることができる。時には、保護者を説得し、チーム学校の仲間と議論する場面もあるだろう。相手を説得するには、実践あるのみである。実践を通して、子供の変容をとらえ、カリキュラム・マネジメントを繰り返していく。苦労８割、喜び２割。

　教育課程への「夢」と「情熱」をもち、「実践」を繰り返していく教師に！

北村克久

2　カリキュラムとOECD提唱の教育の未来

1　カリキュラム

（1）教育課程とカリキュラム

　教育課程とは、「学校教育の目的や目標を達成するために、教育の内容を子供の心身の発達に応じ、授業時数との関連において総合的に組織した学校の教育計画である」とある（文部科学省, 2017a[1]; 2017b[2]）。つまり、教育課程は各学校が学習指導要領をもとに策定する教育計画であるといえる。一方、根津（2019）[3] によると、カリキュラムには、計画段階のみならず、計画、実践、経験、結果といった側面があり、国、地方公共団体、学校、教師、児童・生徒、保護者、地域関係者などの人々が関係する各水準・範囲に渡る教育課程より広義な意味で用いられることが多い概念として整理している。本書では、特にことわりのない限りこのような意味で「教育課程」と「カリキュラム」の言葉を適宜使い分けていく。

（2）カリキュラムの4つの側面

　上述したカリキュラムの広義的な意味に従うと、カリキュラムはさらに分類が可能であるといえる。児童・生徒の知識、スキル、態度、価値など様々な習得が期待される世界各国のカリキュラムについて検討する中、田熊・秋田（2017）[4] はカリキュラムを以下の4つに整理している。

　政策策定者によって、児童・生徒の習得すべきものが書いてある①「意図されたカリキュラム」。意図されているか否かに関わらず、実際の教室などで行う教師の実践が教師により②「実施されたカリキュラム」。教師の実践のよし悪しに関わらず、実際に生徒が教室の中で身に付けた力が生徒に③「習得されたカリキュラム」。政策のねらいが達成されたか否かが④「評価されるカリキュラム」としている。

　そして、これら4つのカリキュラムの側面が連動していることが制度として効果的であると見なされることを田熊・秋田（2017）[4] は、ニュージーランドのカリキュラムを好例として紹介している。ニュージーランドの「意図さ

れたカリキュラム（ナショナルカリキュラム）」は、生徒の学習の方向を決定し、学校がカリキュラムを策定して検討する際の指針になるものとしている。そして、「実施されたカリキュラム」である教師の実践を生徒にとってよい学習の機会とするため、「学習のための指導」や「手引き」という教員サポートの材料もカリキュラムの一貫として作成されている。つまり、「意図されたカリキュラム」を最も効果的に実施できるように教師の教え方を支援することによってカリキュラムが達成されるように、特定の学習領域における主要能力と生徒の成果をモニタリングする形成的評価に役立つツールが付加されている。習得されたカリキュラムとの連動を確保するため、生徒の説明や例、語りなどの豊富な手法を使って生徒の成長を記録している。これら記録が生徒と教師の「真の評価」として役立つようにどのツールをいつ使うのか、学校や教師が決めることができるようになっている。そして、十分な情報を持ってこれらの決定ができるように様々な具体例を示している（田熊・秋田, 2017)[4]。

（3）カリキュラム開発という視点

　前項で述べたように、カリキュラムはそれぞれの次元で自律的に研究され、相互に影響を与えられ連動しながら改良されていくといえる。この点について、船橋（2009)[5]は、カリキュラムの質が深められ改良が進められるためには、トップダウン型の官僚的な統制のもとでは決してつくりだされるものではないことを指摘している。②「実施されたカリキュラム」が①「意図されたカリキュラム」の下請けとなったり、②「実施されたカリキュラム」と③「習得されたカリキュラム」が一元的に評価の対象にされるのではないことを強調している。つまり、「意図されたカリキュラム」は緩やかな枠組みにとどめ、その緩やかな枠組みのもと、「実施されたカリキュラム」と「習得されたカリキュラム」の改良が教師や地方行政官の専門性に基づく自律性に支えられていくことを主張しているのである。そして、このような視点を基軸とする「カリキュラム開発」という概念が、トップダウン型の官僚的な統制のもとである「教育課程編成」に代わる表現として登場したと述べている。教育現場の担い手である教師や行政官、保護者、地域住民、カリキュラムの専門的研究者、教育内容の諸領域をなす科学、芸術の専門家などとカリキュラムが開発され、展開、発展されていくことが求められることを主張している。

　また、船橋（2009)[5]はカリキュラム開発として代表的な２つの様式を紹介

している。以下で、そのカリキュラム開発の様式を見ていこう。

①工学的アプローチ……目標準拠型、目標—実行—評価—改善のサイクルの様式
　・精緻な「プログラムとしてのカリキュラム」の性格
　・利点として、教師の個人的な資質に依拠せず、使いこなせる「耐教師性の
　　高いカリキュラム」になる点

②羅生門的アプローチ……個々の子供の学習経験の意味や納得、個々の教育実
　　　　　　　　　　　　践の文脈を重視する様式
　・教育内容や教材の価値は授業過程の中で発見されていく側面の重視
　・予め「教材である」より、教え学ぶ相互作用のプロセスの中で、「教材に
　　なる」ことに価値を置く点
　・多元的な視点で評価していくゴールフリーの評価観（根津, 2006)[6]

　羅生門的アプローチは、「答えは一つではない」という映画「羅生門」に見られる一つの事実が多様な視点から多義的に解釈される可能性を持つことに由来して命名されたものである。個々の子供の学習経験の意味や納得、個々の教育実践の文脈を重視していこうとする立場をとる教師にとって魅力的なアプローチとなっていくと述べている。「プロジェクトとしてのカリキュラム」の性格を有し、教育実践の進行と子供たちの学びの深まりとともに、カリキュラム自体が豊かさを増していくと考えられている（船橋, 2009)[5]。

　また、船橋（2009)[5]は、カリキュラム開発の様式を2つのモデルに分けて説明している。

　「A 研究—開発—普及モデル」とは、中央機関において開発されたカリキュラムを、特別に研究指定を受けた学校（研究開発校）が試行的に実施し、一般の学校に対してその普及をはかっていく開発様式である。「B 実践—批判—開発モデル」とは、学校や教室の現場は、開発に際しての単なる試行の場ではなく、創造と修正の中心的な場であるとする開発様式である。この開発様式は羅生門的アプローチの中から生じてきたものと指摘している（船橋, 2009)[5]。

　このようにカリキュラムが開発される場所は国の中央機関だけではなく、学校や教室も含まれることになる。佐藤（1996)[7]は、学校や教室からボトムアップ的にカリキュラム開発を発展させ、学校現場に基礎を置き教育実践の反省と教師の実践的な力量形成とともに遂行されるような「学校に基礎を置くカリキュラム開発（SBCD：School Based Curriculum Development)」を提案した。

　一方、日本の学校において「学校に基礎を置くカリキュラム開発」への課題

として、まず考えられるのは、受験制度のあり方かもしれない。ボトムアップ型のカリキュラム開発を発展させたSBCDにおいての学びが必ずしも、現在、日本の主流として行われている受験というある一定の物差しを基準とした測り方には適していないからだろう。また、そもそも、SBCDにおいての学びを測ることは可能であるのか？　また、SBCDにおいての学びを測る必要があるのか？　といった議論も必要である。

　このような種々の議論が必要であることは理解できるが、一方で、議論を待たずにSBCDにおいての学びをこれからの学校では「ふつうの学校」としていく必要が今、あるのではないだろうか？　なぜなら、カリキュラムを開発するといった取り組みには、教育の思想や制度、その国の文化、歴史など様々な社会背景を考慮しつつ、今、必要な、そして明日につながるとともに将来の児童・生徒の学びを考えていく重要な役割があると考えるからである。

　また、佐藤（1996）[7] は、子供の学校教育だけではなく経験の総体や学びの履歴（足跡）からカリキュラムを捉えなおす方向として「学びの経験（履歴）としてのカリキュラム」といったカリキュラムの再定義を試みたのであった。そして、佐藤（1996[7]; 2000[8]）はカリキュラムを「学びの総体」として定義しなおし、カリキュラムを以下の３つの次元にわたる子供の学びに定位した「学びの総体」としたのである。

・対象世界の意味と関わりの編み直し（認知的・文化的実践）「聴く」
・他者との関わりの編み直し（社会的・政治的実践）　　　　「つなぐ」
・自己の内的世界の編み直し（倫理的・実存的実践）　　　　「もどす」

　このような「学びの総体」にもとづくカリキュラムの概念は、子供の学びの歩みそのものに立つカリキュラムといえる。また、このようなカリキュラム概念は、決して、一般的、専門的、論理構造の知識の吸収を否定するものではなく、むしろそのような知識を吸収しつつも、子供の経験が絶えず更新されていくそのものをカリキュラムとしているといえる。

　さらに、佐藤（1996[7]; 2000[8]）の「学びの総体」にもとづくカリキュラムの再定義は、教育実践も変わるものとしている。つまり、単元は「目標・達成・評価の階段型」から「主題・探究・表現の登山型」へと変わる。そして、授業は子供に多くの知識や技能を効率的に伝達するものから、主題に対して子供たちが多様なアプローチで協働的に探究し、その成果を表現し、皆で共有するものへと変わるものとしているのである。

以上の学びの再定義は、カリキュラム概念を伝達する内容とその順序から、学習者によってつくりだされる学習者の経験の質と意味への転換を可能にしている。そして、佐藤（1996[7]; 2000[8]）のカリキュラムの再考と再定義は、第Ⅴ章2節にて後述する児童・生徒の意味ある学習経験をカリキュラムデザインとして設定していく源流になるといえる。

（4）隠れたカリキュラム（ヒドゥン・カリキュラム）

探究課題1

　以下の資料1は、横浜市立A中学校のある取り組みの一部である。伝統として、A中学校の合言葉として明示されているものの一つに「此処から始まる夢がある」というフレーズがある。このフレーズにはどのような意味が込められ、そして仮に、皆さんがA中学校に通っている、あるいは、このA中学校で学んだ生徒だとすると、このフレーズを通してどのような思いや考えを持つだろうか想像してほしい。

A中学校の伝統
学校教育目標
　「共生・共感・創造」
校歌
　第一期生徒会と旧A中学校の卒業生により作詞・作曲されました。
　「此処から始まる夢がある」というフレーズは学校の合言葉になっています。
学校行事
　A中学校には4つの大きな行事があります。
　「合唱祭」「体育祭」「文化祭」は3大行事と呼ばれています。3年生が中心となって学校が一つになります。
　「LMF」は、卒業生から在校生へ、たすきが引き継がれる大切な行事です。2年生が初めて中心となって行事を作ります。
たすき
　第3期生が在校生に託した「たすき」
　歴代の先輩たちの想いが込められた「たすき」を3年生が引き継ぎ、A中学校を牽引しています。

資料1　横浜市立A中学校
出典：横浜市立A中学校HP

　A中学校の合言葉として明示されているものの一つに「此処から始まる夢がある」というフレーズがあることを上記の探究課題1において紹介した。また、A中学校の伝統として、明示されている「学校行事」や「たすき」などの有形の「こと」や「もの」も存在する。一方で、これら有形以外の「こと」や「もの」も伝統としてA中学校には存在するだろう。例えば、「此処から始まる夢がある」というフレーズを通して、探究課題1において皆さんに予想していただいた生徒の「思い」や「考え」などから生じるであろう「校風」などである。本項では、このように明示されてはいないが、カリキュラムを考える際に重要な視点の一つとして「隠れたカリキュラム」を紹介する。

　隠れたカリキュラム（ヒドゥン・カリキュラム：hidden curriculum）とは、学校や教室内における教師と生徒との関係や、慣習、伝統として形成された暗黙の決まりなどの中で明示された、顕在的カリキュラムとは別に潜在的な形で伝えられるメッセージである（アップル, 1992）[9]。その性質から、明示的に示されたカリキュラムとともに、学校のカリキュラムを構成する重要な要素であることを認識したカリキュラムの開発が必要になるといえる。

　また、前項で述べたようにカリキュラムを「学びの総体」として捉えると、隠れたカリキュラムによって、生徒には一人一人様々な学びが存在するといえる。また、その学びをもたらす「こと」「ひと」「場所」「時間」など、学校のカリキュラムだけをとってみても、教師が予想した結果とは異なる、あるいは様々な意図しない学びが存在するといえる。

2　OECDと日本・横浜のコンピテンシーとの接続

（1）コンピテンシーという力の捉え方

　21世紀に求められる資質・能力概念として、教育、心理、経済、ビジネス分野など、様々な領域にあわせられる能力観として「コンピテンシー」が用いられている。このように「コンピテンシー」という言葉が用いられる理由は、コンピテンシーの「様々な状況を超えて一般化可能で、かつ長期間にわたり持続可能な行動の思考や方法として汎用性を有する」（松下, 2010）[10]という特性に対応しているからといえる。コンピテンシーは、伝統的な「知能」にかわる評価指標として位置づけた心理学者マクレランド（McClelland, D., 1917-1998）の理解（McClelland, 1973）[11]に由来を持つといわれている。コンピテンシー

は以下の5つの構成要素からなる（松下, 2010）[10]。

①スキル：身体的・心理的課題を遂行する能力
②知識：特定の内容領域で個人が保持する情報
③自己概念：個人の態度、価値観、自己イメージ
④特性：身体的特徴、あるいはさまざまな状況や情報に対する一貫した反応
⑤動機：個人が常に顧慮し願望する、行為を引き起こすもととなる要因

　コンピテンシーには、認知的能力だけではなく、非認知能力、人格の深部にまで及ぶ人の全体的能力が含まれていることがわかるだろう。コンピテンシーは、いわゆるペーパーテストだけでは測定が不可能な伝統的な認知的スキルという枠組みにはまりきらない能力である。こうした新しい能力観であるコンピテンシーは、学校教育に求める能力にも認知的スキルに非認知的な要素を加える形で変化を与えている。
　次の資料2は「横浜市立A中学校の目指す学校像」である。

探究課題2

　資料2の「横浜市立A中学校の目指す学校像」のどこに、どのようなコンピテンシーがあるのか考えてみよう！

　まず、目に留まるのは資料2の左下「グローバル化の中で生きる力」の項目の中で、コンピテンシーの一つである「コミュニケーション能力」を見出した読者も、多いのではないだろうか。一方、資料2の右下「確かな言語力に基づく問題発見・解決能力」の項目の中に「コミュニケーション能力」を見出すことも可能である。このようにコンピテンシーは、その使用する目的や文脈などに依存し、様々な解釈が存在する概念といえる。
　つまり、コンピテンシーは文脈によるものである。どんなコンピテンシーがどのように作用するのかなど、後述するカリキュラムをデザインする際（第Ⅴ章2節参照）、見通しをもってコンピテンシーを取り込んでいく必要があるといえよう。そのような意味で、コンピテンシーをどのような意味で、どこに、どのように取り込んでいくのか、カリキュラムをデザインするデザイナー（学校関係者のみならず、広く子供、保護者、地域の人々なども）と共有・創造していく側面がコンピテンシーには存在する。

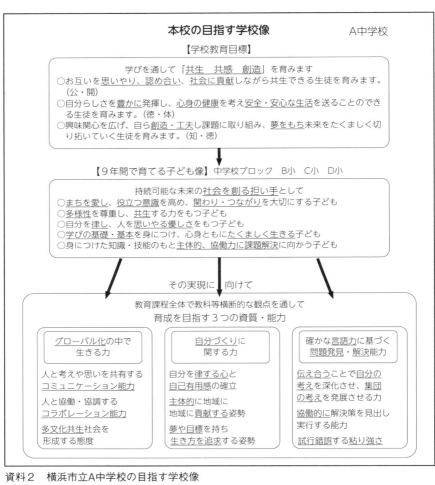

資料２　横浜市立A中学校の目指す学校像
出典：横浜市立A中学校HP

　現在に至るまで、コンピテンシーは様々な文脈の中、様々な意味合いで用いられている。そして、「コンピテンシー」の定義も論者によって異なっている。前述したマクレランドらの研究が職業上の能力を対象としたこともあり、教育の文脈においては、「コンピテンシー」がスキル（技能：skill）、リテラシー（読み書きの力：literacy）といった言葉と区別なく用いられる状況も散見され

る。スキルがコンピテンシーと同義的に用いられる場合もあるが、コンピテンシーの構成要素に知識が含まれていないという理解につながっていくことのないように留意する必要はある。

（2）コンテンツとコンピテンシーの統合

　コンピテンシーの概念は、多様な文脈や場面において様々な解釈とパターンが想定される。例えば、パソコンという道具を使用して、文章を作成することもコンピテンシーの一つである。なぜなら、ここで述べるコンピテンシーとはタイピングするというパソコンの知識、技能を保持しているというだけではない。パソコンの知識、技能を有し、かつ文章を記載するためには色々な関連する書物や文献を探す情報を収集、処理する能力も必要となるからである。そして、それら情報をもとに文章の構成や展開を考える論理的思考力、表現力も必要になる。また、文章を発信する際、読み手にわかりやすく、見やすくするといった情意的な態度や価値観によって判断し、取捨選択しながらICTのスキルなども使って効率よく発信することも必要となるからである。つまり、特定の知識やスキルを有しているだけでは、コンピテンシーの発揮は困難であり、個人が有している知識やスキル、態度や価値観を総動員して必要な引き出しから、その状況や文脈、場面に応じて必要なものごとを組み合わせて活用していくことが個人に求められている（岸田・円福寺・工藤・米盛・茂野, 2023）[12]。
　次の資料3は横浜市立A中学校の「中期取り組み目標実現に向けた『三つのプラン』」の一部である。

探究課題3

　資料3の真ん中にある「具体化した資質・能力」の中にある「問題発見・解決能力」とはどのようなものであるのか？　生徒たちの学校生活の場面や文脈において、どのような「問題発見・解決能力」の育成につながることをA中学校に通う生徒たちに求めていくのか、具体的にみなさんで想定してみよう。先ずは、A中学校に関する情報（学校周辺の環境、学校文化など）を収集して地域や学校、生徒の状態を探ることからはじめてみよう！

　「問題発見・解決能力」と聞くと、例えば思い浮かべる場面としては、理科の授業にて問題を発見し、実験を通して生徒がその問題や課題を解決していく

横浜市立 A中学校 令和４年度
中期取り組み目標実現に向けた「三つのプラン」

学校教育目標

「学びを通して　共生　共感　創造　を育みます」
○お互いを思いやり、認め合い、社会に貢献しながら共生できる生徒を育みます。
　（公・開）
○自分らしさを豊かに発揮し、心身の健康を考え安全・安心な生活を送ることの
　できる生徒を育みます。（徳・体）
○興味関心を広げ、自ら創造・工夫し課題に取り組み、夢をもち未来をたくまし
　く切り拓いていく生徒を育みます。（知・徳）

教育課程全体で育成を目指す資質・能力

〈グローバル化の中で生きる力〉 〈自分づくりに関する力〉 〈確かな学力〉	具体化した資質・能力
	○コミュニケーション能力　○コラボレーション能力　○多文化共生社会を形成する態度○自律心　○自尊感情と自己有用感　○主体的社会貢献に向かう力　○夢と目標をもち生き方を追求する姿勢　○言語表現力と読解力　○問題発見・解決能力

中期取組目標

魅力ある「私の学校・私のまちおらが学校」となるA中学校を目指します。
○新学習指導要領に基づいた教育課程を実践し、PDCAの観点で改善をすすめます。
○全教育課程で絆づくり、居場所づくりを観点とし、自己有用感の向上につなげ
　個々に応じた組織的な生徒指導を進めます。
○本校の教育環境を生かしたグローバル人材育成の教育をすすめます。
○校内環境整備を大切にし、落ち着いた環境づくりをすすめます。
○まちや社会等、人とのつながりから自他を大切にする気持ちや思いやりそして
　まちを大切にする気持ちの育成をすすめます。

資料３　横浜市立A中学校「中期取り組み目標実現に向けた『三つのプラン』」の抜粋
出典：横浜市立A中学校HP

過程の中にそのコンピテンシーを見出すことが可能だろう。ここでは、もう少し異なる場面にて想定してみたい。例えば、体育祭などの学校行事においてクラスみんなで力を合わせて、優勝を目指していくといった場面を想定してみる。その際、体育祭の種目で例えば、クラス対抗の全員リレーでは走る順番、練習

計画、実際の練習メニューなどの作戦を考えることが必要だろう。そして、実際に練習を行って計画を修正すること、あるいは、当日までのトレーニングやコンディションを整えるなどフィジカル・メンタル両面での実践が必要となるだろう。また、クラスの仲間の中には、走ることが苦手であったり、怪我などで当日、走れなくなってしまう生徒もいるかもしれない。そんな時、その仲間に気遣い、言葉をかけたり、ときには励まし励まされ「ともに頑張ろう！」といった声かけが生じるかもしれない。

　このように、体育祭という場面や状況の中にある「問題発見・解決能力」を生徒が身に付けるためには、数学の授業で獲得した「知識・技能」である二次関数を活用してバトンパスの効果的なタイミングをみんなで「思考・判断」したり、そのタイミングを実際に行い「表現」する中で、修正したり、練習に後ろ向きな仲間をどうやって練習に引き込んでいくのかなどの「協働意識」「言葉かけ」などの「態度」や「人間性」が必要になる。子供たちに「何ができるようになるか？」、そしてその先にある「何ができるようになると人は幸せになれるのか？」を常に求めることが大切であるということを当時、A中学校のカリキュラム編成の中心でもあった校長は、次のように述べている。

　実際のトレーニングに陸上で活躍したあるいは興味をお持ちの地域の方、A中学校の卒業生を招き入れること、あるいはそのための連絡・調整など、「中期取り組み目標実現に向けた『三つのプラン』」の中で、他の設定している資質・能力（コンピテンシー）である「コミュニケーション能力」「コラボレーション能力」を生徒たちが身に付けることも期待している。これらのカリキュラムの計画・実践は、まさに、学校現場での教育実践におけるコンピテンシーの「知識」「スキル」「態度及び価値観」の統合性が、如実に表れている結果といえるだろう。

3　エージェンシー

（1）Education2030とウェルビーイングの視点

　社会変動や気候変動、震災、タイフーン、津波、新たな感染症などの非人的な環境変化はもちろん、経済破綻や格差、紛争など人為的なことに関しても、何が一瞬先に起こるかわからない世の中のことを評して近年はVUCAな時代と呼ばれている。VUCAとは以下の状態の頭文字をとって表したものである。

V（Volatile）：変化しやすく、うつろいやすく

U（Uncertain）：不確実で、先が見通しにくい

C（Complex）：複雑で、入り混じっていて

A（Ambiguous）：曖昧な、不明瞭な

OECDが定義したキー・コンピテンシーは、Education2030においても適切なコンピテンシーであるとしている。Education2030とは、2030年の近未来において必要となるコンピテンシーについて、キー・コンピテンシーを再定義する目的で、OECDが2015年から国際的に議論をはじめたプロジェクトである（熊田・秋田, 2017）[4]。OECDでは、学校の学習だけではなく、生涯学習の視点からもコンピテンシーは議論されてきた。

Education2030では、整理されたキー・コンピテンシーを2030年の時代背景などにあわせて更新していくことが目指されており、そのコンピテンシーの発揮の先にある目標として示された概念が「ウェルビーイング」である（OECD, 2018）[13]。ウェルビーイングとは様々な解釈があるが、教育領域においては、児童・生徒、教師、保護者などの学校・家庭・地域の教育に関わるステークホルダー全ての人の安定と幸せ、そして同時にその先にある社会やステークホルダーに関係する家族や知人などの安定と幸せを指す概念（茂野・工藤・米盛, 2021[14]; 工藤・茂野, 2022a[15]; 瀬尾・工藤, 2022b[16]）として本書では定義しておく。

このようにウェルビーイングが求められる背景として、第二次世界大戦後の日本をはじめとする世界の国や地域の経済復興から現代に至る時代の変容に伴い、OECDにおける教育関連のプロジェクトにおいても、単なる経済的な成長から包括的な成長へ目標が変化していることが理由として考えられる。「国民の総生産」といった単なる「経済的な成長」から「貧困」「経済的格差」などの課題の解決も視野に入れた成長が目指されていくようになったのである（OECD, 2018）[13]。つまり、世界の単なる経済的な状態を高めるだけではなく、人が心身ともに幸せな状態、かつそのような人々を取り巻く暮らしや環境や社会が全体として幸せで、安定している状態（ウェルビーイング）を作り出すことが、OECDの使命として求められるようになったのである（OECD, 2018）[13]。

そして、Education2030プロジェクトにおいては、これまで社会経済の発展に対してどのように教育として対処していくのかを議論の中心にしていた受動的態度から、どのような社会を創り出していくのかといった能動的な関わりを希求する子供の姿を描くような議論に変容した。それが、（3）で後述する

エージェンシーの概念にもつながる「私たちが実現したい未来（The Future We Want）」についての議論となる。社会のウェルビーイングとして考える「私たちが実現したい未来」については、個人のウェルビーイングを考える方向性として説明されている。

（2）ラーニング・コンパス

Education2030プロジェクトは、キー・コンピテンシーを定義し直すだけではなく、コンピテンシーの育成を目指す具体的な方策を示すことが目的の一つであった。

それらをコンセプト・ノートという文書に整理し、学習を捉える枠組みとして「OECDラーニング・コンパス（学びの羅針盤）2030」（OECD, 2019）[17]（ラーニング・コンパスと本書では表す。資料4）という概念図に表した。ラーニング・コンパスという表現の意図するところは、（1）で述べたようにVUCAな時代においてAIや移民の増大、感染症の拡大など、新しくよりグローバルな課題が矢継ぎ早に勃発する世の中では児童・生徒が、単に教師から決まった指導を受けたり、指示をされるだけではなく、未知の状況においても自分たちの進むべき道を自ら見つけ、自分たちで舵取りしていくための学習の必要性を強調するためである。

Education2030プロジェクトの期待する人物像は、誰かの行動の結果を待つより、自分で行動することである。形づくられたものをもらうよりも、自分で形づくることである。他の人が決めたり、選んだことを受け入れることより、自分で責任をもって選択し、決定することである（OECD, 2019）[17]。

資料4のラーニング・コンパスのコンパス（羅針盤）の針は、一定の方向に留まらず絶えず微妙にプルプルと震え動いている感じがする。その針の微妙な揺れは、あ

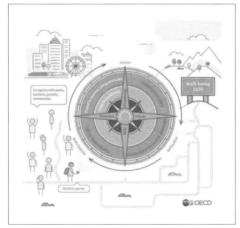

資料4　Education2030ラーニング・コンパス
出典：OECD（2019）[17]

たかもVUCAな時代における課題解決のための方向も、絶えず微妙に揺れながら人が進んでいく状況や、その状況をコンパスを持って皆で協力しながら歩みを進めていく「ひと」を象徴しているかのようである。そのような学び（ラーニング）の方向を示す役割が、コンパス（羅針盤）にあるということだろう。そして、コンパスの示す針の向きは「私たちが実現したい未来」すなわち個人と社会のウェルビーイングを目指す方向であり、ラーニング・コンパスとは特定の何かの方略を示すものではなく、ウェルビーイングに向けた一人一人の子供の学習の総体として捉えられるべきだろう。

（3）エージェンシー

　ラーニング・コンパスの中核とされている概念が「エージェンシー（Student agency）」である。エージェンシーとは、「変化を起こすために、目標を設定し、振り返り、責任をもって行動する能力」とされている。そして、エージェンシーは多様な能力の集合体とされており、「結果予測」「目標設定」「計画設計」「振り返り」「リジリエンス（逆境を克服すること）」などの能力が含まれている（OECD, 2019)[17]。エージェンシーは、ラーニング・コンパスにおいて「Student agency」と表記されており「生徒エージェンシー」と訳することもできるが、エージェンシーは児童も含まれる概念であることから、本書ではエージェンシーと表記しておく。

　よりVUCAな時代において、私たちが生涯にわたりウェルビーイングを実現するためには、私たち一人一人が自らで考え、目標を設定し、そのために必要な変化を促すための行動をするエージェンシーがより重要となるといえるだろう。コンセプト・ノートにおいても、エージェンシーは「誰かの行動の結果を待つより、自分で行動することである。形づくられたものをもらうよりも、自分で形づくることである。他の人が決めたり、選んだことを受け入れることより、自分で責任を持って選択し、決定することである」（OECD, 2019)[17]と説明されている。また、エージェンシーの概念には「主体性」と「責任」が強調されている。エージェンシーにおける「主体性」とは、単に個人の主義、主張、やりたいことを行うことではない。他者や社会との関わり合いの中で、意思や行動を決定していくことである。そして、一人一人の個人が社会の一員として、他者や社会のウェルビーイングを考え、行動する「責任」を伴うことがエージェンシーの概念である（OECD, 2019)[17]。つまり、エージェンシーはあるカ

リキュラムの枠組みというより、カリキュラムを通して児童・生徒が身に付けていく力の総体としての位置付けが相応しいといえる。

（4）よこはまの教育とエージェンシー

　次の資料5は、1999年当時の「よこはまの教育」の方向性を示す「ゆめはま教育プラン―『まち』とともに歩む学校づくり―」プラン[18]の「横浜の新たな学校づくり」の説明の一部である。

2　横浜の新たな学校づくり

生き方の教育とは

　「生き方の教育」とは，子ども一人ひとりを大切にする教育です。子どもは，将来に夢や希望をいだき，その成長過程の中で自分を見つめ，主体的に生きていきます。このように，子どもが自分で自分の未来を切り拓いていけるように，これからの学校教育は，一人ひとりの子どもの成長過程を大切にする「生き方の教育」を推進していくことを基本とします。

充実した生き方を実現する子どもをはぐくみます

　生き方の教育では，生涯にわたって豊かな自己実現を図ろうとする人間の育成をめざします。子どもは，幼児期，児童期，青年期の成長過程において，人や自然などの他との豊かなかかわり合いの中で，自分を見つめ，他を認め，生きることの喜びを実感しながら充実した生き方を実現しようとします。

　このような子どもをはぐくむため，次の3つの視点から教育活動に取り組みます。

子どもをはぐくむ3つの視点

●生き方に学ぶ （他との豊かなかかわり合いの中で様々な生き方に学ぶ子どもをはぐくむ）	●生き方を見つめる （過去・現在・未来の自分を見つめ，生き方を見つめる子どもをはぐくむ）	●生き方を創る （充実した生き方を実現しようとする中で，自らの生き方を創る子どもをはぐくむ）
●様々な出会いを通し，違いを認め合い，人の生き方や自然の姿に学ぶ子ども ●自己実現に向かっていく大人の姿にふれる中で，大人の生き方に学ぶ子ども ●学校と家庭と「まち」が連携を一層すすめる中で，社会の一員としての生き方を学ぶ子ども	●身のまわりの生活を通して，今の自分の生き方を見つめる子ども ●自分の成長過程をふり返り，これまでの自分の生き方を見つめる子ども ●自分を肯定的に受けとめ，これからの自分らしい生き方を考える子ども	●意欲をもって新たな可能性を見いだそうとする子ども ●問題を解決する力，意志決定する力，豊かな人間性，健康や体力など，生きていくために必要な力を身につけ，実践しようとする子ども ●生きるということの意味を確かにとらえ，高い価値に向かって行動しようとする子ども

資料5　「ゆめはま教育プラン ―『まち』とともに歩む学校づくり―」プランの一部
出典：「ゆめはま教育プラン ―『まち』とともに歩む学校づくり―」横浜市教育委員会

　このプランの説明にあるように、25年ほど前からすでに「よこはまの教育」が「『まち』とともに歩む」という視点を持っていたこと、つまり現代の学校教育の重要な視点である地域との連携協働を促進する現代日本の教育の方向性と同一歩調であったことは特筆に値することといえるだろう。そして、その地域との連携協働を含む「まち」＝「よこはま」を意識しているエージェンシーの視点が見出せることは、さらに特筆すべきことといえるのである。具体的には、この「よこはまの教育」のプラン「生き方の教育」である「充実した生き方を実現する子どもをはぐくむ」ことを進めていこうとしている点に、ウェルビーイングを目指し、子供一人一人が目標を持ち、振り返り、行動する力を育もうとしているエージェンシーの理念が、「よこはまの教育」には見出せる。また、このプランには、子供の「成長像」として、「大人が指し示すのではなく、子供自身が、自分らしく生きていこうとする姿」を目指し育むことが盛り込まれている。この点も、子供が自身の生き方を自身でナビゲートして進んでいくラーニング・コンパスの中核であるエージェンシーが強く描かれているといえるのである。

　さらに、資料５にもあるように、「生き方の教育」を支える３つの柱である「子どもをはぐくむ３つの視点」にエージェンシーを構成する具体的な要素が強く映し出されている。以下、それらを見ていきたい。

●「生き方に学ぶ」：「他との豊かなかかわり合いの中で様々な生き方に学ぶ」視点

　前項で見た「親やコミュニティ、子供同士、教師など周囲との関係性の中で学ぶ」共同エージェンシーの視点が見て取れる。

●「生き方を見つめる」：「過去・現在・未来の自分を見つめ、生き方を見つめる」視点

　これまでの自身の成長を振り返り、現在の自分を肯定的に受け止め、未来へ見通しをもって生き方を考える目標としてのエージェンシーの視点が見て取れる。

●「生き方を創る」：「充実した生き方を実現しようとする中で、自らの生き方を創る」視点

　エージェンシーの概念であるウェルビーイングを目指し、自分で責任と高いモチベーションをもって、自分の人生を創る。実践という行動によるエージェンシーを発揮していくプロセスとしてのエージェンシーの視点が見て取れる。

この約25年前のよこはまの教育プランは、「『まち』とともに歩む」という視点を保持しながら進められていたこと、そして、エージェンシーの理念が深く刻み込まれていることなどから「よこはまの教育」が古くて新しい教育といえよう。個人と社会のウェルビーイングを目指すこと、現在の人々のニーズと将来の人々のニーズを同時に追求していく持続可能なプランといえる。2030年の子供の育成を目指すEducation2030プロジェクトと歩調を同じくするエージェンシーの育成としてこのプランを捉えると、現在も「よこはまの教育」にしっかりと根付いていることが期待される。「ゆめはま教育プラン―『まち』とともに歩む学校づくり―」プランは、教育政策の好事例といえるだろう。

引用文献

1）文部科学省（2017a）「小学校学習指導要領（平成29年告示）解説　総則編」https://www.mext.go.jp/content/20230308-mxt_kyoiku02-100002607_001.pdf, p.11（閲覧日2023年7月2日）

2）文部科学省（2017b）「中学校学習指導要領（平成29年告示）解説　総則編」https://www.mext.go.jp/component/a_menu/education/micro_detail/_icsFiles/afieldfile/2019/03/18/1387018_001.pdf, p11（閲覧日2023年7月2日）

3）根津朋実（2019）「最新教育キーワード：155のキーワードで押さえる教育」時事通信社, pp.54-55

4）田熊美保・秋田喜代美（2017）「岩波講座　教育　変革への展望5　学びとカリキュラム」岩波書店, pp.273-309

5）船橋一男（2009）「教育学をつかむ」有斐閣, pp.110-118

6）根津朋実（2006）「カリキュラム評価の方法」多賀出版

7）佐藤学（1996）「カリキュラムの批評　公共性の再構築へ」世織書房

8）佐藤学（2000）「授業を変える　学校が変わる―総合学習からカリキュラムの創造へ」小学館, pp.124-130

9）アップル, M.W.（浅沼茂・松下晴彦訳）（1992）「教育と権力」日本エディタースクール出版部

10）松下佳代（2010）「＜新しい能力＞は教育を変えるか：学力・リテラシー・コンピテンシー」ミネルヴァ書房, pp.1-41

11）McClelland, D.（1973）Testing for competence rather than for "intelligence." American Psychologist, 28, pp.1-14

12）岸田修成・円福寺春雄・工藤祥子・米盛司・茂野賢治（2023）「社会教育と家庭教育との連携による教育課程におけるウェルビーイングを目指すエージェンシー発揮の可能性 ―ある中学生の体験活動と「総合的な学習の時間」との学びのつながりの考察から―」東京工芸大学工学部紀要. 人文・社会編, 東京工芸大学工学部, Vol.46, No.2, pp.1-8

13）OECD（2018）Education2030: The Future of Education and Skills. Position Paper（日

本語訳https://www.oecd.org/education/2030-project/about/documents/OECD-Education-2030-Position-Paper_Japanese.pdf）（閲覧日2023年7月2日）

14) 茂野賢治・工藤祥子・米盛司（2021）「地域と学校の連携・協働における学校教員の新たな役割の可能性―教育の歴史と教育制度及び教育思想の考察から―」東京工芸大学工学部紀要. 人文・社会編, 東京工芸大学工学部, Vol.44, No.2, pp.1-5

15) 工藤祥子・茂野賢治（2022）「現代日本の教育における教職の意義―教師の働き方をめぐる考察から―」東京工芸大学工学部紀要. 人文・社会編, 東京工芸大学工学部, Vol.45, No.2, pp.1-5

16) 妹尾昌俊・工藤祥子（2022）「先生を、死なせない。」教育開発研究所

17) OECD（2019）OECD Learning Compass Concept Notes. https://www.oecd.org/education/2030-project/teaching-and-learning/learning/all-concept-notes/（閲覧日2023年7月2日）

18) 横浜市教育委員会（1999）「ゆめはま教育プラン ―『まち』とともに歩む学校づくり―」

✉ 子供が「夢」を語る！　先生も「夢」を語る！　そんなカリキュラムを創ろう！

　「おまえたち、何やってんだ。そんなんじゃダメだ」この言葉は、子供のアラを一生懸命に探し、私が駆け出しの中学教員時代から継続的に連呼していた常套句の一つである。新任として子供との出会いの始まった4月5日、ほんの数日前まで「子供が夢を語り、自分も夢を語り、子供が夢に向かって歩み続けることを手伝う、そんな先生になりたい」「こんな授業を子供たちと一緒にしたい」と私は大学生で、先生を目指す仲間とともに「夢」を語り合っていたのだが……。

　当時、非力な私は子供たちに先のような言葉を浴びせ、子供たちの気持ちを受け止められず、その場限りの授業をただただこなし、子供に夢を語らせることのできない名ばかりの先生から抜け出せないでいた。子供たちに申し訳ないそして、自分自身恥ずかしい思いでいっぱいだった。冒頭の言葉は、子供への働きかけがうまくできないことを子供の所為にする私の精一杯の逃げ口上であり、夢を無くしそうな不甲斐ない自分に対する罵声でもあった。子供たちに夢を語らせていないそして、子供たちに夢を語っていないのは紛れもない私であった。あの時に戻って、いやあの時子供だった現在、大人になったお一人お一人にお会いして謝りたい気持ちでいっぱいである。

　子供の色々な可能性を信じ、先生が子供に情熱を傾けていけば、子供は成長する。このことに私が少しずつ気づき始めたのは、中学校の先生になって20

年が経ち、ある数学の先生の授業を拝見させていただいたことがきっかけだった。「子供に夢を語らせたい、私も子供と一緒に夢を語っていきたい」。大学時代、仲間とともに語り合った自分の「夢」を再び強く思うようになった。「子供たちがのってくる授業にするためにはどうしたらいいか?」「今度の自然教室では、何を子供たちに学んでもらおうか!」「来年の体育祭は、子供たちをもっと活躍させたい!」、曖昧で移ろいやすく複雑なVUCAな時代にこそ子供が夢を持ち、その夢の実現のための生きる力を子供たちが身につける最良の方法の一つが、カリキュラム(教育課程)を創り、それを実践・更新することだと実感できるようになっていった。子供たちから学ばせてもらい、子供たちの可能性を啓くカリキュラムを想像・創造・奏増していくことを真剣に考え、取り組み、カリキュラム創りの面白さにも少しずつ気がついていった。そして、現在は子供たちが夢を語れるカリキュラムを子供も、先生も、先生を目指す学生も、保護者・地域の方も、そして私も末席に居させていただき、みんなが一緒にカリキュラムを創って、誰もが一緒にウェルビーイング(幸せで居心地の良い状態)になれるように、カリキュラムをさらに更新していきたいと考えている。

　こんな私が読者のみなさんに対してものを書き、カリキュラムの良さを伝える資格が全くないことは十分承知しておりとても恐縮ではある。しかし、みなさんの反面教師として、そして何より私の拙稿が子供に夢を語ってもらえる、そして子供と夢を語る・語れるための子供の笑顔で生きるみなさんの「夢」の実現に少しでも貢献できれば、私の我儘勝手な望外の喜びではある。

茂野賢治

3　横浜市教育委員会事務局の教育課程への取組

1　世界の教育の潮流

　Think globally, act locally.（地球規模で考え、足元から行動せよ）とは、1970年代頃から環境問題に関するアメリカの市民運動でよく使われてきた言葉とする説があるが、現在では様々な分野で使われており、特に教育の分野では大切な視点の一つとなっている。2017年に告示された小・中学校学習指導要領解説 総則編の冒頭に示す改訂の経緯では、「グローバル化や技術革新が進展し」や「多様性を原動力として」「持続可能な社会の担い手として」といった表現が使われているが、これらの表現が、2015年に国連が採択した「持続可能な開発のための2030アジェンダ」いわゆるSDGsを斟酌（しんしゃく）して示されていることは言うまでもない。このように高度情報化やグローバル化が進展し、地球がどんどん小さくなってきている現代において、私たち教師が教育を考える際は、日本や地域の課題だけでなく世界共通の課題を認識し、その解決に向けた取組の一つとして明日の授業を計画するといった姿勢で臨むことが大切なのである。

　それでは少し時代を遡り、世界の教育の動向と日本の教育、そして横浜の教育のこれまでの流れを振り返ってみたい。現行の学習指導要領の改訂の方向を示した2016年の中央教育審議会答申では、昨今の社会の状況を「知識・情報・技術をめぐる変化の速さが加速度的になり、情報化やグローバル化といった社会的変化が人間の予想を超えて進展するようになってきている」と表現しているが、こうした変化が顕著になってきたのは、2000年前後からである。世界規模のネットワークが確立し、携帯電話によるインターネットの利用が可能になったのもこのころであり、私たちの生活においても、「知識基盤社会」の時代などと言われる、様々な社会の構造的変化が見られるようになっていった。

　2000年、OECD（経済協力開発機構）は、義務教育終了段階（15歳）の子供たちが、これまでに身に付けてきた知識や技能を、実生活の様々な場面で直面する課題に、どの程度活用できるかを測るPISA（学習到達度調査）を開始した。このことはマスコミ等でも大きく取り上げられ、我々はみな、日本の子供たちの読解力が参加国中何位であったとか、数学的リテラシーは何位であった

などといった結果に一喜一憂したものである。

　3年おきに行われるこの調査の結果は、各国の教育改革に大きな影響を与え、教育の方向を決める際の客観的な根拠となった。このころから、実際に世界の多くの国が教育の基本理念や方向性について大きな改訂を実施している。一概にPISAテストの結果が各国の改訂のトリガーになったとは言い切れないが、各国はPISAテストの結果分析と考察を十分に行い、その結果を客観的な根拠として改訂を実施していることは事実である。

　2002年にはアメリカで「落ちこぼれを作らないための初等中等教育法」が制定され、2005年にはフランスが「学校基本計画法」を制定した。2008年には、オーストラリアで国家教育指針である「メルボルン宣言」が出されている。アメリカでは教育行政は州の専管事項とされ、基本的に連邦政府は権限を有していないというのが一般的であるが、連邦政府が動きだした背景には、教育水準が国際的にみて低いことや、今日的課題に対しての施策が効果的に実施されていないといった問題があったとされている。

2　日本の教育改革

　日本でも、1947年に制定されて以来、約60年間一度も改正されることのなかった教育基本法が2006年に改正された。その理由としては、科学技術の進歩、高度情報化、グローバル化、少子高齢化など、日本の教育をめぐる状況が大きく変化する中で、教育の根本に遡った改革により、今日求められる教育の目的や理念等を新たに示す必要があったからである。

　文部科学省はその後の2008年3月に、教育基本法の改正等で明確になった教育理念を踏まえ、新しい時代の学校の目的・目標の見直しや学校の組織運営体制確立を柱として、「生きる力」をより一層育むことを目標として、小・中学校の学習指導要領を改訂した。この「生きる力」を育むためには、基礎的・基本的な知識・技能の習得とともに、思考力・判断力・表現力の育成が重要であるとされたが、この力こそが先に述べたPISAが測ろうとした「活用する力」にほかならない。

　その後2010年に文部科学省は、学習指導要領「生きる力」保護者用パンフレットを公開したが、その内容構成は、まず活用する力とはどのようなものかを、資料1のような図形の問題を取り上げて理解を促している。次にPISAの

結果や全国学力学習状況調査の結果等といった客観的な根拠をもとに、「学習到達度調査の結果から、読解力や記述式の問題に課題があります」といった具体的な内容で提示し、当時の日本の子供の課題を説明した。その上で最後に「生きる力」とはどのような力か、それを育むために何が必要かなどを分かりやすく簡潔に解説している。

「知識型問題」の例
①次の平行四辺形の面積を求める式と答えを書きましょう。

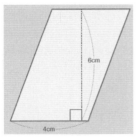

「活用型問題」の例
②東公園と中央公園では、どちらのほうが広いですか。答えを書きましょう。また、そのわけを、言葉や式などを使って書きましょう。

出典：学習指導要領「生きる力」保護者用パンフレット（文部科学省2010年）

資料1

3　横浜市の教育改革

　横浜市はこうした世界的な教育の潮流をとらえつつ、国が「教育再生会議」を発足させ教育基本法の改正に向けた審議を繰り返す中、2004年には「横浜教育改革会議」を設置し、これからの横浜における教育の在り方と改革の方向性についての諮問を行った。会議の委員は、教育学等の学識経験者、民間企業代表や保護者等の市民、冒険家等の有識者、経済関係者など様々な分野から選ばれ、高度情報化やグローバル化といった現代的な諸課題や、小中高等学校・特別支援学校など500校以上を所管する大都市横浜の課題を踏まえ、様々な角度から教育改革の方向性についての検討を行った。2006年3月には、約2年間、100時間以上に及ぶ審議の結果として最終答申が提出され、これを踏まえ、横

浜市は同年６月に「横浜教育ビジョン」を策定したのである。

「横浜教育ビジョン」では、公共心をもち協働・共生できる力としての「市民力」と、自らの生き方を切り拓き人生を作り上げる力である「想像力」の育成を、その目標に掲げている。そして、学校教育において子供を育成する際に大切にする視点として、３つの基本である「知」「徳」「体」と２つの横浜らしさである「公」「開」を示した。横浜の学校において、これら５つの視点は各学校の教育目標や中期学校経営方針に明記され、教職員に広く浸透している。なお、ここで言う中期学校経営方針とは、横浜市立の学校が３年を１サイクルとして、教育課程全体で育成を目指す資質や能力、中学ブロックの９年間で育てる子供像や重点取組分野などを明記し、内外に示すものである。また、学校評価等の結果からは、保護者や地域にも理解され支持を得ていることが分かる。そして、横浜市学力・学習状況調査の一部として行う生活意識調査の結果からは、子供たちの地域や社会に貢献しようとする態度の育成や共生の意識の醸成も進んでいると考えられる。

横浜市は「横浜教育ビジョン」の策定後、その実現に向けた具体的な取組工程を示した「横浜教育ビジョン 推進プログラム」と横浜市立学校の新しい教育課程の理念・方向及び特色を示す「横浜版学習指導要領」を策定することとなった。この「横浜版学習指導要領 総則・総則解説」「同 教科等編」は、学校が国の学習指導要領や横浜教育ビジョンの示す理念や方向を踏まえ、地域の特色や生徒・保護者の願いを汲みながら特色ある教育を創り出そうとする際に、サポートツールとして機能するようイメージして作成されたものである。学校は、学習指導要領や横浜教育ビジョンと連動した教育目標や指導目標の設定、育成を目指す能力を具体的に盛り込んだ指導計画や評価計画といった教育課程の編成をする際に、「横浜版学習指導要領」を傍らに置き、取り組んだのである。

ここで少しOECDの行った別の調査に目を向けてみたい。OECDは2011年、各国の成人が持っている「成人力」について調査し、その力と社会的・経済的成果との関係などを調査するPIAAC（国際成人力調査）を行った。この調査もPISA同様マスコミによる報道がされたが、それほど大きな話題にならなかった。フィンランドなどを含む24の国と地域が参加する中、日本は「読解力」と「数的思考力」の２分野で平均得点が最も高い結果となった。

成人力とは、知識をどの程度もっているかではなく、自ら課題を見つけてそ

の解決方法を考える力や知識や情報を活用して課題を解決する力といった、実社会で生きていく上での総合的な力であるが、この結果はこれまでの日本の義務教育の成果が数値として現れたものと分析されている。しかし、この調査で日本ならではの課題も明確になった。調査対象となった4つの項目のうち、「ITを活用した問題解決能力」では、コンピュータ調査を受けた成人の平均得点は参加国中1位であったが、コンピュータ調査を受けなかった人を分母に含めると参加国中10位の成績となる。紙での調査を希望する成人の割合は、OECDの平均を大きく上回り、他国と比較してIT活用を苦手とする成人がかなりいたことが分かる。つまり、ITスキルの習熟度が二極化していることがうかがえる。OECDは2022年から2023年にかけて、第2回のPIAACを行っており、その結果の分析が急がれることとなるが、前回の結果を踏まえるなら、まさに不易と流行という言葉を念頭に置いて、今後の教育改革を進めていくことが大切である。この言葉は中央教育審議会の答申等でたびたび見かけるが、これまで行ってきた教育の成果は素直に喜びつつ、さらに継続・発展させ、ICT等の新たに求められる教育を積極的に取り入れていくことが必要なのである。

　「横浜教育ビジョン」策定から概ね10年が経過した2018年に、横浜市はその後継として「横浜教育ビジョン2030」を策定した。その内容としては「自ら学び　社会とつながり　ともに未来を創る人」をテーマに、子供に身に付けてほしい5つの視点を「知：生きて　はたらく知」「徳：豊かな心」「体：健やかな体」「公：公共心と社会参画」「開：未来を開く志」で示した。「創」あるいは「想」を加えて6つの視点にすることなども検討したが、最終的には「横浜教育ビジョン」を継承する形で5つの視点にまとめることとなった。これらの5つの項目には、それぞれ3つの下位項目を設定し、どのような力や態度を育成すべきかを具体的に示している。例えば「知」については、生きてはたらく、あるいは活用するといった観点から「知恵」というキーワードを挿入した。また、「開」については、学習指導要領や横浜市中期計画を参考にしつつ、SDGsの理念を十分に取り入れ、「多様性」や「持続可能な」といったキーワードを盛り込んである。各学校は教育ビジョンの内容を参考にしながら、学校教育目標や育成すべき資質・能力の見直しや再設定を行うこととなるが、下位項目に示した内容やキーワードを使用して設定することも考えられる。

　また、横浜市では学校がこの「横浜教育ビジョン2030」の理念や方向を理解し、学習指導要領の内容を踏まえて教育課程の編成ができるよう、「横浜市立

学校 カリキュラム・マネジメント要領 総則・総則解説」「同 教科等編」を策定した。今回の学習指導要領の改訂では、中央教育審議会が2015年に、教育課程企画特別部会の論点整理を取りまとめて報告し、翌2016年に学習指導要領の方向を示す「幼稚園、小学校、中学校、高等学校及び特別支援学校の学習指導要領等の改善及び必要な方策について（答申）」を答申するなど、事前に少しずつ情報発信をした。これにより、横浜市をはじめ各自治体は次の学習指導要領の理念や方向を事前に予測できることとなり、早くから教育改革の準備を進めることができた。かくして横浜市は現行の学習指導要領の改訂と同時に「横浜教育ビジョン2030」を示すことができ、各学校では新たな学習指導要領に準拠した教育課程の編成に、余裕をもって取り組むことができたのである。

　なお、前学習指導要領の策定後に横浜市が示した「横浜版学習指導要領」は、学校が教育課程を編成する際のオールインワンサポートツールを目指して策定したため、細部にまで行き届いた完成度の高いものであったが、各学校の教育課程編成に際しての裁量権を縮小する可能性があった。また、手厚い内容により、教師が教育を創造する力が十分に伸長できない可能性があるとの指摘を受けたこともあった。それに対して今回の学習指導要領の改定に合わせて策定した「横浜市立学校 カリキュラム・マネジメント要領」はまさにツールとして、あるいは羅針盤として、各学校の教育課程編成を導くものとなっており、各学校が地域特性を踏まえたり、その学校が長く大切にしてきた校是などを反映させたりしながら、その学校独自の教育課程を編成することができるものとなっている。

✉ いつまでも変わらないもの、変えなければならないもの

　教師を志していたころ、テレビで大人気となっていたのは「スクールウォーズ」だった。このドラマは「落ちこぼれ軍団」といわれた高校のラグビー部が、様々なトラブルを乗り越え、仲間たちや教師との絆を深め、最後には全国高等学校ラグビー選手権で優勝するといったものである。高校、大学とラグビーをやっていた私は、テレビの前で何度もこぶしを握り締め、鼻をかみながら、こんな熱い教師になりたいと考えたのだった。

　2000年代突入直前の1996年、中央教育審議会第一次答申では「21世紀を展望した我が国の教育の在り方について」が示された。職員会議で校長がこの内容について資料を基に説明してくれたことを鮮明に覚えている。いつも校長の講話を鮮明に覚えているかは怪しいところだが、この職員会議は教師となり初めての転勤直後だったこともあり、メモなどを取りながら集中していたのだった。

　校長が示した中教審答申資料の「今後における教育の在り方の基本的な方向」の中に、「教育においては、どんなに社会が変化しようとも、『時代を超えて変わらない価値のあるもの』（不易）がある。（中略）『時代の変化とともに変えていく必要があるもの』（流行）に柔軟に対応していくこともまた、教育に課せられた課題である。」といった言葉があり、感銘を受け、それ以降座右の銘としている。

　今我々には、教師を初めて志したころの熱い思いを忘れずに、これまで日本の教育が大切にしてきた内容を継承しつつ（不易）、現在の教育理念の根底にある2030年アジェンダといった世界的な潮流を理解した上で、国の示す「令和の日本型学校教育」の実現に向けて明日の教育を構築していくといった（流行）両面が求められている。

　この本を手にされる教育関係者や保護者の皆様とともに、不易と流行の考えの下、ともに明日の教育を創っていきたいと切に願ってやまない。

笠原　一

第Ⅱ章

各学校の教育課程と連携・接続

1 「社会に開かれた教育課程」とカリキュラムマネジメント

1 「社会に開かれた教育課程」と社会・家庭・学校との連携協働

(1)「社会に開かれた教育課程」における連携協働の視点

　2017年から順次告示された現行の学習指導要領には、新たに「前文」が置かれ「社会に開かれた教育課程」の語が新たに登場している（文部科学省, 2017)[1]。「社会に開かれた教育課程」の実現を前文から要約すると、「よりよい学校教育を通してよりよい社会を創り出すという理念を学校と社会が共有し、学校と社会をつなぐ子供のよりよい成長に帰する媒体としての教育課程」の実現と捉えることができそうである。また、この前文にはカリキュラムを学校と社会が連携協働し、その実施や評価、改善のカリキュラムマネジメントの視点も存在すると解することができるといえよう。

　このような「社会に開かれた教育課程」の実現のためには、学校教育と社会教育の双方が寄り添うカリキュラムの編成と実施、及びそのマネジメントを対象にした研究がさらに必要であるといえる。学校と社会につながりのあるカリキュラムとはどのようなカリキュラムなのか。また、その編成・実施から評価・改善に至るプロセスを、誰がどのように主体的にマネジメントを行っていくのが望ましいのかなど、実践に参与しつつ、研究を進めていくことが大切であると考えている。

　これら学習指導要領とその背景となる考え方は、いずれも学校教育のあり方を規定する性質があり、よりよい学校教育の実現を、学校教育の中心となる教育課程の編成、実施、評価、改善などについて、社会と一緒に行っていくことを、学校から地域や保護者の人々にお願いしていく形で実現させていこうとするものと考えられる。最近では、児童・生徒が地域の商店やスーパーに出向き、「キャリア教育」の一環として学校の教育課程が実施されていく光景などは、「社会に開かれた教育課程」の意図する具現化といえるだろう。つまり、「教育課程」という学校教育のツールを中核に置く、家庭教育も含めた社会教育との連携協働を通したよりよい個人の自己実現と社会を創ること（個人と社会の

ウェルビーイング）を図る取り組みといえる。

（2）「逆転の発想」によるカリキュラム連携の視点

　本項では、前項で述べた「社会に開かれた教育課程」の中で、教育課程やカリキュラムの社会・家庭・学校の連携協働について考える上で、発想や性質が少し異なる事例を紹介する。

　事例の紹介の前に、その事例の取り組みの仲介をする団体である「一般社団法人横浜すぱいす」を紹介する。「横浜すぱいす」（http://y-spice.com/aboutus.html）とは、その目指すところをHPの文章から要約すると、子供に関わる多彩で素敵な人材や企業等を「つなぐこと」といえる。子供の健全育成に寄与することを理念とし、学校の教職員、指導者及び保護者等の放課後プログラムに関わる指導者も共に育つ「共育」の機会を提供し、指導者養成と育成及び活用、並びにそれぞれの教育手法を持つ機関や団体間のコーディネートを行う団体といえる。

　また、「横浜すぱいす」の中心的な活動である「子供の放課後支援」の目指すところを簡潔にまとめると、子供、学校の教師、保護者、学校、財などを「つなぐこと」といえる。子供たちの放課後、学校の教職員の放課後、多くの大人たちの放課後の「つなぐ場」をコーディネートすることによって、「社会全体で子供を育てる」機運を高め、「それぞれの人と社会のウェルビーイングを目指すこと」を目的としているといえる（資料１）。

　この後、紹介する事例は、社会教育に位置付けられる取り組みに端を発した社会教育・家庭教育・学校教育の連携協働により、ある中学生（Aさん：仮名）のエージェンシー「変化を起こすために、自分で目標を設定し振り返り、責任をもって行動する能力」〔第Ⅰ章２節３項（3）を参照〕が発揮された事例である。子供の放課後支援の取り組みにおいて、放課後の「場所」と「時間」、そして支援する「人」を拡大したある社会教育に位置付けられるイベントに「横浜すぱいす」が仲介に入り、様々な「人」「場」「時」「財」をつなぎ、Aさんが実践した取り組みである。以下で、具体的な内容と社会・家庭・学校それぞれ三者の教育場面で行われている様子とAさんが学んでいたことを紹介する。

・イベントの具体的な内容

　社会教育の事例であるAさんが体験した活動は、イベントの企画及び、当日の大学生による小学生への講義、講義の内容に基づく小学生によるキーホルダー製作のイベントの手伝いをするという内容である。具体的には、SDGs17

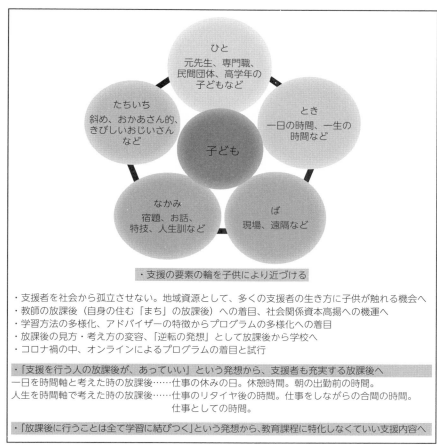

・支援の要素の輪を子供により近づける

・支援者を社会から孤立させない。地域資源として、多くの支援者の生き方に子供が触れる機会へ
・教師の放課後（自身の住む「まち」の放課後）への着目、社会関係資本高揚への機運へ
・学習方法の多様化、アドバイザーの特徴からプログラムの多様化への着目
・放課後の見方・考え方の変容、「逆転の発想」として放課後から学校へ
・コロナ禍の中、オンラインによるプログラムの着目と試行

・「支援を行う人の放課後が、あっていい」という発想から、支援者も充実する放課後へ
一日を時間軸と考えた時の放課後……仕事の休みの日。休憩時間。朝の出勤前の時間。
人生を時間軸で考えた時の放課後……仕事のリタイヤ後の時間。仕事をしながらの合間の時間。
仕事としての時間。

・「放課後に行うことは全て学習に結びつく」という発想から、教育課程に特化しなくていい支援内容へ

資料1 「横浜すぱいす」における「子供の放課後支援」の中心となる考え方
出典：横浜すぱいすHP（http://y-spice.com/projects_afterschool_history.html）

のうち「目標15」の中の一つ15.5から「絶滅危惧種動物の密輸入禁止」の講義
を受けた小学生が、その禁止の主張としてキーホルダーを製作するというも
のである。このイベントは、以前大学生がある小学校の放課後の学童保育の
場面で講義した内容をさらに膨らませ、講義の内容である「絶滅危惧種動物
の密輸入禁止」の主張を、小学生たちにキーホルダーの製作を通して楽しく
学んでもらおうとするねらいがある（資料2）。

資料２　大学生の啓発活動の様子　　　　資料３　Ａさん（左上）とＡさんの母親（右上）と
　　　　　　　　　　　　　　　　　　　　　　　　の活動の様子

・社会教育の場面

　Ａさんのイベントに関する体験には、単に小学生にSDGsの知識を伝達する
だけにとどまらない、社会教育としての多様な他者との関わりを持つことによ
る学びが存在した。

　大学生の準備段階の取り組みに感化されたＡさんが、「キーホルダーを小学
生に作ってもらおう！」というアイデアを提示し、イベント当日、小学生の
キーホルダー作りの補助を行った。大学生の取り組みの準備段階の様子を見る
機会を通して、できることを模索したということである。

・家庭教育の場面

　大学生のサポーターとして参加したＡさんは、保護者である母親からのある
影響があり、イベントに参加し、学びを深めた。一つは、母親がＡさんにイベ
ントのサポートとしての参加を勧めたことである。

　もう一つは、イベントに母親自身も参加したことである（資料３）。子供と
一緒に当日のイベントに参加することで、子供と一緒にSDGsを学んだことで
ある。この母親のありようには、家庭教育の別の役割が見出せる。レイヴと
ウェンガー（1993）[2]の指摘する母親のありようを見ながら、一緒に学ぶ正統
的周辺参加による学び方といえる。

・学校教育の場面

　Aさんは、小学生に対して提供側として参加したイベントにおける学びを生かし、最終的に自身の通う中学校にて「絶滅危惧種動物の密輸入禁止」を訴える啓発活動を行った。この活動のきっかけは、Aさんの校外でのSDGsの啓発活動の様子を聞いたAさんの通う中学校の教師が、Aさんに発表する機会を理科の授業の時間に組み入れたことにあった。学校カリキュラムとして行われている授業の中に、啓発活動の趣旨を理解した教師が、Aさんに啓発活動の機会をつくったのである（資料4）。

資料4　Aさんが啓発に使用した説明用の模造紙

　以上のAさんの取り組みと学びから、社会教育・家庭教育・学校教育におけるカリキュラムの連携の視点を以下で考えてみたい。

　北村・茂野・岸田・米盛（2022）[3] は、社会教育からはじまる家庭教育・学校教育とのカリキュラムの連携は、子供の放課後支援の意義と社会教育の位置付けを再構築させる可能性があることを、ある事例をもとに指摘している。その指摘とは、社会教育からはじまるカリキュラムの連携は、社会教育として位置付く「子供の放課後支援」の持つ意義の一つである家庭教育（子供と保護者のふれあいによる学び）のサポートを直接的に可能にし、かつ社会教育による学びで身に付けた資質・能力を土台にして、子供たちは、自身の通う学校教育（教育課程における学び）にその力を発揮させていく可能性があるということである。

　社会教育・家庭教育・学校教育のカリキュラムの連携として、本事例のイベントを捉えると、社会教育であるイベントの「場」には、学校教育と家庭教育をつなぐもの、以前であれば、自然発生的に存在した社会教育の位置付けと役割が見出せる。社会教育は何も学校教育ではできない自然体験や職業体験を補完する役割だけではないはずである。家庭教育もまた、宿題や塾に通い子供が学校教育に後れをとらないようにするためにあるのではない。本事例のイベン

トは、家庭教育を含めた社会教育で培った力を学校教育に発揮させることを可能にする、社会教育の位置付けと役割と「場」が見出せるのである。そして、このカリキュラムの連携は「放課後」が文字通り、課（学校）から解放された（放たれた）後の「場」と解釈できてしまうような、学校教育を中心に、社会教育と家庭教育が学校教育に従属するように取り込まれてきた、これまでの学校教育・家庭教育・社会教育の連携や協働ではない。社会教育からはじまる三者間の教育におけるカリキュラム連携の「逆転の発想」があるといえる。つまり、その発想には家庭教育を補完し、学校教育の土台を作る社会教育の位置付けが可能となるカリキュラム連携があるといえる。

探究課題 1

本項で紹介した取り組みを仮に、社会教育・家庭教育・学校教育の一貫したカリキュラムとするならば、そのためには何が必要だろうか？　関係するであろう人々の連携協働のあり方を中心に考えてみよう。

　まず、思いつくこととして「中学生をどのように育てるか」とする三者の共有が必要となるだろう。岸田・円福寺・工藤・米盛・茂野（2023）[4] は、社会教育・家庭教育・学校教育それぞれの場面における、ある中学生の自己の生き方を考えていくための資質・能力の在りようを捉えた結果、社会教育・家庭教育・学校教育三者の役割が補われるように連携されていくと、中学生の学びが深まり、自己の生き方を考えていくための資質・能力が育成されていくことを指摘している。本事例においても三者の役割が補われるような連携が見出せる。その連携とは、ある教育場面でのAさんの学びによるエージェンシーの状態が、別の教育場面において、そこに集う「人」に理解され、その場面においてエージェンシーが発揮される状態である。具体的には、以下のような三者の連携の状態である。

　社会教育で行っている大学生のSDGs啓発への意志とイベントの趣旨は、家庭教育の主体である母親に共有されている。母親は、大学生のイベント参加の目的とAさんのイベント参加の意志を理解し、尊重した上で、Aさんの精神状態にあった「足場かけ」を行い、大学生と一緒のイベント参加を促している。そして、学校教育において、学校外での活動やそこでの学びを教師は理解し、学校カリキュラムとして授業に取り入れたので、Aさんはそれらの経験と学び

を学校教育の中で、SDGsの啓発という形で実現させることができたといえる。

　また、本事例では「つなぎ役」となった「横浜すぱいす」の理念である「人」と「場」などをつなぐといったコーディネート役ともいうべき存在も、一貫した三者の連携カリキュラムには必要であろう。「大学生とAさんがイベントにつながる」ことで、Aさんのエージェンシーの芽生えとなる社会教育からはじまる三者の連携したカリキュラムとなり、エージェンシーが発揮されていったからである。

　そしてまた、子供のみならず、支援する大人にも利益があること。つまり、子供のウェルビーイングのみならず、大人や社会のウェルビーイングが目指されていることも、三者の連携したカリキュラムには必要であろう。このような子供にとっても大人にとっても自由で、主体性を発揮し、人生が充実するウェルビーイングを目指す三者の連携したカリキュラム、及び子供に得るものがあるだけではなく、支援する側にも得るものがある支援の充実とそのあり方についても、三者の連携したカリキュラムを考えていく際には、今後、検討する必要があるといえる。

（3）社会教育・家庭教育・学校教育のカリキュラム連携とAARサイクル

　前項（2）で見てきたAさんが発揮したエージェンシーは、社会教育からはじまる学びがもとになっている。第Ⅰ章2節3項（2）で述べたが、学習枠組みであるラーニング・コンパスは評価枠組みやカリキュラム枠組みではなく、広く汎用される多様な学習を示すことで、学習の本質的価値を示すものである（OECD, 2019）[5]。まさに、先の事例におけるAさんのエージェンシーは、社会教育・家庭教育・学校教育のカリキュラム連携による家庭や地域コミュニティを含めた様々な学びの場面を通して発揮されている。

　先の事例では、社会教育・家庭教育・学校教育三者のカリキュラム連携により、三者それぞれの場面での学びが、Aさんにとって一体となることで、AARサイクル（Anticipation-Action-Reflection）が循環している。OECD（2019）[5]では、AARサイクルを、生徒に求められるエージェンシーやコンピテンシーを育んでいくために必要なプロセスとして捉えている。子供が生涯に渡ってエージェンシーやコンピテンシーを獲得するためには、学習方略を身に付ける必要があり、AARサイクルはその基本となるラーニング（学習）・プロセスとして位置付けられている。「学習者が継続的に思考を改善したり、意図的かつ責任ある形で行動することができるような反復的な学習プロセス」として

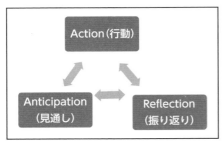

資料5　AARサイクル
出典：OECD（2019）より一部改編
　　　邦訳は茂野

コンセプト・ノートでは提示されている。学習者が計画し（planning）、経験し（experience）、振り返る（reflection）というサイクルを通して、学習者は理解を深めたり、視野を広げることができると指摘している（OECD, 2019）[5]。先の事例では、Aさんの学びがAさんのエージェンシーのラーニング・プロセスの局面である「見通し」「行動」「振り返り」（OECD, 2019）[5] が循環する（資料5）ことで、Aさんのエージェンシーは発揮されるといえる。

　現代日本の教育において、学校・家庭・地域の連携協働が叫ばれ、制度や仕組みが整えられている。連携協働の仕組みとして、学校を中心とするカリキュラム連携のための制度や仕組み、その運用は散見される。「小中一貫カリキュラム」「幼保小連携スタートカリキュラム」などは、それらを象徴する例であろう。このように、例えば一般的には学校カリキュラムにある「総合的な学習の時間」の取り組みを、児童・生徒が社会教育の場を借りて行う取り組み及びその研究は、日本では散見される。一方、先の事例のように社会教育、家庭教育によって養われた力を基礎にするエージェンシーが、学校教育における「人」と「場」によって発揮されていく取り組み及びその研究は、日本ではあまり見られない。先の事例は、学校教育におけるカリキュラムの中に、社会教育と家庭教育にて育んだエージェンシーの発揮として、SDGsの啓発活動を学校教育の「人」と「場」の中に溶け込ませていることは前項（2）で述べた。このような社会教育、家庭教育からはじまり、学校教育へとつなげていくカリキュラム連携の発想は、「逆転の連携」ともいうべき社会教育に基礎を置く社会・家庭・学校のカリキュラム連携として、その検討は今後ますます必要になるであろう。

2　「社会に開かれた教育課程」とカリキュラムマネジメントの分析視点

（1）教育課程のカリキュラムマネジメント

　表題にあるカリキュラムマネジメントの「カリキュラム」については、第Ⅰ

章2節1項（1）において述べたように、本書では学校の教育計画＝「教育課程」をより広義に捉えた意味として「カリキュラム」の言葉を使用している。根津（2019）[6] も、2017年から移行がはじまった今回の学習指導要領において、「カリキュラム」という言葉が出たことについて驚きと同時に、「カリキュラム」は上述した教育課程を広義にしたものとして「カリキュラムマネジメント」を捉えている。そこで、本項においても、学習指導要領において説明されている「カリキュラムマネジメント」の「カリキュラム」を「教育課程」の意味を広義にした記載として捉え、本項においても教育課程をより広義に捉えた意味として、カリキュラムをマネジメントしていく視点を皆さんと考えていきたい。

　学習指導要領にある「カリキュラムマネジメント」の解釈や説明自体は第Ⅴ章1節にゆずり、本項では広義に捉えたカリキュラムをマネジメントする意味で、カリキュラムマネジメントの分析の視点、つまり学校教育の計画だけではないカリキュラムをどのように方向付けするとよいのか、また学校教育だけではない視点の一つとして、社会教育、家庭教育も含めたカリキュラムをマネジメントしていくその全体像を提示していこうと思う。

　また、「社会に開かれた教育課程」については本節1項で述べているので、詳細はそちらを参照していただくこととして、本項では、「教育課程」を広義に捉えた「カリキュラム」をマネジメントするという意味で、「社会に開かれた教育課程」を捉えなおす。学習指導要領における「社会に開かれた教育課程」を、本項でいうならば「社会と一緒に拓くカリキュラム」として、そのカリキュラムをマネジメントしていく際の視点の提案ということで、読者の皆さんはイメージされるといいのかもしれない。

　ところで、現代及び今後のカリキュラムを考えていく際、第Ⅰ章2節2項でも言及したように、カリキュラムを編成していくといった教科・領域のコンテンツ（内容）をどのように子供にたどらせるかを考えることではなく、むしろどのようなコンピテンシー（資質・能力）が子供に身に付くかを想像・創造していく営みが、カリキュラムをマネジメントすることといえる。つまり、カリキュラムの編成といった能動的な行為のみならず、カリキュラム自体がすでにマネジメントの指向性を有しているということである。

　したがって、カリキュラムをマネジメントする（あえて「マネジメント」の言葉を使用すると）とは、マネジメントという一連の工程をたどりながら改善を行っていくという発想によるものではなく、カリキュラムを分析していくこ

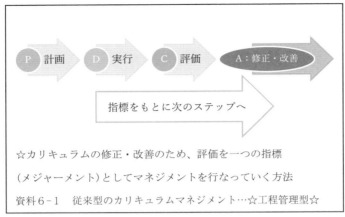

☆カリキュラムの修正・改善のため、評価を一つの指標
（メジャーメント）としてマネジメントを行なっていく方法

資料6-1　従来型のカリキュラムマネジメント…☆工程管理型☆

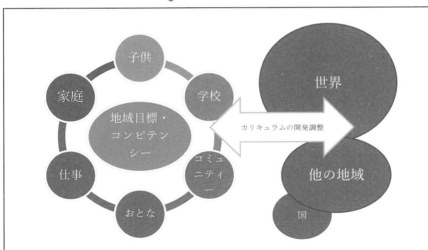

☆地域、家庭、学校などの円の大きさ、形、色をどのようにつけていくのかを子供も含めた様々な関係者との対話とコンパス（羅針盤）を頼りに、ウェルビーイングの希求とそのためのコンピテンシーの設定、開発、調整を関係する皆で模索していく方法

資料6-2　身につけたいコンピテンシーのナビゲート…☆開発調整型☆

資料6　カリキュラムマネジメントの変容イメージ
出典：茂野作成

とで、「カリキュラムを開発（development）」もしくは子供が所属する地域の中にある家庭と学校を含めた地域、そして地域というコミュニティーなどにおいて「カリキュラムを調整（adjust）」していくことが、真の意味でのカリキュラムをマネジメントしていくことといえよう。ここにカリキュラムマネジメントの醍醐味や楽しさが存在するといえる（資料6）。

そこで、本章では「カリキュラムを分析していく」という発想の下、「社会に開かれた教育課程」についても、次の（2）においてカリキュラムを分析していく視点をもって、カリキュラムマネジメントを捉えていく。

（2）「社会に開かれた教育課程」のカリキュラムマネジメント

本項では、学習指導要領の求めている「社会に開かれた教育課程」の推進と、第Ⅰ章2節3項におけるラーニング・コンパスの視点を合わせたカリキュラムマネジメント分析の側面を以下で説明する。

側面1　教科横断的な視点の再構築

教科という枠組みにとらわれないという視点は、学校教育という枠組みにおける教科・領域という枠組みのみではなく、社会教育、家庭教育による子供のコンピテンシーの育成も含めた横断的・総合的という意味合いで捉える必要がある。つまり、学校教育の枠組みを含めた社会教育、家庭教育との連携協働によるコンピテンシー育成の統合化をカリキュラムマネジメントにおける教科横断的な視点とするのである。

側面2　カリキュラムマネジメントの推進からカリキュラムマネジメントの開発調整へ

ラーニング・コンパスは学習枠組みであり、評価枠組みを必ずしも含めているものではない（OECD, 2019）[5]。そして、コンピテンシーも枠組みが決まったものはない。そこで、従来ある「カリキュラムマネジメントの推進」については、工程管理型ともいうべく計画・実践・評価・改善といったPDCAサイクルの循環を必ずしも意識するのではなく、開発調整型ともいうべくエージェンシーの育成を柱として、子供の変容を捉えていく視点でカリキュラムマネジメントを診ていくのである。また、実際の連携協働においては、上手なコミュニケーションより、関係する「人」の思いを対話にした熟議が必要になるだろう。

側面3　地域還元による連携協働

前節（2）「逆転の発想」によるカリキュラム連携の視点でも触れたが、上

記三者の連携と協働について、学校教育の「教育課程」に子供の育ちを還元することだけではなく、子供の育ちを地域に還元することで、家庭と学校を含めた地域で育てられた子供とその育ちが、ゆくゆくは家庭や学校に還元されているという視点である。そのように育てられた子供が、再び地域の人材としてより継続的に活躍するような循環を見出していく、カリキュラムマネジメントにおける地域との連携協働である。

　以上のカリキュラムマネジメントにおける分析の側面は、子供を含めた地域全体の人々と地域社会のウェルビーイングのための地域・家庭・学校の連携協働といえそうである。さらに、地域・家庭・学校の連携協働に「放課後」も連携協働を果たす役割が示唆される。志々田（2017）[7]は、「地域学校協働活動」を推進する具体的な取り組みの例として、学校も地域の一部であるという認識のもと、地域全体で行う取り組みをあげている。具体的な活動例として、「放課後活動」「子供の学習支援」などをあげている。このような取り組みには、子供の放課後の学習を地域の大人が支援することで、将来を担う子供の人材育成を図り、同時に支援する地域の大人のつながりを深め、自立した地域社会の活性化が図られ、地域の創生が期待できるといえる。なぜなら、子供が学ぶ喜びや、学ぶことで将来の基盤や夢が得られることに加え、子供の学習を支援する大人もまた、喜びや生きがいを感じることのできる包括的な社会の充実につながっていくことが考えられるからである。工藤・米盛・茂野・岸田・円福寺（2023）[8]は、子供の放課後の学習支援には、地域の大人による子供への学習の支援を通して、支援を受ける子供だけではなく、やりがいや生きがいを支援する大人も子供から得られる機会となることが期待できることを指摘する。また、このような子供にとっても、大人にとっても自由で、主体性を発揮し人生が充実するウェルビーイングを目指す放課後のあり方について、池本（2009）[9]は子供の放課後支援を検討する中で、子供に得るものがあるだけではなく、支援する側にも得るものがある支援の充実とそのあり方を、今後の課題として指摘している。子供も大人も地域全体のウェルビーイングを目指すカリキュラムマネジメントの視点として、「放課後」のマネジメントは重要な役割を果たすといえる。

引用文献

1) 文部科学省（2017）「小学校学習指導要領（平成29年告示）解説 総則編」https://www.mext.go.jp/content/20230308-mxt_kyoiku02-100002607_001.pdf, pp.34-39（閲覧日2023年7月2日）

2) ジーン・レイヴ、エティエンヌ・ウェンガー（佐伯胖訳）（1993）「状況に埋め込まれた学習 ―正統的周辺参加」産業図書

3) 北村克久・茂野賢治・岸田修成・米盛司（2022）「ウェルビーイングを目指す放課後の学校教育と家庭教育をつなぐ社会教育の位置づけ ―子どもの放課後支援から見える体験活動が育む異世代の学び合いから―」東京工芸大学工学部紀要. 人文・社会編, 東京工芸大学工学部 Vol.45, No.2, pp.31-35

4) 岸田修成・円福寺春雄・工藤祥子・米盛司・茂野賢治（2023）「社会教育と家庭教育との連携による教育課程におけるウェルビーイングを目指すエージェンシー発揮の可能性 ―ある中学生の体験活動と『総合的な学習の時間』との学びのつながりの考察から―」東京工芸大学工学部紀要. 人文・社会編, 東京工芸大学工学部 Vol.46, No.2, pp.1-8

5) OECD（2019）OECD Learning Compass Concept Notes. https://www.oecd.org/education/2030-project/teaching-and-learning/learning/all-concept-notes/（閲覧日2023年7月2日）

6) 根津朋実（2019）「最新教育キーワード ―155のキーワードで押さえる教育」時事通信社 pp.8-11

7) 志々田まなみ（2017）「これからの次世代育成・支援を推進する組織の6つの課題 〜地域学校協働活動を展開するために〜」『社会教育』2017-5, pp.6-11

8) 工藤祥子・米盛司・茂野賢治・岸田修成・円福寺春雄（2023）「子どもの放課後支援による地域創生の可能性 ―地域と放課後の連携を視座において―」東京工芸大学工学部紀要. 人文・社会編, 東京工芸大学工学部 Vol.46, No.2, pp.9-15

9) 池本美香（2009）「子どもの放課後を考える 諸外国との比較でみる学童保育問題」勁草書房

茂野賢治

2　学校の教育課程全体と総合的な学習の時間

1　総合的な学習の時間の創設

　1996年7月の中央教育審議会「21世紀を展望した我が国の教育の在り方について」（第一次答申）において、「一定のまとまった時間を設けて横断的・総合的な指導を行うこと」[1] が提言された。その背景には、「生きる力」が全人的な力であるということを踏まえると、横断的・総合的な指導をいっそう推進し得るような新たな手立てを講じて、豊かに学習活動を展開していくことが極めて有効であるという考えがあったのだといえる。

　そして、1998年7月の教育課程審議会の答申において、各学校が創意工夫を生かした特色ある教育活動を展開できるようにするとともに、総合的な学習の時間を創設することが提言され、学校教育法施行規則において、総合的な学習の時間を各学校における教育課程上必置とすることを定めるとともに、その標準授業時数を定め、総則において、その趣旨、ねらい等について定められた。つまり、総則において示されたということは、他教科等と並んで総合的な学習の時間があるのではなく、各学校においてカリキュラム・マネジメントをしていく上で、その中心に総合的な学習の時間を置き、教育課程を編成することが求められていたということである。

2　一部改正の趣旨

　2002年の学習指導要領全面実施以降、総合的な学習の時間の成果は一部で見られてきたものの、実施に当たっての難しさも指摘されてきた。例えば、各学校において目標や内容を明確に設定していない、必要な力が子供に付いたかどうかの検証・評価を十分に行っていない、教科との関連に十分配慮していない、適切な指導が行われず教育効果が十分に上がっていないなど、改善すべき課題が少なくない状況にあった。

　そこで、2003年12月の一部改正では、各教科や道徳、特別活動で身に付けた知識や技能等を関連付け、学習や生活に生かし総合的に働くようにするこ

と、各学校において総合的な学習の時間の目標及び内容を定めるとともに、この時間の全体計画を作成する必要があること、教師が適切な指導を行うとともに、学校内外の教育資源を積極的に活用するなどの工夫をする必要があることが、学習指導要領に明確に位置付けられたのである。

3　新学習指導要領において総合的な学習の時間が果たす役割と意義

　その後、改訂が行われたにも関わらず、総合的な学習の時間の趣旨や目的が十分に理解されず、教育効果が上がっていない状況が散見される中で、各教科等の補充学習が行われていたり、運動会や修学旅行の準備といったものが実践として行われたりする様子も引き続き見られた。

　そこで、2008年の学習指導要領では、それまで総則の中に示されていた総合的な学習の時間を取り出して、新たに章立てが行われた。それに伴い、他教科等と同様に学習指導要領解説「総合的な学習の時間編」が出され、各学校が実施する上で参考となるように、より具体的な内容が示された。そしてその後、全国各地で子供たちによる探求的で協働的な学習が生まれはじめ、その充実が一層求められるようになってきたのである。

　そのような中で、2017年学習指導要領が示された。

　大きな変革のあった新学習指導要領において、その最重要ポイントである「資質・能力」については、総合的な学習の時間では、2008年の学習指導要領においてすでに「資質や能力及び態度」という言葉で明示し取り組んでいた。内容を教えることが目的ではなく、学習のプロセスにおいて子供一人一人の資質・能力を育むことを大切にするという考え方である。新学習指導要領においては各教科等が学習プロセスを定めるとしているが、これは学習プロセスを充実させることが、子供たちの資質・能力の育成に結び付くという考え方によるものであり、総合的な学習の時間の趣旨や考え方が影響を与えたといっても過言ではない。

　つまり、今回の改定では、資質・能力についての様々な議論が行われたが、この議論に先鞭をつけたのは総合的な学習の時間だったのである。

　また、今回の改訂は、1998年の学習指導要領において示された総合的な学習の時間の役割や位置づけを、改めて再確認することにもなった。総則の「第2　教育課程の編成」の1番目には教育目標との関係があるが、その最後の部分で

「第5章総合的な学習の時間の第2の1に基づき定められる目標との関連を図るものとする」[2]と示されている。そして総合的な学習の時間では「各学校において定める目標については、各学校における教育目標を踏まえ、総合的な学習の時間を通して育成を目指す資質・能力を示すこと」[2]となっている。つまり、各学校においては、それぞれの教育目標を踏まえ、総合的な学習の時間を中核に据えて、教育課程の編成をしなければならないということなのである。

さらに、総則の「第2　教育課程の編成」の2番目には、教科等横断的な言語能力や情報活用能力、問題発見・解決能力のこと、さらには現代的な諸課題に対応して求められる資質・能力についての視点をもって、教育課程を編成することが示されている。これはまさに総合的な学習の時間が、教育課程全体の中核に位置付けられていることを表している。

【小学校学習指導要領（平成29年3月告示）】

第1章　総則
　第2　教育課程の編成
　　1　各学校の教育目標と教育課程の編成
　　　教育課程の編成に当たっては、学校教育全体や各教科等における指導を通して育成を目指す資質・能力を踏まえつつ、各学校の教育目標を明確にするとともに、教育課程の編成についての基本的な方針が家庭や地域とも共有されるよう努めるものとする。その際、第5章総合的な学習の時間の第2の1に基づき定められる目標との関連を図るものとする。
　　2　教科等横断的な視点に立った資質・能力の育成
　　　(1)　各学校においては、子供の発達の段階を考慮し、言語能力、情報活用能力（情報モラルを含む。）、問題発見・解決能力等の学習の基盤となる資質・能力を育成していくことができるよう、各教科等の特質を生かし、教科等横断的な視点から教育課程の編成を図るものとする。
　　　(2)　各学校においては、子供や学校、地域の実態及び子供の発達の段階を考慮し、豊かな人生の実現や災害等を乗り越えて次代の社会を形成することに向けた現代的な諸課題に対応して求められる資質・能力を、教科等横断的な視点で育成していくことができるよう、各学校の特色を生かした教育課程の編成を図るものとする。

第5章　総合的な学習の時間
　第2　各学校において定める目標及び内容
　　3　各学校において定める目標及び内容の取扱い
　　　(1)　各学校において定める目標については、各学校における教育目標を踏まえ、総合的な学習の時間を通して育成を目指す資質・能力を示すこと。

引用文献
1）中央教育審議会答申1996「21世紀を展望した我が国の教育の在り方について」
2）「学校学習指導要領2017 総則」

 教育課程で子供を育てる

　若い頃、尊敬する先輩に質問された。「何を大切にして、子供たちを育てるか」と。私は、子供への愛情とか教育への情熱、などと答えたと思うのだが、「それは教師になる上であたりまえのこと。最低条件だよ。最も大切なのは、教育課程。教育課程で子供を育てるのだ」と言われたことを思い出す。その時はもう一つピンとこなかったが、授業研究を重ねるうちに、その意味が少しずつわかってくるような気がした。言うまでもなく教師には様々な仕事があるが、やはり私たち教師は授業を通して、子供たちを育てたい。そのために教師が為すべきことは教材研究であり、単元計画の作成であり、授業づくりである。つまり、よりよい教育課程を創るということである。

　そして、子供たちが主体的に学ぶ優れた授業を実践するためには、教育課程を研究し続けなければならない。教材を研究し、単元を構想し、授業の在り方を考える。これが授業研究である。横浜市出身の大村はま先生は著書『教えるということ』の中に「研究をしない先生は先生ではない。なぜなら子どもというのは、身の程知らずに伸びたい人のこと。研究している先生はその子どもたちと同じ世界にいる。研究するということは……私たちが子どもたちと同じ天地にいるための工夫である」という表現で教師にとっての研究、教育課程の研究の大切さについて述べられている。

　最近いろいろなところで「学び続ける教師」という言葉が聞かれるが、教師にとって不変の真理である。何を学び続けるのか。それは目の前の子供の姿、そして、教育課程の向こうに見える子供の姿なのではないだろうか。

相澤昭宏

3 幼児期の教育との接続及び低学年における 教育全体の充実

1 幼児期の子供の育ちと学び

　小学校に入学したばかりの１年生の姿は、６年生と比べて実に幼く映り、年長者が様々な手助けをしなくてはならない存在と思われがちである。しかし、果たして本当にそうなのだろうか。

　園の運動会で用具係を担っていたのは５歳の年長児だった。レースがひとつ終わるごとに用具を並べ直し、終了後は素早く片付けるなど、園でいちばんのお兄さん、お姉さんとして大活躍している。その年長児の演技は、小学６年生と同じ「ソーラン節」で、ダイナミックな演技を披露し喝采を浴びていた。

　朝登園してきた子供たちがはじめたのは、紙皿に折り紙で作ったお寿司を載せたお寿司屋さんごっこだった。そこに電車好きの子供がプラスチックの鉄道玩具を持って加わり、子供同士で相談をしながら、電車にお皿を載せてお客の目の前にお寿司が届く、ぐるぐる回る回転寿司にバージョンアップさせていった。

　行事の中で、生活の中で、就学前の子供たちは様々なことに取り組みながら経験を重ね、学び成長している。小学校に入学する６歳の子供が、それまでの６年間に、どのような育ちと学びを経てきたのか、そこに園の保育士や教師によるどんな寄り添いや環境づくりなどがあったのかを、迎える小学校の教員が知れば、１年生からの教育活動は、より豊かで充実したものになることだろう。小学校の学びは、ゼロからのスタートではないのである。

（1）能動的学習者としての子供観

　前述の回転寿司屋さんごっこでは、生活経験の中で知っている実際のお店をイメージし、自分の身の回りの物を工夫しながら活用して、遊びを創り出す姿や、友達と話し合い協同的に活動する姿を見ることができる。お客さん役からの「たまごください」の声に「ちょっとまってくださいね」と答える声には、自信や喜びが感じられる。

どんなに幼くとも、子供は本来知りたい、伸びたい、学びたいと思っている存在であり、決して大人が教え込まなくてはいけない存在などではない、有能な学び手なのである。

　「子供は、自分で意識していないかもしれないが、常に伸びようとしている。子供は、じっとしていられなくて、絶えず、自分をとりまく『人』『もの』『こと』に関わろうとする。それらの中に自分の気が向いたものがあれば、全力を尽くしてそれに自分を関わらせ、学習し、成長していくことになる」と平野(1994)[1] は述べている。子供は未熟で大人が教え導かなければ何もできないとか、させなければ何もしないといった認識は誤っている。子供の豊かな学びを願うならば、子供は自ら伸びようとする存在であり、子供は子供として優れた存在なのだという能動的な学習者としての子供観に立つことが、子供主体の学びの実現を目指す上で不可欠である。

（2）幼児期の特性と幼児教育

　就学前の5歳児は、遊びを中心として、頭も心も体も動かして様々な対象と直接関わっていく時期である。そのため幼稚園教育要領、保育所保育指針、幼保連携型認定こども園教育・保育要領（以下、3要領・指針）には、幼児期の教育は幼児期の特性を踏まえ、「環境を通して行う教育」が基本であると示されている。幼児が身近な環境に主体的に関わり、環境との関わり方や意味に気付き、これらを取り込もうとして試行錯誤したり、考えたりするようになる幼児期の教育における見方・考え方を生かして、遊びを通した学びによって、よりよい教育活動を創造することが求められているのである。

　幼児にとっての環境とは、身の回りの「ひと」「もの」「こと」など様々ある。こうした環境への関わり、とりわけ自発的な遊びを通して学ぶことが重視されるのだが、幼児にとっての「遊び」とは、「学習」に対する「遊び」、「仕事」に対する「遊び」、のように分けられるものではなく、子供の生活そのものであるといってよいだろう。やりがいや楽しさを感じ、充実感を味わう主体的な遊びを通して、子供はその対象と関わり、感じたり気付いたり、思考したり工夫したりし、意欲をもって粘り強く取り組むことや、協力することなどを学ぶ。そのため、何かができるようになった、という結果よりはむしろ、夢中になって遊び込み、興味をもって何度も関わり続けるプロセスこそが重視されるのである。

（3）幼児期の終わりまでに育ってほしい姿

　幼児期に育みたい資質・能力について、現行の３要領・指針では３つの柱で整理されている。

　「知識及び技能の基礎」…遊びや生活の中で、豊かな体験を通じて感じたり、気付いたり、分かったり、できるようになったりする。

　「思考力、判断力、表現力等の基礎」…遊びや生活の中で、気付いたこと、できるようになったことなどを使いながら、考えたり、試したり、工夫したり、表現したりする。

　「学びに向かう力、人間性等」…心情、意欲、態度が育つ中で、よりよい生活を営もうとする。

　これらは小学校学習指導要領とも整合性が図られている。

　この資質・能力の３つの柱を踏まえつつ、５歳終了時までに育ってほしい具体的な姿として示されたのが、「幼児期の終わりまでに育ってほしい姿」である。

　「幼児期の終わりまでに育ってほしい姿」とは、５領域（健康、人間関係、環境、言葉、表現）のねらい及び内容に基づいて、幼児期にふさわしい遊びや生活を積み重ねることにより、幼児期に育みたい資質・能力が育まれている幼児の具体的な姿であり、特に５歳児後半に見られるようになる姿として示されている。砂場遊びの中で友達と力を合わせて山を作っている様子に「協同性」の育ちを見出したり、砂に水をかけた方がお団子が固まりやすいと発見した様子に「思考力の芽生え」を見出したりと、資質・能力が育まれている幼児の具体的な姿として示されているのであって、到達目標ではない。また、個別に取り出されて指導されるものではないことにも、十分留意する必要がある。幼児の自発的な活動としての遊びを通して、一人一人の発達の特性に応じて、これらの姿が育っていくものであり、全ての幼児に同じように見られるものではないことを理解すること、また、５歳児に突然見られるようになるものではないため、５歳児だけでなく、３歳児、４歳児の時期から、幼児が発達していく方向を意識して、それぞれの時期にふさわしい指導を積み重ねていくことも大切である。

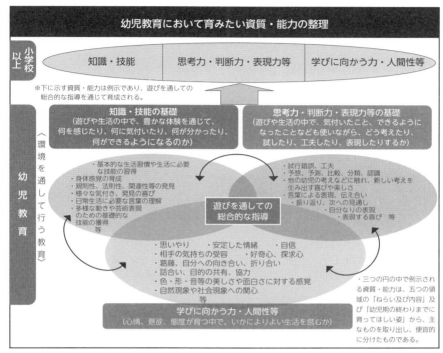

資料1　中央教育審議会幼児教育部会（2016年8月）「幼児教育部会における審議の取りまとめについて（報告）」[2) より

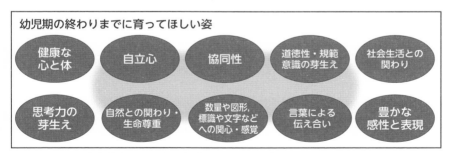

資料2　中央教育審議会幼児教育部会（2016年8月）「幼児教育部会における審議の取りまとめについて（報告）」[2) より（それぞれの具体的な姿については3要領・指針参照）

2 低学年教育の充実と生活科

　ここまで見てきたように、小学校に入学してきた時点ですでに子供には、幼児期の主体的な遊びを通して培われた様々な「学びの芽生え」を見ることができる。そして児童期を迎え、学ぶということへの意識が生まれてくるようになり、集中する時間とそうでない時間の区別がつき、自分の課題の解決に向けて計画的に学ぶ、いわゆる「自覚的な学び」へと移行していくのである。このとき、幼児教育と小学校教育の円滑な接続を図り、小学校低学年の教育を充実させるために重要な役割を果たすのが生活科である。

（1）生活科の誕生と学びの特質

　生活科は1989年の学習指導要領改訂を機に誕生した。教科の構成を変えるということは学校教育のあり方そのものと深く関わっており、生活科の誕生は時代を反映した大きなうねりの中での大改革であった。低学年の子供は、具体的な体験を通して感じたことや考えたことなどを、常に自分なりに組み替えながら学んでいく。それは未分化で一体的な学びである。生活科は、そんな低学年の子供の発達や学びの特性に合った教育課程が必要であるという考えのもと、誕生した。

　生活科は、「子供の生活そのもの」に基づく教科である。従前の教科が親学問をもち、学ぶべき事柄が体系的に整理されてカリキュラムが構成されていることとは、大きく異なる特質をもっている。幼児が環境を通して学ぶように、生活科において子供は、学校生活を通して出会う様々な「ひと」「もの」「こと」に直接関わり、具体的な活動や体験を通して学ぶのである。

　現行の学習指導要領において生活科の目標は次のように示されている。

　具体的な活動や体験を通して、身近な生活に関わる見方・考え方を生かし、自立し生活を豊かにしていくための資質・能力を次のとおり育成することを目指す。
　（1）活動や体験の過程において、自分自身、身近な人々、社会及び自然の特徴やよさ、それらの関わり等に気付くとともに、生活上必要な習慣や技能を身に付けるようにする。
　（2）身近な人々、社会及び自然を自分との関わりで捉え、自分自身や自分の生活について考え、表現することができるようにする。
　（3）身近な人々、社会及び自然に自ら働きかけ、意欲や自信をもって学んだり生活を豊かにしたりしようとする態度を養う。

生活科における「具体的な活動や体験」とは、単なる手段や方法ではなく、目標でもあり内容でもある。言い換えれば、具体的な活動や体験のない生活科の学びは成立しないということでもあり、それは幼児期の学びとの共通性を強く感じさせる。

　「身近な生活に関わる見方・考え方」とは、「自分との関わりでとらえる」ということである。ウサギ小屋に行って友達がウサギを抱いている様子を見ても、そっと撫でることしかできなかった子供がいた。初めて抱くことができたとき、「きょうは、うさぎさんをだっこできたよ。ちょっとこわかったけど、だっこしたら、けが、ふさふさしてたよ。あったかくて、どきどきしてた。とってもうれしかったよ。うさぎ、だあいすき。」と振り返りに書いた。そこには、以前は抱くことができなかったけれど、今日はとうとう抱くことができるようになったことへの喜び、自分で抱いたからこそ感じたウサギの感触や生き物としての温かさと共に、ウサギとの心の距離が縮まり、愛おしい存在となったウサギへの思いを見て取ることができる。

　こうした学びを通した生活科の究極の目標は「自立し生活を豊かにしていく」ことである。学んだことを実生活に生かし、自分自身が成長しながらよりよい生活を創造していこうとすることは、学習指導要領前文にも示された、「豊かな人生を切り拓き、持続可能な社会の創り手となる」ことにも通じている。

　生活科の内容は９つのまとまりに整理されている。それぞれの学習対象に直接関わったり、実際に学習活動を行ったりすることを通して、「知識及び技能の基礎」「思考力、判断力、表現力等の基礎」「学びに向かう力、人間性等」の３つの柱で示された資質・能力の育成を目指す。なお、幼児教育と同様に末尾に「基礎」という文言が含まれているのは生活科だけであることにも、生活科の特質が表れているといえるだろう。

　９つの内容は、ピラミッド型に３つの階層で整理されており、それぞれを基にして学年の目標（生活科の場合、２学年修了までに実現することを目指す）が構成されている。

　内容（１）（２）（３）は、子供にとって生活の場である学校、家庭、地域が対象となる。それぞれの場所で、「ひと」「もの」「こと」と繰り返し関わることを通して、そのよさに気付き、自分自身もその一員として、これからも大切にしていきたいという思いを育んでいくのである。それゆえ、学校探検やまち

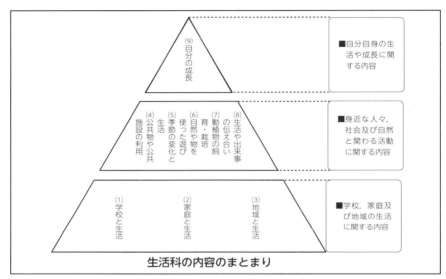

資料3　小学校学習指導要領（平成29年告示）解説「生活編」[3] より

　探検を通して出会いたいのは、おいしく安全な給食で学校生活を支えてくれる給食調理員さんだったり、笑顔でお客さんを迎えてくれる地域のお店屋さんだったりするのである。

　内容（4）〜（8）は、子供が触れ合い関わる中で、「もっとこうしたい」という思いを膨らませ、工夫したり楽しんだりすることを大切にしている。実際に繰り返し行うことを通して、その役割が見えてきたり、変化や特徴に気付いたり、面白さやかけがえのなさを感じ取ったりする経験は、達成感や一体感、自己肯定感といった充実感につながり、「遊びや生活は自分たちの手でよりよいものにできる」という意識を育てる。これは中学年以降においても学びに向かう大きな力となる。

　内容（9）は、他の全ての内容と関わりながら、自分自身の変化や成長、よさや可能性を見つめる内容である。周囲に支えられ、以前はできなかったこともできるようになった自分、大事に世話をしてきれいな花を咲かせることのできた自分、友達と教えたり教わったりしながら遠くまで飛ぶロケットを作ることができた自分。そんな自分の成長を見つめることを通して感じ取った周囲の人への感謝や、将来の自分への期待が、前向きに成長していこうとする姿につ

ながるのである。

　さて、「幼児期の終わりまでに育ってほしい姿」は、資質・能力が育まれている幼児の具体的な姿として示されているのであって、到達目標ではないということは先に述べたとおりである。

　一方、生活科は教科であり、学習活動を通して資質・能力の育成を目指す。その際、どのように学ぶかを考えるための視点が、「主体的な学び」「対話的な学び」「深い学び」である。

　身近な対象に直接、また繰り返し関わることを通して、子供は思いや願いを育んでいく。ペットボトルのキャップや紙コップなど、様々な材料でたくさん遊んだ子供は、これらの材料を使って「もっと遊びたい」と何度も遊ぶことだろう。そして「今度は車を作ってみたい」「速く走る車にしたい」と、活動を繰り返す中で思いや願いを強くし、単元を通して意欲的に学ぶことだろう。車を後ろからうちわであおいで走らせようとする中で、どうやら風が当たるところが広い方が速く走るようだと気付き、帆の部分を改良していく姿からは、自ら夢中になって取り組む「主体的な学び」を見ることができる。そこでは、うまくいったことや思い通りにならなかったことなどを振り返り、気付きを次の活動につなげるとともに、粘り強く頑張った自分や、友達と喜び合った自分など、自分自身についての気付きも深めていく。

　尋ねたり教え合ったり協力したりして様々な人と関わりながら活動すること、一人一人の発見を共有し、それをきっかけとして新たな気付きが生まれるような伝え合いの場をもつことなど、他者との協働も大切である。こうした「対話的な学び」によって、新たな活動が生まれたり、一人では気付かなかったことに気付いたりと、学びはより豊かなものとなっていく。このとき、対話の相手は必ずしも人とは限らない。育てているミニトマトの実が次第に大きくなり赤くなる様子を見て、「ミニトマトの家族みたい。これがぼくで、これは妹。かわいいな」とつぶやく姿は、自分が関わっている対象にじっくりと向き合い、対話的に学んでいる姿だととらえることもできる。

　こうした主体的・対話的な学びの中で、子供は自分自身の中に取り込まれた様々な情報を、表現活動によって言語化することで、振り返って考えたり整理したりすることができる。それによって、自分が何気なく行っていたことが、実は意味のあることだったことに気付いたり、これまでに経験していたことと

の関係性が見えてきたりする。これが「気付きの質が高まる」ということであり、生活科における「深い学び」である。生活科の学習過程において、具体的な活動や体験と表現活動を交互に繰り返すことを重視するのはそのためである。

　このように、生活科は、幼児期の遊びを通した総合的な学びとの共通点を多くもちながら、小学校でのより自覚的な学びへとつながる、大切な役割を果たしている。

（2）幼児期の学びと「つなぐ」〜スタートカリキュラムから架け橋カリキュラムへ

　低学年教育を充実させるためには、幼児期の学びとの円滑な接続が重要である。ここまで見てきたように、幼児期の教育課程と小学校の教育課程は、多くの共通点をもちながらも内容や進め方に違いがある。だからこそ、本当に子供が安心してのびのびと自らを発揮し、豊かに学んでいくことができるようにするには、園と学校という教育施設の側が、幼児教育から小学校教育への連続性・一貫性を確保し、組織的・体系的に教育活動を行うための工夫を重ねることが必要である。その考えに基づき生まれたのがスタートカリキュラムである。生活科はまさにその中核を担っている。

　一口にスタートカリキュラムといっても、時代とともに、その位置付けやねらいは変わってきている。2008年に改訂された学習指導要領解説生活編に初めて登場した時期は、小学校に入学した子供が学校に適応できなかったり、クラスが落ち着かなくなったりする「小1プロブレム」と呼ばれる現象が、社会で話題となり注目されていた。そのため幼児教育から小学校教育への円滑な接続を図ることで、子供が安心し学校生活になじむことができるよう、生活科を中核として合科的に扱うことなどが示された。

　その後、「スタートカリキュラムスタートセット」が国立教育政策研究所から全国の小学校に配付されるなど、スタートカリキュラムの意義や考え方、取り組みの工夫などがより細やかに発信されるようになった。それまでのスタートカリキュラムが、「子供の適応」に目が向いていたことに対し、より子供の側に立った取り組みにしようという変革がなされ、一人一人の子供が安心感をもてるようにするために、登校してからの朝の時間の過ごし方や、1日の時間の流れを、園での過ごし方に合わせるなどの工夫も提示された。

	4月第1週	4月第2週	4月第3週	4月第4週	5月以降
朝の時間	なかよしタイム	なかよしタイム	なかよしタイム	なかよしタイム	なかよしタイム
1校時	なかよしタイム	なかよしタイム	なかよしタイム	なかよしタイム	わくわくタイム
2校時	わくわくタイム	わくわくタイム	わくわくタイム	わくわくタイム	わくわくタイム
3校時	わくわくタイム	わくわくタイム	わくわくタイム	ぐんぐんタイム	ぐんぐんタイム
4校時	ぐんぐんタイム	ぐんぐんタイム	ぐんぐんタイム	ぐんぐんタイム	ぐんぐんタイム
5校時		ぐんぐんタイム	ぐんぐんタイム	ぐんぐんタイム	ぐんぐんタイム

3つの学びの時間帯 配分例

資料4　横浜市こども青少年局・横浜市教育委員会（2018年）「横浜版接続期カリキュラム ～育ちと学びをつなぐ平成29年度改訂版」[4] より

　横浜市が作成した「横浜版接続期カリキュラム」では、「なかよしタイム（安心感や人間関係づくり）」「わくわくタイム（生活科を中核活動とした学習）」「ぐんぐんタイム（教科等を中心とした学習）」といった時間のまとまりを示し、入学からの数週間は毎日同じような流れで生活できるような時間割の組み方を提示している。

　2017年度改訂の学習指導要領においては「幼児期の教育との接続及び低学年における教育全体の充実」が新たに示され、「特に、小学校入学当初においては、幼児期において自発的な活動としての遊びを通して育まれてきたことが、各教科等における学習に円滑に接続されるよう、生活科を中心に、合科的・関連的な指導や弾力的な時間割の設定など、指導の工夫や指導計画の作成を行うこと」と、スタートカリキュラムを全国全ての学校で編成・実施することが求められることとなった。ここでは、「安心して学校生活を送る」「のびのびと自己発揮する」とともに、「自分で考え、判断し、行動し、生活する」という「学びに向かう」姿を目指してカリキュラムを運営・改善することが必要とされている。

　さらに2023年2月には中央教育審議会初等中等教育分科会より、5歳児から小学校1年生までの2年間を「架け橋期」と称して焦点を当て、この時期の教育の充実を求める審議のまとめが発出された。それは幼児期の教育は「幼児期の終わりまでに育ってほしい姿」に示されるように、生涯にわたる人格形成の

基礎を培う重要なものであり、幼児教育と小学校教育を円滑に接続して「架け橋期」の教育の充実を図ることが、生涯にわたる学びや生活の基盤を作るために大切だという認識が広がったからである。

このように、今後ますます低学年教育における幼児教育との接続の在り方は重視され、充実が求められていくといえるだろう。

（3）他教科等の学びと「つなぐ」〜教科横断的な視点

低学年の子供の発達は未分化な特徴をもつことから、入学当初のスタートカリキュラム実施の時期を過ぎても、生活科を柱にした合科的・関連的な教育課程の創意工夫は必要であり有効である。

1年生の生活科の学校探検で、様々な場所を訪れているときのこと、広い校庭に出ると、子供たちが思わずあちこちに向かって走り出した。そこで教師がわざと子供を走って追いかけて、「タッチをして逃げる」ということをはじめると、「え、なに」「タッチされた」「あ、鬼ごっこだ」と自然に鬼遊びがはじまった。子供たちにとっては、園でも行っていた遊びなので、自然にはじめられるのである。これをきっかけに学級で鬼遊びが広がったのを見計らい、教師は体育の授業で鬼遊びを行うことにした。すると、回数を重ねるうちに、かくれてしまって捕まらなかったり、タッチをされても逃げ続けてしまったりするという問題がもち上がってきた。そこで子供たちは話し合い、「遠くまで行きすぎないように場所を決めよう」「しっぽ取り鬼ごっこにすれば、捕まったことが分かるよ」といったアイデアを出しながら、改善策を生み出していった。こうして子供たちは、生活科の学びとして、学校にはみんなで楽しく走ったり遊んだりできる校庭があるということに気付くとともに、体育科の学びとして、鬼遊びを通して運動遊びの楽しさに触れたり、考えたことを伝え合って仲よく運動する態度を養ったりしていることが分かる。

国語科において経験したことや想像したことを書くといった言語活動では、育てたアサガオの様子を観察し、双葉が開いた様子を「ウサギみたい」と例えたり、双葉と本葉を比べて「こっちはつるつるで、こっちはぎざぎざ」と感触の違いに気付いたり、「水やりをしたらうれしそうだった」と心を寄せて育てた豊かな体験が、表現することへの意欲を高めたりする。

このように、低学年の子供の学びの特質を生かすには、幼児期からの発達の段階に応じた縦のつながりとともに、教科間の横のつながりの両方が必要であ

り、生活科はその結節点であることが分かる。

（4）中学年以降の学びに「つなぐ」～豊かな体験をベースに

　さらに、生活科の結節点としての役割は、中学年以降の学びについても当てはまる。

　身近な地域の様子を絵地図に表したり、身の回りにはみんなで使う場所があることに気付いたりすることは、社会科の見方・考え方の基礎につながる。空気やゴムの力を使ったおもちゃを作って遊びながら、決まりや性質について気付くことは、理科の見方・考え方の基礎につながる。具体的な活動や体験を通して考え、問題解決しながら自らの思いや願いを実現していく学習は、総合的な学習の時間における探究的な見方・考え方にもつながる。生活科は第1・2学年にのみ位置付けられた教科であるが、学習の内容的な側面と方法的な側面で、第3学年以上の教科等に深く関連しているのである。

　中学年になると学習で扱う事柄は少しずつ抽象度を増し、難しさを感じる子供も少なくない。しかしながら、低学年における学びが充実することにより、そこで知った学ぶことの楽しさや、培った学び続けようとする意欲は、子供たちの学びを将来にわたって支える大きな力となることを忘れずにいたい。幼児期から低学年における豊かな学びは、子供の生涯を支えるのである。

引用文献
1）平野朝久（1994）「はじめにこどもありき ―教育実践の基本」学芸図書 p.23
2）中央教育審議会幼児教育部会（2016）「幼児教育部会における審議の取りまとめについて（報告）」pp.12-13
3）小学校学習指導要領（平成29年告示）解説「生活編」p.26
4）横浜市こども青少年局・横浜市教育委員会（2018）「横浜版接続期カリキュラム ～育ちと学びをつなぐ～平成29年度改訂版」p.47

✉ 子供から学ぶということ

　9月のある朝、1年生の子供が「先生、たいへん！　アサガオの花がちっちゃくなっちゃってる！」と飛んできた。その言葉をきっかけに、最近咲く花が小さくなってきたのはなぜかについて、子供たちは思い思いに語り出した。「水が足りなかったかな」「日が当たらなかったんじゃない」「プールの消毒薬が入ったスプリンクラーの水がかかったのかも」などと思い思いに語るうちに、「寒くなってきたからじゃない」「秋になったからだよ」という声が聞こえだした。「花が咲いて、種ができたから、アサガオは終わっちゃうんだよ」という言葉に多くの子供が納得しはじめ、それを聞いていた私も「よしよし、季節の変化に目が向いてきたな」とほくそ笑んだときだった。一人の子供が「終わりじゃない！」と言い出した。「だって、アサガオは枯れちゃうけど、種ができるでしょ。それをまた撒いたら芽が出て、花が咲くでしょ。だから、終わりじゃない」そして「人間も年を取って、おじいちゃん、おばあちゃんになって死んじゃうけど、また赤ちゃんが生まれる。だからおんなじ」と続けた。その時思い当たったのが、その子のお母さんのおなかには赤ちゃんがいて、もうすぐ生まれるのを心待ちにしていたことだった。

　「そうか、この子は、大事に育てたアサガオの花の後にできた種と、お母さんのおなかの中の命とを結び付けて、『いのちのつながり』について語っているのか」そのことに気付いたとき、私は自分の子供を見る目の浅さに恥じ入り、言葉を失った。

　はるか昔、まだまだ教員経験の浅かった私の忘れられない一コマである。思惑をはるかに超えた子供の「自分事」としての確かな学びに心打たれた経験は、その後、教師としての自分の有り様に悩み、見つめ直すたびに心に浮かんでくる。子供の姿から学ぶということ、それは時代を越えて、教師がいつでも還るべき原点であると私は思う。

武山朋子

第Ⅲ章

各学校の教育課程編成

1　9年間を見通した教育課程の編成と資質・能力

1　各学校が編成する教育課程とは

　「教育課程って何ですか」このように保護者に質問された時、私たちはどのように説明するのが適当であろうか。小学校学習指導要領解説総則編では、教育課程とは学習指導要領が示す学校教育の目的及び目標を達成するために、教育の内容を児童の心身の発達に応じ、授業時数との関連において総合的に組織した各学校の教育計画であるとされている。このことから一般的な答えとして「4月の学校説明会で、本校の学校教育目標についてお話しいたしましたが、あの目標を達成するために、1年間で、あるいは3年間でどのように教育を行うかといった教育計画のことです」などと説明するのはどうだろうか。

　それではここでいう「総合的に組織した教育計画」とは、具体的にどのような内容を指し示しているのかを確認してみる。小学校学習指導要領解説総則編では、「学校教育目標の設定、指導内容の組織及び授業時数の配当」が教育課程編成の基本的な要素であるとしているが、これらの要素を3つのカテゴリーとして、各学校が準備すべき具体的な内容を考えると、次のようなものが挙げられる。

【教育の理念や目標】

　学校教育目標、校訓、目指す学校像、育てたい子供像、育成を目指す資質・能力、各学年の指導目標、各教科の指導目標　など

【配列した教育内容】

　各教科・領域等の年間指導計画、単元計画、指導案、各教科・領域等の評価計画、評価規準、教科ごとの評価資料収集計画　など

【配当した授業時数】

　年間行事計画、月間行事計画、週時程、日課表　など

　教育課程は総合的に組織した教育計画であるという性格から、その編成にあたっては、縦軸を時間軸として系統性を図ること、横軸を派生的あるいは横断的な内容のつながりとして整合性を図ることが大切である。例えば学校教育目標と各学年の目標、各学年の目標とその学年における教科の指導目標には、次

のように整合性と系統性をもたせていなければいけない。

【学校教育目標】　学び、考え、共に生きる
　　人権尊重の意識を高め、共生の意識を醸成します。
【第3学年教育目標】
　　自他を尊重し、地域社会や世界の人々と共に生きようとする意識を育みます。
【社会科第3学年教科目標】
　　広い視野に立って、社会に対する関心を高め、国際社会に生きる民主的、平和的な国家社会の形成者として必要な公民的資質の基礎を養います。

資料1　横浜市立K中学校

2　教育課程編成の留意点

　それではここで各学校が編成する教育課程の項目について、設定時の留意点や手順などを確認していきたい。まず、その学校の教育理念や教育目標の設定については、教育課程を編成するにあたって最初に着手すべきものであるが、留意すべき点として次の内容が考えられる。

（1）学校教育目標の設定

　学校教育目標の設定にあたっては、小学校・中学校ともに入学時の子供たちのレディネスチェックを十分に行うことと、卒業時の成長した姿を描き、その実現に向けた取り組みを目標とすることが大切である。なお、小学校卒業時の子供の姿を描く際は、3年後の中学校卒業時の姿を十分に踏まえて、そこにつながるものとして考えることが肝要である。また、小学校入学時には学力調査や体力テストの結果のような客観的な資料が多くないため、幼稚園教育要領等に示す「幼児期の終わりまでに育ってほしい10の姿」を具体的な視点として、地域の幼稚園や保育園等と十分に情報共有することが大切である。その上で学校評価やアンケートなどを活用し、児童の夢や保護者、教職員の願いを十分に汲み上げることも必要である。

　中学校での学校教育目標の設定については、最初に小学校での学力・学習状況調査の結果や体力・運動能力、運動習慣調査の結果など、客観的なデータを十分に分析して、入学時の生徒の状況を把握する。併せて、生活意識調査など

により、子供たちを取り巻く生活環境や生育状況なども把握しておきたい。さらに、キャリア教育の一環として進路指導を行いながら、生徒の将来の夢や希望、保護者や教職員の願いなどを丁寧に汲み上げ、その実現に向け、どのような教育が求められているかを検討することが必要である。また、中学校卒業時の姿を描く際は、義務教育を修了して数年で成人し、社会参画が本格化するとともに、地域社会に貢献し発展させることが期待されることから、その地域の特色や人々の願いを教育目標に反映させることも大切である。よりよい学校教育を通して、よりよい社会を創るという理念を学校と地域が共有し、各学校において必要な学習内容をどのように学び、どのような資質・能力を身に付けられるようにするのかを明確にしながら、社会に開かれた教育課程を実現させることが重要となる。

（2）教科等横断的に育成を目指す資質・能力

　育成を目指す資質・能力については、現行の学習指導要領で「何ができるようになるか」といった表現で示され、今回の改訂の中核となるものであるから、最初にその内容を確認しておきたい。学習指導要領では育成を目指す資質・能力を「学習の基盤となる資質・能力」と「現代的な諸課題に対して求められる資質・能力」の２つに分類している。そのうち、「学習の基盤となる資質・能力」の下位項目としては、言語能力、情報活用能力、問題発見・解決能力の３つが示され、各学校ではこれらを教育課程全体で教科等横断的に育成していくことになる。

　また「現代的な諸課題に対して求められる資質・能力」の下位項目については、その学校の地域や生徒の特性を鑑みて、独自に設定することが可能である。横浜市では、各学校が教育課程を編成する際の指針として「横浜市立学校カリキュラム・マネジメント要領　総則」を策定したが、その中で、現代的な諸課題に対して求められる資質・能力の例として、「グローバル化の中で生きる力」や「持続可能な社会の創造に貢献する力」などを示した。横浜市立小・中学校では、2019年度に外国籍や外国につながる子供が10,000人を超え、共生社会の実現が喫緊の課題であることから、これらの地域特性を鑑みて設定したものである。資料２は、「論理的に思考する力」や「社会に主体的に貢献する態度」といった様々な資質・能力が、螺旋的・反復的に絡み合いながら、より高次の資質・能力である「グローバル化の中で生きる力」を形成していくと考えた図

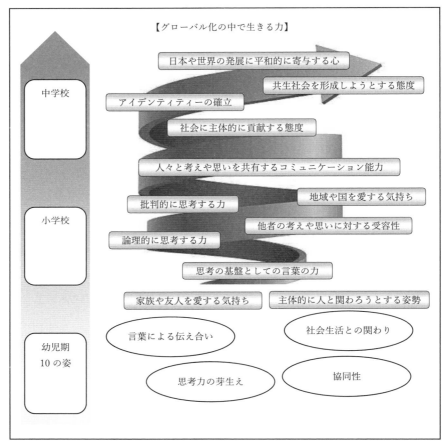

資料2　横浜市立学校カリキュラム・マネジメント要領総則

である。なお、「幼児期10の姿」とは、文部科学省の「幼稚園教育要領」、厚生労働省の「保育所保育指針」、内閣府の「幼保連携型認定こども園 教育・保育要領」に示されている、自立心や協同性等といった卒園までに育ってほしい10の姿である。

（3）各教科・領域等の年間指導計画、評価計画の策定

　各教科・領域の年間指導計画の策定については、自治体が採用した教科書の

出版会社が示す年間指導計画例を参考にしつつ、学力・学習状況調査の結果分析を参考に、基礎的な指導に厚みをつける単元や発展的な内容を盛り込み、思考力や表現力の向上を狙う単元などを、１年間のバランスを考えながら設定することが大切である。単元の配列については、教科特性にもよるが、評価計画の策定と並行しながら、子供の興味や関心、学力や学習状況により柔軟に組み立てたい。

（4）各教科・領域等の年間評価計画、評価資料収集計画の策定

　年間の評価計画の策定については、文部科学省国立教育政策研究所が示す「『指導と評価の一体化』のための学習評価に関する参考資料」を確認しながら、評価規準表の作成と年間の評価資料収集計画が必要である。まず、評価規準表の策定であるが、現行の学習指導要領では、評価の観点が４つから（国語は５つ）３つへと減ることとなったが、横軸を各教科・領域の「内容のまとまり」、縦軸を３つの観点とした表の作成が必要である。特に３つの観点については、以下の点に留意して評価規準を設定する。

【知識・技能】……既有の知識・技能と関連付け、他の学習や生活場面でも活用できる程度に概念等を理解したり技能を習得したりしているかを評価する。

【思考・判断・表現】……既有の知識及び技能を活用し、課題を解決する等のために必要な思考力、判断力、表現力を身に付けているかどうかを評価する。

【主体的に学習に取り組む態度】……学習の進め方について試行錯誤するなど自らの学習を調整しようとする側面と、粘り強く取り組もうとしているかという側面を評価。

　また、評価資料の収集については、教科会等で十分に相談し、多面的な評価を心掛けなければならない。論述やレポートの作成、発表、グループでの話し合い、作品の作成等、テスト法のみによるのではなく、観察法や面接法、作品法などバランスのよい評価を計画することで、一人一人の学びの多様性に応じた適切な評価が実現できるのである。

笠原　一

2 「主体的、対話的で深い学び」を具現化するために

1 はじめに

　これまでの小学校の授業の中で行われる話し合い活動と言えば、各教科でも特別活動（学級会等）でも集団全体での話し合いが中心であった。しかし、新学習指導要領で「主体的、対話的で深い学び」が重視されたことにより、小学校の授業の中で少人数グループによる話し合い活動を取り入れる動きが、ここ数年加速している。

　学校現場からは、少人数グループによる話し合い活動は、全体的な話し合い活動に比べてより多くの子供たちに発言機会が生まれ、表現力や思考力を培うのに有効であるという声を聞くことが多い。また、自分が話し合いに参加しているという意識が強く働くので、学習意欲や集中力も高めることができるという声もよく聞かれるようになってきた。

　一方、実際の授業を参観すると、グループ構成、話し合う問題（課題）、話し合う時間、話し合いの深化、話し合い後のまとめ方等、様々な問題点も見えてきた。そこで、ここではそれらの問題点について整理するとともに、その解決の方途について、話し合い活動を中心とした実践をもとに考察する。

2 問題の所在 〜小学校における少人数グループ討議の現状と課題〜

　ここでは、最近5年間に参観した小学校の授業及び指導案（社会科、総合的な学習の時間、生活科等、50時間分）をもとに、少人数グループ討議の現状と課題を以下の4つの視点から明らかにすることを試みる。

　今回検討した指導案には「〜について（グループで）話し合う」という記述が多く見られる。検討した全指導案（50時間）の本時展開案に話し合い活動が計画されていた指導案は100％、そのうち、少人数グループ討議と分かる話し合い活動が計画されていた指導案は36％（18時間）であった。特に、高学年になるほど、少人数グループによる話し合い活動が計画されている割合が多くなる傾向が見られた。

（1）子供たちの主体的な話し合いになっているか

　実際に参観することができた授業においては、少人数グループの話し合い活動に入るタイミングはほとんどの場合、教師の指示によって決定されており、話し合う時間も教師が決めているケースがほとんどであった。つまり多くの場合、子供たちが話し合う必要に駆られて話し合うのではなく、教師の意図に添って話し合いが指示されているということである。さらに、教師が黒板に張り付けたタイマーで5分〜10分程の時間を設定して行われるパターンが多く見られた。このような少人数グループ討議の場合、子供たちはノートに書いた自分の考えを読み合う（報告し合う）だけで終了時間を迎えてしまい、きわめて形式的な活動で終わっているケースが多い。

　このような状況が生じる背景には、「主体的、対話的な深い学び」というスローガンの「対話的」という新鮮な言葉に学校現場が強く反応し、「主体的」と「深い学び」に対する考察・検証が十分でないままに形から入ったという感が否めない。

　確かに、少人数グループ討議では、全体での話し合い活動に比べると明らかにより多くの子供が発言する様子が見られるため、一見すると子供たちの多くが主体的に話し合いに参加し、活発な討議が展開されているような印象を受ける。実際、授業後の検討会でも「今日は自分の意見をしっかり表現できている子が多く見られた」「全体での話し合いより多くの子供たちが発言できていた」などの声が多く聞かれたのである。

　しかし、少人数とはいえ、討議や話し合い活動ということであれば、一人一人の子供の問題意識や仮説の立て方、考えの深化などこれまで話し合い活動の成立要件としてきた観点から検証する必要がある。例えば、自分のノートを読んで発表しているだけではなく、自分の考えを人の話と比較したり、自分の考えと異なる考えをもつ相手に問い返したりする姿が見られてこそ、話し合いと言えるのではないか。また、子供たちの主体性に関しても、グループ討議における学習問題が真に子供たちの話し合いたい問題（切実な問題）になっているかの検証も必要であると考えるのである。

（2）話し合う「問題」は適切か

　問題解決学習の「問題」について学習指導要領（試案）社会科編（1951年文部省）には「児童にとって切実な現実の問題」「児童がその生活の中で直面する問題」との記述がある。

　また、その学習指導要領の編纂に当たった上田薫は著書の中で「問題」について、「（子供の）視野の中にあるとともに、子供がそれと向かい合い、対決しているものこそ問題である[1]」としている。つまり、子供たちが話し合う「問題」は、教師が一方的に与えた問題（課題）ではなく、子供たち自身が強く解決（追究）したいと願うもの、いわゆる子供にとって「切実な問題」であることが望ましいということである。

　例えば、今回検討した生活科の指導案（1年「さあ、たねをまこう」）の「問題」は、A小学校では「じぶんのたねはどうなったかな」、B小学校では「Sさんのたねがめをだすにはどうしたらいいのかな」であった。どちらも、子供の興味・関心をとらえた問題と言えるが、A小学校の場合はそれぞれの子供が自分の鉢を観察し、この結果を観察記録として記録する活動となり、その後は何人かの子供が観察の結果を発表して終わることが予想される。一方、B小学校の場合は、友達（Sさん）の種が芽を出さないことをクラス全体の「問題」としていることから、子供たちにとってはより切実な問題となり、話し合い活動や調べたり考えたりする活動の必要性も増すと考えられるのである。

　以上のことから、学級全体での話し合いに限らず、少人数グループによる話し合いにおいても、そこで話し合う「問題」は、子供たちにとってより切実な問題であり、調査活動へつながったり、試行錯誤を繰り返したりする活動を引き出す要素を含んだりしていることが大切であると考える。

（3）話し合いに必要な時間は適切に確保されているか

　前述のように少人数グループ討議では多くの場合、一人一人の子供たちがノートや学習カードに学習問題に対する自分の考えを書いたのち、「では、グループで話し合ってみましょう」という教師の指示に従って机を移動し、4〜5人グループを作りはじめる。そして、グループができると教師は、「ではグループで○○について話し合いをしましょう。時間は5分です」などと指示を出し、同時にタイマーを黒板に張り付けるのである。

　それも、教師が指示する時間はおおむね5分〜10分程度のことが多い。これでは、自分の考えを他の子供たちの考えと比較検討したり、相手を納得させるような自分の考えの根拠をじっくり考えたりする余裕はない。

　筆者がネットや学校現場で得た情報によると、タイマーで時間を決めるのは、子供たちが話し合いに集中できるようにするため、話し合いを効率よく行うた

め、等の意見が多く、「子供の主体性」や「思考の深化」に関するものは皆無であった。少人数グループ討議を単なる授業にバリエーションを付けるための形式的な活動ではなく、真に意味ある活動にしていくためには、十分な活動時間を保証していく必要があると考えるのである。

（4）個と集団の関わりをどうするか

　山田勉はその著書の中で、「問題が十分な意味で成立するためには、子供たちが集団で討議する、いわゆる集団思考が行われる必要がある[2]」としている。これは、一人一人の子供の問題に対する考えが深化・発展していくためには、集団での話し合い活動が不可欠という意味であるが、ここでいう集団は、時代背景から考えると、明らかに学級集団を前提としている。つまり、子供たちの問題に対する考えをより深めていくためには、少人数グループの話し合いだけで終わってしまっては不十分で、その後に学級集団のようなより大きな集団での話し合い活動が必要と考えるのである。

　確かに、実際の授業では少人数グループ討議の後、全体の場でグループの代表が自分たちの話し合いについて報告するような場が設けられている場合も少なくない。しかし、多くの場合、この全体の場で行われるのは話し合いでなく、各グループの報告や発表である。代表の子供にとっては表現力を培う場として意味があるかもしれないが、その他の子供たちにとって他のグループの報告や発表を聞く必要性は薄く、次の授業につながるような問題意識が生じる可能性も低いと言わざるを得ない。

　参観した授業の中に、少人数グループ活動と全体での話し合い活動のつながりを考えるきっかけになった授業がある。それは、筆者がたまたま近くで記録を取った4人グループで、2人の男の子の意見が合わず、平行線のまま時間になってしまったケースである。そのグループで記録を取っていた女の子は、全体で発表するための記録をどう書いてよいか迷い、2度も画用紙をもらいに行って書き直したのであるが、結局4人のうち3人が賛成した意見のみを全体の場で報告した。その結果、グループで賛同が得られなかった男の子は、全体での報告会の間ずっと険しい表情をしていたことを覚えている。それを見て筆者は、グループで解決しきれなかった問題や異論が出たところこそ全体の場で報告し、全員の問題とすべきではないかと考えたのである。つまり、少人数グループ討議の後の全体の場では、それぞれのグループで話し合った内容を報

告したり、分かったことを発表したりするだけではなく、それぞれのグループで話し合ったが結論が出なかったことや意見が分かれて行き詰まったことなどを紹介し、グループ以外の子供たちの意見を求めることで、話し合いがより深化・発展する可能性が高まると考えるのである。

3　解決の方途 ～社会科の指導案（本時展開案）をもとに～

　ここでは、まず、全体での話し合い学習を中心とした社会科の指導案A（本時展開案：資料1）をもとに、少人数のグループ活動を取り入れる可能性について考察する。

　指導案A（資料1）は、筆者が公開授業（全国小学校社会科研究協議会：1995年）を行った際の本時展開案である。本時は、前時に引き続いて「井伊直弼が不平等な内容をもつ条約（日米修好通商条約）を締結したことをどう評価するか」という学習問題について、子供たちが各自の調査活動で得た資料を根拠としながら全体での話し合いを通し、同条約が締結されるに至った背景について一人一人の子供が自らの考えを深めることが主たるねらいであった。したがって、実際の授業においては45分の授業の全てを机をコの字型に配置した全体での話し合い活動として行った。

　前時の段階で子供たちの立場は、大別すると当時の直弼の開国するという判断に対して、「賛成」「反対」「どちらともいえない」の3つに分かれていた。しかし、いずれの立場も他の立場の子供を納得させるだけの根拠がなかったために、それぞれの立場の根拠（裏付け）となる資料を探し、それをもとに本時では再度話し合いを行うことになったのである。

　資料1を見て分かるように、本時は45分の授業のほとんど全てを学習問題についてクラス全体で話し合うことに用いている。つまり、共通の学習問題について、一人一人の子供が自分なりの根拠を明らかにしながらクラス全体で話し合い、それぞれの見方・考え方を広めたり、深めたりすることを主たる目標にしているのである。

　実際の授業では、45分間、活発な話し合いが行われたのであるが、後日授業記録を起こした結果、実際に発言という形でこの授業に参加した児童の割合は、30％ほど（11／34人）であった。

　それに対して、今回、資料1の本時展開の冒頭に同じ立場の子供たちが少人

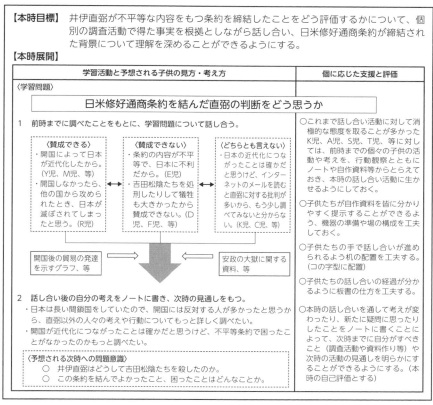

【本時目標】 井伊直弼が不平等な内容をもつ条約を締結したことをどう評価するかについて、個別の調査活動で得た事実を根拠としながら話し合い、日米修好通商条約が締結された背景について理解を深めることができるようにする。

【本時展開】

学習活動と予想される子供の見方・考え方	個に応じた支援と評価
〈学習問題〉	
日米修好通商条約を結んだ直弼の判断をどう思うか	
1 前時までに調べたことをもとに、学習問題について話し合う。	○これまで話し合い活動に対して消極的な態度を取ることが多かったK児、A児、S児、T児、等に対しては、前時までの個々の子供の活動や考えを、行動観察とともにノートや自作資料等からとらえておき、本時の話し合い活動に生かせるようにしておく。
〈賛成できる〉・開国によって日本が近代化したから。(Y児、M児、等)・開国しなかったら、他の国から攻められたとき、日本が滅ぼされてしまったと思う。(R児) ⟷ 〈賛成できない〉・条約の内容が不平等で、日本に不利だから。(E児)・吉田松陰たちを処刑したりして犠牲も大きかったから賛成できない。(D児、F児、等) ⟷ 〈どちらとも言えない〉・日本の近代化につながったことは確かだと思うけど、インターネットのメールを読むと直弼に対する批判が多いから、もう少し調べてみないと分からない。(K児、C児、等)	○子供たちが自作資料を皆に分かりやすく提示することができるよう、機器の準備や場の構成を工夫しておく。
開国後の貿易の発達を示すグラフ、等 ⟹ ⟸ 安政の大獄に関する資料、等	○子供たちの手で話し合いが進められるよう机の配置を工夫する。(コの字型に配置)
2 話し合い後の自分の考えをノートに書き、次時の見通しをもつ。・日本は長い間鎖国をしていたので、開国には反対する人が多かったと思うから、直弼以外の人々の考えや行動についてもっと詳しく調べたい。・開国が近代化につながったことは確かだと思うけど、不平等条約で困ったことがなかったのかもっと調べたい。	○子供たちの話し合いの経過が分かるように板書の仕方を工夫する。
〈予想される次時への問題意識〉○ 井伊直弼はどうして吉田松陰たちを殺したのか。○ この条約を結んでよかったこと、困ったことはどんなことか。	○本時の話し合いを通して考えが変わったり、新たに疑問に思ったりしたことをノートに書くことによって、次時までに自分がすべきこと(調査活動や資料作り等)や次時の活動の見通しを明らかにすることができるようにする。(本時の自己評価とする)

資料1

数で話し合う活動を位置づけてみたのが、資料2である。このように全体での話し合いの前に、一人一人が持ち寄った資料を紹介しながら学習問題に対する立場や考えを確認し合うことで、各自の考えをより強固なものにし、全体の場でも自信をもって発言しようという意欲を高めたり、異なる立場の人たちの考えをしっかり聞こうとする態度につながったりしていくと考えたのである。

　つまり、本節2で指摘した4つの課題を解決するための大切なポイントは、少人数グループ討議と全体での話し合い活動を単なる学習形態の一つとして形式的にとらえるのではなく、両者は相互に密接に関わるものとしてその関係性を深く追究していく必要があるということである。

【本時目標】　井伊直弼が不平等な内容をもつ条約を締結したことをどう評価するかについて、個別の調査活動で得た事実を根拠としながらグループや全体で話し合い、日米修好通商条約が締結された背景について理解を深めることができるようにする。

【本時展開】

学習活動と予想される子供の見方・考え方	個に応じた支援と評価
〈学習問題〉	
日米修好通商条約を結んだ直弼の判断をどう思うか	
1　前時までに調べたことをもとに、学習問題について同じ立場のグループ毎に話し合う。	○学習問題について調べたり考えたりしてきたことをもとに、同じ立場のグループで情報交換や共通理解を図り、全体での話し合い活動に生かせるようにする。

〈賛成できる〉
・開国によって日本が近代化したから。(Y児、M児、等)
・開国しなかったら、他の国から攻められたとき、日本が滅ぼされてしまったと思う。(R児)

〈賛成できない〉
・条約の内容が不平等で、日本に不利だから。(E児)
・吉田松陰たちを処刑したりして犠牲も大きかったから賛成できない。(D児、F児、等)

〈どちらとも言えない〉
・日本の近代化につながったことは確かだと思うけど、インターネットのメールを読むと直弼に対する批判が多いから、もう少し調べてみないと分からない。(K児、C児、等)

○これまで話し合い活動に対して消極的な態度を取ることが多かったK児、A児、S児、T児、等に対しては、前時までの個々の子供の活動や考えを、行動観察とともにノートや自作資料等からとらえておき、全体の話し合い活動に生かせるようにしておく。

2　グループで話し合ったことをもとに、学習問題について全体で話し合う。

〈賛成できる〉　⇄　〈賛成できない〉

〈どちらとも言えない〉

○子供たちが自作資料を皆に分かりやすく提示することができるよう、機器の準備や場の構成を工夫しておく。
○子供たちの手で話し合いが進められるよう机の配置を工夫する。(コの字型に配置)
○子供たちの話し合いの経過が分かるように板書の仕方を工夫する。

3　話し合い後の自分の考えをノートに書き、次時の見通しをもつ。
・日本は長い間鎖国をしていたので、開国には反対する人が多かったと思うから、直弼以外の人々の考えや行動についてもっと詳しく調べたい。
・開国が近代化につながったことは確かだと思うけど、不平等条約で困ったことがなかったのかもっと調べたい。

〈予想される次時への問題意識〉
○　井伊直弼はどうして吉田松陰たちを殺したのか。
○　この条約を結んでよかったこと、困ったことはどんなことか。

○本時の話し合いを通して考えが変わったり、新たに疑問に思ったりしたことをノートに書くことによって、次時までに自分がすべきこと(調査活動や資料作り等)や次時の活動の見通しを明らかにすることができるようにする。(本時の自己評価とする)

資料2

4　成果と今後の課題

　今回の成果は、新学習指導要領の主旨に沿って、今後ますます学校現場での取り組みが盛んになると考えられる少人数グループ討議についての問題点を明らかにしたこと、及びその解決の方途について、具体的な提案をしたことにあると考える。

　今後の課題としては、まず、本節2で指摘した4つの視点をそのまま授業評価の観点として用いることにより、より質の高い少人数グループ討議の成立を

目指すことである。さらに、話し合い活動における子供たちに対する評価の在り方、及び、子供たち自身による自己評価の在り方について検討していくことも、子供たちの主体的な学びを成立させていく上で、今後の大きな課題となる。

引用文献及び参考文献
1）上田薫（1958）「知られざる教育」黎明書房 p.61
2）山田勉（1976）「社会科教育法」秀英出版 p.87

自立（律）した個による集団の形成

　これは、小学校で担任をしていた時に大切にしていた言葉である。

　教壇にあった昭和50年代後半は、教師が終始黒板の前に立ち、説明、資料提示、発問、板書を繰り返す教師主導の「一斉画一型」授業がまだまだ主流であった。そこでは、教師の個性を発揮することは、ある程度可能であったが、子供たちの個性的な発言や活動を生かす場は、ごく限られた場面でしか見ることができなかった。

　あるとき、学生時代にお世話になった先生の紹介で参加した授業研究会で、「子供一人一人の主体性を大切にする授業の在り方」について考える機会を得たことがきっかけとなり、「授業の主役は教師ではなく、子供たちであるべきだ」と強く思うようになった。そして、子供たちが授業の主役になるためには、子供たちが黙って教師主導の授業についていく、言わば「個人が集団の中に埋没しているような状況」ではなく、「一人一人が主体的に考え、判断し、行動（活動）する状況」を生み出すことが大切ではないかと考えるようになったのである。

　この考えは、現在、教師を目指す学生に対する授業でも変わらない。それは、教師自身が教科書や指導書、ネット等で得た情報ばかりを頼りに教師主導型の授業をしていたのでは、目の前の子供たち一人一人の思いや考えを活かした子供主体の授業が成立する可能性など限りなく低いと考えるからである。

　さて、これから教師を目指すあなたがたは、どのような思いや願いをもって教壇に立とうとしているのだろうか。ボランティアや教育実習など、実際に子供たちと関わる中で、ぜひ自分が教師として大切にすることを探し出していただきたい。

　　　　　　　　　　　　　　　　　　　　　　　　　　　藤本英実

3 総合的な学習の時間と学校の教育課程

1 学校が決める目標と内容とは

(1) 総合的な学習の時間の目標

今回の改訂の中で、目標について2つの改善点がある。

一つは、総合的な学習の時間の目標は、「探究的な見方・考え方」を働かせ、総合的・横断的な学習を行うことを通して、よりよく課題を解決し、自己の生き方を考えていくための資質・能力を育成することを目指すものであることを明確化したことである。

二つ目は、教科等横断的なカリキュラム・マネジメントの軸となるよう、各学校が総合的な学習の時間の目標を設定するに当たっては、各学校における教育目標を踏まえて設定することを示したということである。

二つ目の改善点については、かなり重要な意味を含んでいる。いわゆる学習指導要領に示されている第1の目標を踏まえて、学校ごとに総合的な学習の時間の目標を決めるわけだが、その際、各学校における教育目標を踏まえなくてはならないということである。

つまり、総合的な学習の時間の目標に向けて実践を行うことが、各学校の教育目標の実現に大いにつながるということであり、これは他教科等にはない独自な特質を、総合的な学習の時間は有しているということを意味している（資料1）。

ちなみに第1の目標は次の通り（資料2）だが、ここでは解説を省略し（学習指導要領解説を参照のこと）、各学校が定める総合的な学習の時間の目標について話を進めていく。

さて、各学校において定める目標については、総合的な学習の時間を通して育成を目指す資質・能力を示す必要がある。さらに、各学校において編成する教育課程全体の円滑で効果的な実施につながるものとなるようにしていかなくてはならない。

つまり、総合的な学習の時間が、各学校の教育課程の編成において、特に教科等横断的なカリキュラム・マネジメントという視点から、極めて重要な役割

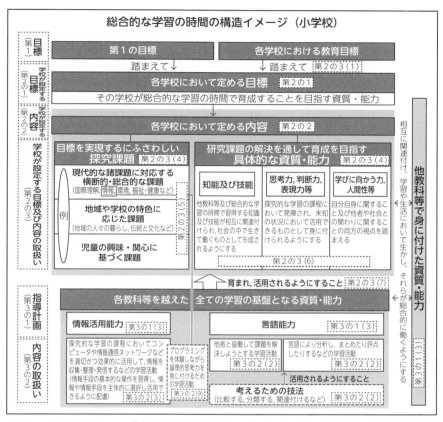

資料1　文部科学省2017「小学校学習指導要領 平成29年告示 解説 総合的な学習の時間編」

を担っているわけである。

　さらに、各学校で設定する目標について大切なことは、学校教育目標はもちろんのこと、これまでその学校が大切にしてきた理念や方針、特色等を踏まえるということである。例えば、総合的な学習の時間においては、教職員だけではなく保護者や地域の人々が様々な形で関わっていくことが想定される。そこで、授業や地域での活動、家庭での話し合いなどの中で、目指す子供の姿が関係者全員に共有されていることが重要になる。つまり、学習指導要領の第1の目標をリライトするのではなく、直接、単元づくりや授業づくりに結び付いて

第1　目標

　探究的な見方・考え方を働かせ，横断的・総合的な学習を行うことを通して，よりよく課題を解決し，自己の生き方を考えていくための資質・能力を次のとおり育成することを目指す。

（1）研究的な学習の課程において，課題の解決に必要な知識及び技能を身に付け，課題に関わる概念を形成し，探究的な学習のよさを理解するようにする。

（2）実社会や実生活の中から問いを見いだし，自分で課題を立て，情報を集め，整理・分析して，まとめ・表現することができるようにする。

（3）探究的な学習に主体的・協働的に取り組むとともに，互いのよさを生かしながら，積極的に社会に参画しようとする態度を養う。

資料2　文部科学省2017「小学校学習指導要領 平成29年告示 解説 総合的な学習の時間編」

いくようなものにするということである。

　ところで、学校教育目標は不変のものであると思われがちだが、前回の学習指導要領改訂の際には、各学校でその見直しや変更を行った学校が少なくない。今回も学習指導要領全体の趣旨や構造が大きく変わったことを考えると、学校教育目標を含めた教育課程の全体構造の見直しを図り、整合性のある全体計画を策定している学校もあるのではないかと考えられる。

　ここでは、横浜市のA小学校の目標を例として挙げているが、この学校では、これまでの学校教育目標を改めて分析し、その解釈を職員全体で共有することで具体的な子供像を浮かび上がらせ、さらにこれまでの実践や研究の実績を踏まえて、総合的な学習の時間の目標の設定をしている（資料3）。

（2）総合的な学習の時間の内容

　他教科等とは異なり、総合的な学習の時間の内容についても目標と同様、各学校において設定することが定められている。その際、内容において示す必要があるものは、「目標を実現するにふさわしい探究課題」[1] と「探究課題の解決を通して育成を目指す具体的な資質・能力」[1] の2つである。

　それではまず、探究課題について考える。

　前回の改訂では、内容の設定をめぐって全ての教科等において「学習課題」という概念が示された。そこで総合的な学習の時間においては、いわゆる学習

【A小学校の総合的な学習の時間の目標】

　探究的な見方・考え方を働かせ、「まち」（子供たちの家庭・学校・地域における、実生活の営みや実社会との関わり）にある「ひと」「もの」「こと」に関わる学習を通して、「まち」に対して、よりよい社会や生活を目指して思い・願い（＝夢）をもち、その実現に向けて考え、行動し続けることができるようにするために、以下の資質・能力を育成する。

（1）探究的な学習の過程において、課題を解決するために必要な知識及び技能を身に付けるとともに、「まち」の「もの」「こと」にはそれぞれ固有のよさがあることや、それが他の様々な「もの」「こと」との関係や、それを支える「ひと」の行動によって成り立っていることに気付き、「まち」のよさについて理解を深める。

（2）「まち」に対する思い・願いの実現に向けて、見通しをもって課題を把握したり、その目的を自覚しながら方法を吟味して情報を収集したり、得た情報をもとに課題に沿って整理・分析し、判断したり、目的や相手を意識しながら表現したりする力を身に付ける。

（3）「まち」に対して思い・願い（＝夢）をもち、その実現に向けて粘り強く、あらゆる他者と対話を通して双方向的に関わり、相手のことを理解し、信頼し合いながら力を合わせて取り組もうとする態度や、対象のもつ意味や価値を理解したり、自分自身の成長や変容に気付いたりし、「まち」に対して、さらに、よりよい夢を描き、実現しようとする態度を養う。

資料3　横浜市立A小学校2017総合的な学習の時間全体計画

課題との違いやその趣旨を明確にするために、今回「探究課題」という新たな概念が誕生したのである。

　それは単元や授業の中で、子供が実際に活動する際の課題ということではなく、総合的な学習の時間の指導計画を作成する段階で設定される概念である。前回の学習指導要領において示された「学習対象」に相当するものであり、探究的に関わりを深めていく対象（ひと・こと・もの）を示すことになる。つまり、目標の実現に向けて、子供が「何を学ぶか（どのような探究的な学習を行うか）」を示したものと考えることができる。

　教師はこの探究課題の解決に向けて、子供たちがどのような探究活動をしていくのかを考えながら指導計画を作成することになる。つまり、子供主体の学

> （5）目標を実現するにふさわしい研究課題については，学校の実態に応じて，例えば，国際理解，情報，環境，福祉・健康などの現代的な諸課題に対応する横断的・総合的な課題，地域の人々の暮らし，伝統と文化など地域や学校の特色に応じた課題，児童の興味・関心に基づく課題などを踏まえて設定すること。

資料4　文部科学省2017「小学校学習指導要領（平成29年告示）解説　総合的な学習の時間編」

びを創る道標となるものと言えるのである。

　では、その設定はどのように行うのであろうか。学習指導要領には次のように示されている（資料4）。

　ここには3つの内容が示されているが、これらはあくまでも例示であり、これらを参考にしながら、各学校が学校の特色や地域の実態に応じて創意をもって設定していくことが望ましい。

　次に、探究課題の解決を通して育成を目指す具体的な資質・能力についてである。

　今回、学習指導要領では全ての教科等において、その学力を表すものとして「資質・能力の3つの柱」、すなわち「知識及び技能」「思考力、判断力、表現力等」「学びに向かう力、人間性等」で整理された。そこで、探究課題の解決を通して育成を目指す具体的な資質・能力についても、探求課題の解決に取り組む中で各学校が定めた目標に記された資質・能力を育成されるもの、目指されるべきものとして具体的に設定していく必要がある。

　学習指導要領には配慮すべきこととして次のように示されている（資料5）。

　この中の表現で「知識及び技能が相互に関連付けられ、社会の中で生きて働くものとして形成されるようにすること」[2] とは、総合的な学習の時間の中で得た個別・固有の知識や技能だけではなく、むしろこれまでの学習や経験から得た多くの知識や技能が関連付けられ、構造化された概念的な知識や技能が形成されていくことが求められているということである。

　例えば、「まち」の商店街を元気にしようという単元で形成される知識は、商店街の歴史や組合長さんが誰でどんな役割を果たしているのか、来客数が少なくなっている現状、というような個々の知識だけではない。活動の中で得られたそういった知識をもとに、なぜ現代社会において商店街の店舗が少な

> （6）研究課題の解決を通して育成を目指す具体的な資質・能力については，次
> 　の事項に配慮すること。
> 　　ア　知識及び技能については，他教科等及び総合的な学習の時間で習得する知
> 　　　識及び技能が相互に関連付けられ，社会の中で生きて働くものとして形成さ
> 　　　れるようにすること。
> 　　イ　思考力，判断力，表現力等については，課題の設定，情報の収集，整理・
> 　　　分析，まとめ・表現などの探究的な学習の過程において発揮され，未知の状
> 　　　況において活用できるものとして身に付けられるようにすること。
> 　　ウ　学びに向かう力，人間性等については，自分自身に関すること及び他者や
> 　　　社会との関わりに関することの両方の視点を踏まえること。

資料5　文部科学省2017「小学校学習指導要領（平成29年告示）解説　総合的な学習の時間編」

くなっているのか、商店街を活性化する上で考えなくてはならないことは何か、その中で自分たちができることは何なのか、等々の概念的な知識が形成されていくことが望まれるわけである。

　また、「思考力、判断力、表現力等については、課題の設定、情報の収集、整理・分析、まとめ・表現などの探究的な学習の過程において発揮され」[2] とは、前回の改訂で示された「探究のプロセス」の中でそれらを発揮することであり、さらにそれが未知の状況においても活用できるようにすることが求められているのである。

　最後の「学びに向かう力、人間性等については、自分自身に関すること及び他者や社会との関わりに関することの両方の視点を踏まえる」[2] という文言は、前回の学習指導要領に示された「育てようとする資質や能力及び態度」の中に示された「自分自身に関すること」及び「他者や社会との関わりに関すること」の2つの視点が含まれていることを確認しておきたい。

　以上、総合的な学習の時間の内容については、教科等の内容とは趣の違うものであり、そのことをよく理解した上で各学校が設定していくことが大切である。つまり総合的な学習の時間における内容とは「内容＝教えるべきもの」ではなく、目標を実現するために設定する探究課題やその解決に向けて活動する中で育成される資質・能力のことであることを理解することが重要になる（資料6）。

本校の総合的な学習の時間の内容

学年	研究課題	知識及び技能	思考力、判断力、表現力等	学びに向かう力、人間性等
中学年	「まち」にある身近で具体的な「もの」「こと」のもつ意味や価値と、その対象を通して関わる「まち」の「ひと」の考えや行動等	・身の回りの「もの」「こと」には面白さや楽しさ、豊かさ等、それぞれの対象ならではの特徴があるということ。〈固有性…ならでは〉 ・身の回りの、「もの」「こと」の特徴や現在の状況は、他の「もの」「こと」とのつながりの中で形成されたり、存在したりしているということ。〈関係性…つながり〉 ・身の回りには、対象の魅力を積極的に楽しんだり、守ったり、伝えたり、広めたりするための「ひと」の知恵や技、取組がある、ということ。〈行動性…いとなみ〉 ・「まち」には自分たちの生活や社会を楽しく豊かなものにするための「ひと」「もの」「こと」があふれている、ということ。〈地域性…まち〉	・夢の実現に向けて、今、何をすべきかを明確にもち、またそのために必要なものを準備したり、取組の順番を考えたりする。〈課題の把握〉 ・課題に沿って他者と関わったり、試行錯誤したり方法を工夫したりして情報を集める。〈情報の収集〉 ・比較したり、分類したり、関連付けたりしながら情報を整理し、事実を捉える。〈整理・分析〉 ・課題に沿って、理由付けしながら、評価、選択、順位付け等を行い、自分の考えをもつ。また、自分の伝えたいことを明確にし、方法を工夫しながら伝える。〈まとめ・表現〉	・友達の存在を意識し、一緒に活動するよさを大切にしながら、課題の解決に向けて協力して活動する。〈協働〉 ・相手が伝えようとしていることを意識しながら聴き、自分の意見と比べよさや違う点を見つけたり、つなげたりしようとする。〈対話〉 ・課題解決の過程を通してできるようになったことや分かったことを見つめ直し、新たな解決の仕方や対象の捉え方が身に付いたことに気付き、自信をもったり、自分らしさを大切にしようとしたりする。〈自己理解〉 ・生活経験や学習経験を見つめ直し、興味・関心のあることから、自分たちの力で成し遂げたい目的（＝夢）をもち、その実現に向けて粘り強く取り組もうとする。〈思い・願い〉
高学年	「まち」の「ひと」との関わりを通して見つめ直す、身近な「もの」「こと」のもつ意識や問題と、その発展や解決に向けた行動・取組等	・地域社会にある「もの」「こと」には、魅力や問題等、それぞれの対象ならではの特徴があるということ。〈固有性…ならでは〉 ・地域社会にある「もの」「こと」の特徴や現在の状況は、他の「もの」「こと」と多岐に関わり合う中で、形成されたり、存在したりしているということ。〈関係性…つながり〉 ・地域社会には、対象の魅力を保守、維持、発信したり、不安・問題・困難を解決、解消したりするための「ひと」の行動や取組がある、ということ。〈行動性…いとなみ〉 ・「まち」には人々が関わり合いながら安心して豊かに暮らすことができるようにするための「ひと」「もの」「こと」があふれている、ということ。〈地域性…まち〉	・夢の実現に向けて、見通しをもって解決すべき課題を設定し、予想や仮説を立て、必要な「もの」「こと」を具体的に順序立てて構想を立てる。〈課題の把握〉 ・課題に沿って方法を吟味し、工夫し、他者と関わったり、体験したり、調査したりして情報を集める。〈情報の収集〉 ・比較したり、分類したり、関連付けたりしながら情報を整理したり、課題に沿って判断するために必要なことを焦点化したり、捉え直したりする。〈整理・分析〉 ・課題に沿って、焦点化された事柄について、理由付けしながら、評価、選択、順位付けを行ったり、要約、構造化したりする。また、自分の意見や立場を、根拠を明確にしながら、相手や目的に沿って、効果的な方法を工夫しながら伝える。〈まとめ・表現〉	・友達と互いに信頼し合いながら、課題の解決に向けて役割を分担したり、支え合ったりして協力して活動する。〈協働〉 ・相手の立場や意図を意識し、自分の考えと比較しながら、批判的に聴いたり、共感できる部分を見つけたりして、一緒に判断したり結論を出したりしようとする。〈対話〉 ・課題解決の過程を通してできるようになったことや分かったことを見つめ直し、解決の仕方や対象の捉え方が変化・成長したことを自覚し、自信をもったり、自分らしさを大切にしようとしたりする。〈自己理解〉 ・生活経験や学習経験、実社会の問題等を見つめ直し、戸部の「まち」にとって意味や価値があると考えられる目的（＝夢）を見出し、その実現に向けて粘り強く取り組もうとする。〈思い・願い〉

資料6　横浜市立B小学校2022「研究紀要」

2 単元づくりの大切なポイント

（1）総合的な学習の時間の単元とは

　総合的な学習の時間の単元を作成する際、子供一人一人がいかに主体的に、探究的に学びを進めていけるような構成にするのかということが最大のポイントになってくる。その際、子供の探究の道筋や意識の流れを考え、子供がどのように課題解決に向かっていくのかというプロセスを想定しながら、単元の計画を立てる必要がある。

　ここで大切なことは、単元計画を子供が取り組む「活動の連続」として想定するのではなく、「問題解決の連続」として構想することである。そもそも「単元」とは"UNIT"（ユニット＝ひとまとまり）のことなので、子供の探究活動のひとまとまりを想定し、それをつなげて全体の展開を構想していくことがポイントとなる。

（2）探究的な単元作成

　教科の場合、単元とは学習内容のひとまとまりとなる。例えば、理科の「てこのはたらき」や社会科の「食料生産を支える人々」のように、学ぶべき内容のひとまとまりが一つの単元を構成している。一方で、総合的な学習の時間では、子供の問題解決のひとまとまりが単元となる。「○○川の魅力を発信しよう」や「○○商店街を元気にしようプロジェクト」などのように、子供が取り組む問題解決のための活動のひとまとまりが単元となるのである。したがって、単元計画を作成する際には、このことを十分に意識しておくことがポイントとなる。そうでないと、漫然と活動を続けていくだけで、探究的な単元になりにくくなってしまうからである。

　例えば、単元計画に「調べよう」「新聞にしてまとめよう」「発表会で知らせよう」などのように活動の流れを表すのではなく、「○○プロジェクト」「○○大作戦」などのように探究活動のひとまとまりを考え、それらをつなげながら構成していくことが大切になる。活動の流れで計画してしまうと、教師からの働きかけも「まずは、～してみようか」「次に何をしたらいいね」と子供の活動を教師の意図に乗せていくような投げかけが多くなり、子供自身が問いと見通しをもって行動する主体的で探究的な活動になりにくくなる（資料7　単元構想図1）。一方、「○○プロジェクト」という活動のひとまとまりを子供に委

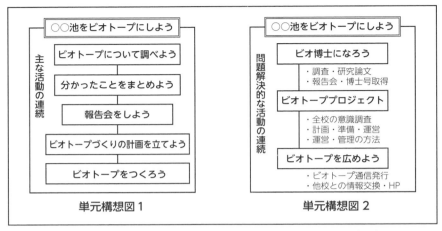

資料7　田村学編著2017「小学校教育課程実践講座　総合的な学習の時間」ぎょうせい

ねた活動は、何のために、何をゴールとして取り組むのか、そのためにはどんな活動をする必要があるのかなど、最終目標やそこに至る計画を子供自身が決め、自己評価しながら試行錯誤を繰り返す主体的な取り組みになりやすい。

　つまり、「○○プロジェクト」の中に、対象について「調べる」「まとめる」「発表する」などの活動が含まれているのであり、それらの活動の必然性や必要感を感じ、子供自身が意図的に計画し実行していくことになるからである（資料7　単元構想図2）。[3]

（3）学習材の決定
1）学習材の向こうにどのような学びが見えるか

　子供が直接関わり、学びを深めていく「ひと・もの・こと」を学習材と考えることができる。これまで全国で実践されてきた中での学習材は、実に多種多様であり、地域の特色や地域との結び付きによって生み出される価値の高い学習材がたくさん存在する。学習材を選定していく作業は、まさに教材研究そのものだが、その視点が重要になってくる。

　教育は意図的・計画的な営みなので、その学習材を通して何を学ぶのか、あるいは何を学べるのかを教師がしっかりと事前に整理しておくことが不可欠である。このとき気を付けたいことは、学習材そのものがもつ価値と、その地域

や学校で取り組まれることによって生み出されてくる価値の両方があることを認識しておくことである。

　ある学校において素晴らしい実践につながった学習材でも、地域や学校が変わると同様にはいかないことも多いのはそのためである。例えば、山間部で古くからそばを育ててきた地域にある学校が、そばを学習材にするのと、都会の住宅地の中にある学校がそばを学習材にするのとでは、学ぶ内容や学習の深まりに大きな違いが出てくる。山間部の学校であれば、そばそのものの魅力の他に、地域の風土や食文化、なぜ、そばの栽培が盛んになったのかなどのことを自分たちの生活や習慣になぞらえて納得しながら学んでいくことになる。また、地域の方に教わりながらそば打ちを上達させていく活動を通して、そばそのものについてだけでなく、地域の歴史や人々の生き方、考え方まで深く学ぶことになるに違いない。

　一方で、畑のない都会でそばを育てそば打ちを行ったときに、それほど多くの学習内容を学べるとは考えにくい。都会ならではの特色や課題に向き合うことができるような学習材を見つけ出すことが、子供の学びを豊かにすることになるのである。

　このように学習材の向こうにどんな学びや価値ある内容が広がっているのかを、事前に教師自らが深く探究しておきたいものである。

2）学習材の分析

　次に、どのように単元を構成すれば、子供は教師が意図する価値ある内容に出会い、深い学びになるかについて考えていく。ここで大切なのは、教師が教材への深い研究を行うことである。

　最初は子供の活動や探究のプロセスなどを考えるよりも、学習材そのものの魅力やそこに関わる「ひと・もの・こと」について、多面的に予測する。ウェビング（ひと・もの・ことについて広げたり、関係付けたりしながら探索する思考ツール。イメージマップとも言う）などの思考ツールを用いて、学習材を中心にして拡散的に「ひと・もの・こと」とのつながりを捉えることで、学習材のもつ価値や活動の方向性を幅広く探ることができる（資料8）。[4]

　しかし、ウェビングによって拡散させたままでは、決して単元の展開や価値ある学びは見えてはこないので、さらに深い階層での分析が必要になってくる。例えば、ビオトープという学習材から広げたウェビングにおいては、「植物や

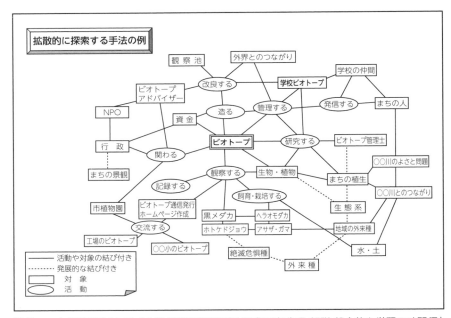

資料8　文部科学省2017「小学校学習指導要領 平成29年告示 解説 総合的な学習の時間編」

生物の種類や特徴と生態系」や「私たちの住む『まち』の自然環境」などの個別・固有の知識や概念的な知識、「校内にビオトープを造る」「ビオトープの情報を発信する」「他のビオトープと交流する」などの活動内容、「ビオトープアドバイザー」「行政や研究者」「『まち』の造園家」など、人との出会いなどについてのつながりが見えてくる。ここで大切なのは、どこに重点を置くと子供が没頭して活動するようになるかを考えることである。つまり探究の方向性を見極めるということである。探究の方向性を見極める要素は、そこにどれだけの価値ある学びがあるのかを分析することでもある。

　つまり、これらのことを教師自身が事前に調査・研究して、価値ある学びの内容を整理しておくことが、子供たちの主体的・対話的で深い学びにつながり、単元の計画につながるのである。

　また、あらかじめ広く深く教材研究しておくことによって、実際の取り組みや子供たちの探究の方向性が変化し、単元の計画を変更する必要が生じた際にも、あわてずに修正が可能となる。その後は、これらの要素をいかに子供の目

線で捉え、意識の流れや課題解決のプロセスに乗せていくか、子供にとっての探究活動を前述の「単元構想図」などに表してみることが、主体的・対話的で深い学びを実現する単元計画作成のポイントとなる。

3）単元の構想

　単元を構想する際、「単元構想図」などの簡単な図に表してみることをお勧めしたい。単元全体の流れや子供たちの活動の実際を想定しやすくなるからである。

　「単元構想図」を書く際のポイントは、先に述べたように、単に活動の連続を想定するのではなく、子供の探究活動のひとまとまりを想定し、それをつなげて全体の展開を構想することである。

　さらに、こうした「単元構想図」を作成する際には、他教科等や学校行事等との関連を図ることを構想し、子供の学びを広げ深めることも心がけたいものである。

　以上、単元計画を立てる際は、単に子供の活動を考え羅列するのではなく、探究活動のひとまとまりを捉え、その中に価値ある学習の内容を想定しながら、子供にとっての探究の物語を創ることがポイントとなる。

4）単元計画の作成のポイント
ア　目的と目標をはっきりさせる

　単元計画を作成する際、教師はその単元における活動の目的と、子供がもつ目標をはっきりと分けて考えておくことが大切である。目的とは何のためにその活動を行うのかということであり、目標とはその目的の実現に向けて取り組む活動のゴールのことである。活動の中で、教師だけでなく、子供も一緒に確認しておく必要がある。例えば、「階段アートに取り組もう」という単元においては、活動の目的は高齢者が多い「まち」にある長い階段を楽しく登りたくなるものにすることで、「まち」の人たちに笑顔と元気を届けたいということであり、目標は誰の目にも魅力的な階段アートを制作するということになる。

　子供たちはよりよい階段アートの制作を目指して繰り返し取材したり専門家にアドバイスを受けたりして試行錯誤しながら夢中になって活動する。しかし、素晴らしい階段アートを制作することはあくまでも目標であり、目的ではない。時に立ち止まり、階段アートの出来を評価する際には、それが「まち」の魅力

を伝えるものになっているのか、本当に「まち」の人を笑顔にすることができるのかなど、目的を確かめながら振り返ることが必要になる。つまり、そうした場面では、子供全員が目的をしっかり共有しているのかどうかが、かなり重要になってくるのである。

　もちろん単元によっては、子供の興味・関心から出発し、そこから活動の価値や自分たちの果たすべき目的が見えてくる場合もある。

イ　体験を通した問題解決ができるか

　総合的な学習の時間の基本的な教育原理は問題解決活動である。さらに言えば、その問題解決は子供の体験や活動を通したものにしたい。書籍やインターネットなどの情報があふれている現代社会において、子供たちに身に付けさせたいことは、多くの情報の中から、問題の解決に必要な真の情報を選び抜きそれを活用する力である。つまり、頭の中の知識を実際に使える知恵にする作業が必要となる。そのためには、子供が探究的に活動する中で、自分の手や足を使い、実感を伴いながら納得するように活動することが大切になる。話し合いでは何時間かけても決着がつかないことも、実際にやってみることで皆が納得し、先に進めるような場面が多く見られる。　情報ツールを使って一つの課題について調べてまとめ、発表するような活動だけでは、なかなか主体的・対話的で深い学びには結び付かないことが多い。まさに「なすことによって学ぶ」が大切なのである。

ウ　協働性を育てる活動にする

　これからの時代、子供たちには協働的な問題解決力が一層必要とされてくる。一人一人が個々の資質・能力を高めることはもちろん、仲間と協働しよりよく問題の解決を図る力を身に付けるとともに、そのよさをしっかりと実感してほしい。自分一人では、なかなかうまくいかないことやできそうもないことが、仲間と一緒に取り組んだからこそ上手にでき、これほどの成就感を味わえたという思いと、その中で、自分なりに力を発揮して役に立てたという実感をもってほしいのである。それは仲間と協働することのよさを味わうだけでなく、子供の自尊感情を高め、その子の生き方にもつながることになるからである。

　つまり単元を構想する際、子供たちにどのような協働的な活動や学びが生まれるか、具体的な活動の内容や方法を考えておくことが鍵となるのである。

ぁあっと驚く　階段アート　〜足腰心を元気に〜

1　単元について

5年1組 担任 ◯◯◯◯

活動に向かう子どもの思いや願い

　コロナウイルスの影響により、まだまだ多くの制約があったり、名物の夏祭りや花火も中止となったりしたことを受け、少しでも地域の人の心を元気に、笑顔にしたいという思いをもった。そこで、地域の想いの場＝ほっとサライと小学校を結ぶ長い階段に絵を描くことで、地域人にまちの魅力や励ましのメッセージを届けられること、つながり祭やエンゼルスーパーへ行く多くの人が使う階段だからこそ、三密を避けながら楽しんでもらえる可能性があることを見いだし、本単元が立ち上がった。
　最初の活動として、学校の階段にアートをするために学校の魅力を全校に調査し、みんなで創る楽しさや、絵を見て喜んでもらえることを実感した。「高齢者の方にも長くても辛い階段を楽しく登ってもらいたい」「まちの魅力が詰まった階段にしたい」という思いをもって活動を進めている。

身に付けさせたい力と材について

　階段アートには、願いや思いを自由に大胆に表現することができ、訪れた人を魅了する愉快さがある。そして、自分たちの施したアートが未来に残っていくことに責任をもって取り組み、まちの人を「笑顔にできた」と実感を得ることができる。「コロナ禍で高齢者が人と関われなくて辛い」という切実な思いや、「故郷の団地に戻ってきてもらえるように、毎年花火を打ち上げている」と語った地域の人のまちへの愛情を知ることで、様々な立場で尽力している人の存在を知り、このまちの真の魅力は温かい「人」であると気付かせたい。また、まちの人と「一緒に」階段アートを創っていくことで、協働的にものづくりをする楽しさを味わったり、多角的な視点で物事を考えたりする力を高めてほしい。この活動を通して、地域の一員として自覚を高め、育ってきたまちに誇りをもち、今後も未来の担い手をして自分のできることで、まちと関わり続ける子になってほしい。

単元目標

　まちの魅力や人の温かさを階段アートで伝える活動を通して、地域の人同士がつながりを大切にしている思いやまちに対する深い愛情、まちが抱える課題などを知り、自分たちも地域の一員として育ってきたこのまちのよさを広め、まちがさらに活性化していくために自分たちにできることを考え、行動しようとする。

学習内容

資質・能力 / 研究課題	知識及び技能	思考力、判断力、表現力等	学びに向かう力、人間性等
まちを支え、活性化させていく意識とそれを支える人々の願い	・自分たちが暮らすまちには、高齢化が進み、先行き見えない困難な状況の中で人々のつながりが希薄化しているという課題があり、人々をつなげるために努力されている人がまちにいるということや、その方々が思いをもって取り組んでいることを理解する。（概念的な知識の獲得） ・まちについての調査を、目的や対象に応じて適切に行ったり、得た情報を適切に処理して表現したりすることができる。（自在に活用することが可能な技能の獲得） ・階段アートでまちの人々を笑顔にするために、魅力や人々の思いや願いの理解をすることは、探究的な学習の成果であることに気付く。（探究的な学習のよさの理解）	・「階段アートでまちの人を笑顔にしたい」という目的の実現に向けて地域社会の様子から課題を見出し、解決の見通しをもつことができる。（課題の設定） ・人々の思いやまちの魅力を効果的に伝えるために、まちの方々へのインタビュー、階段アートの調査など効率的な手段で情報を集め、適切に蓄積することができる。（情報の収集） ・得た情報を比較、分類、関係づけるなどして情報を整理し、目的に応じて事実や関係を捉え直す。（整理・分析） ・課題の解決に向けて、自分の思いや考えをまとめ、相手に応じて適切な方法を選んで伝えることができる。（まとめ・表現）	・まちの人と関わり合って、自分なりのアイデアを表現したり、仲間や地域の方の考えに触れたりしてそのよさを感じようとする。（自己理解・他者理解） ・よりより階段アートを目指して表現する楽しさやまちの人とふれあう喜びを感じ取り、自分や仲間のよさを生かしながら粘り強く追求しようとする。（主体性・協働性） ・地域の人が笑顔になれる階段アート制作を通して、まちに役立つことができた自分自身に気付き、地域の一員として地域の中で自分にできることを見つけ、地域の他者と豊かに関わっていこうとする。（将来展望・社会参画）

資料9-1　横浜市立C小学校2021「研究紀要」

2　単元構想　全84時間（総合70時間　国語10時間　図工４時間）

○活動　次の活動とそれにつながる子どもの思い

1　コロナ禍の今、どんな総合にするか考えよう（総合４時間　国語５時間）
○これまでの学びを振り返るとともに、どのような力をつける１年間にするか話し合う。
○自分たち以外の人の思いを知るために、インタビュー調査などをする必要に気付き、計画を立てる。
○まちの人・全校・保護者にインタビューやアンケートを行い、自分たちが目指している活動は本当に必要か話し合う。
○階段アートをすることでどのようなよさがあるか話し合い、今年の材を決定する。

コロナの影響でまだまだ昔の自由な生活には戻れない。団地の憩いの場となっている"つながり祭"や夏祭りも、苦渋の決断で中止したと言っていた。地域の方はとても悲しそうだった。こんな状況だからこそ、このまちのみんなの心が元気に、笑顔になれるような階段にプロデュースしたい！

ぁぁっと驚く階段アート！　～足腰心を元気に～

2　階段アートの魅力を探ろう（総合８時間　図工４時間）
○いくつかの階段アートを見て、どんな絵や内容等になっているか、気付いた特徴を共有する。
○地域の階段に絵を書いていいか、URの方にプレゼンをして許可をもらう。
○学校アンケートをもとに小の魅力を整理・分析する。
○学校の魅力をもとにデザインを考え、学校の階段にアートを施す。

> その場所や土地に合った絵、見る人に届けたいメッセージが階段アートには描かれていることをおさえる。

階段アートを見たことはあったけれど、自分たちでできるって考えたこともなかった。朝学校に来て「今日もがんばろう」って自分も思うことができたし、他学年が立ち止まっている姿を見て嬉しかった。エンゼル広場に繋がる階段も、多くの人が通るから、見た人が笑顔になったり、まちの魅力が一つに詰まったりしているような掲示板みたいにしたいな。それにはまず、地域の人の気持ちや考えを調査して、一緒に創っていかないとね。

3　まちの人の思いを込めた階段アートを創ろう（総合18時間）
○階段アートのデザインを考えるために、「どんな階段になってほしいか」「まちの魅力」「イメージ」をインタビューやアンケートで調査する。
○インタビューやアンケートを読んで整理し、問題の原因や解決の見通しを話し合って分析する。

> 支えている人の思いや存在への気付きを促すよう、子どもたちにとって身近な人に取材し、語ってもらうようにする。

まちの魅力って自分たちも考えたことなかったけど、色々な人にインタビューやアンケートをして、こんなにまちのことを考えている人がいるなんて知らなかった。階段アートでの魅力を伝えればいいって簡単に思っていたけれど、地域の人には「よいまちだな」「このまちに住んでよかったな」と思ってもらえるような階段にしたいな。

4　まちの人が笑顔になれる階段アートにしよう（総合30時間　国語５時間）
○インタビューやアンケートから、どんなデザインにしたら階段を見た人は魅力を感じられるか話し合う。
○デザインの構成や表現方法を考える。
○地域の方や保護者、学校の人、プロに見てもらい、アドバイスをもらう。
○様々な立場の人の意見をもとに、階段アートのデザインを再決定する。
○プロにアドバイスを受けながら、階段アートを描く。

> 取材やアンケートをして分かったことと、デザイン案をつなげて考えられるようにする。

最初は、小さい子の好きそうな動物や京急、永田台小のカニを描けば、喜んでくれると思った。でも、「魅力」を感じってはいなかった。でも、自分たちの思いだけではなく、団地に住む人たちの思いも大切にして、魅力掲示板のような階段にすることができた。思いを形に表すのはこんなに大変だと思わなかった。もっとたくさんの人に知ってほしい。どうやって周知していけば、もっとたくさんの人に、知ってもらうことができるだろう。

5　5-1プロデュース！　～ぁぁっと驚く階段アート～（総合10時間）
○自分たちの活動のゴールとして誰にどんなことを思ってもらいたいか、そのために何ができるか話し合う。
○出来上がった階段アートを協力してくださった地域の方やプロの方、学校の先生にみてもらうお披露目会を開く。
○南区役所にPR宣伝、紹介する。
○階段アートをまちの人と一緒に考えたり、実際に完成させたりしたことでどのような効果があったのか話し合う。

> 全員で協力したからこそ形になった喜びを価値づけ、これからの生き方に繋げられるようにする。

階段アートを見たからと言って、コロナ禍生活のストレスがなくなったり、みんながのまちを大好きになったり解決するわけではない。でも、今までまちの人にたくさん関わって仲よくなれたし、本当の魅力を知れた。それを伝えることもできた。どんなに困難な状況の中でも、自分にできることを探して前向きに頑張っていかなきゃ。まちのためにできることを探し続けて、まちの人との"つながり"をこれからも大切に守っていきたいな。

資料９-２　横浜市立C小学校2021「研究紀要」

5）単元づくりの実際

　ここで実際に実践された単元計画を紹介する。

　子供たちがコロナ禍で感じた問題を共有し、自分たちで「まち」の人の笑顔を作りだす手段として、階段アートに取り組んだ素晴らしい実践である。

　単元目標よりも先に子供や教師の思いや願いが書かれているのが特徴的であり、問題的な場面から生まれる子供主体の学びを教師がイメージしながら作成したことがよく分かる（資料9-1、9-2）。

3　授業づくりの大切なポイント

（1）問いを作る（もつ）〜問題的な場面の整理

　子供たちが主体的に学ぶためには、一人一人にしっかりと「問い」をもたせることが大切である。子供にとって、何か問題的な場面が生じたとき、それを取り上げ明確にすることが肝心である。

　問題的な場面とは、子供の心に「ゆれ」が生じるような状況である。「困ったな」「何とかしなければ」「もっとやってみたい」「とてもうれしかった」「思っていたことと全く違うぞ」など、子供たちの感情が揺さぶられるときこそチャンスである。

　個の問題であればそれを全体化して皆の問題にすることで、様々な活動が生まれてくる。また、総合的な学習の時間における問題解決では、問題の解決を目的にするのではなく、問題的な場面を解消することが活動の目的となることが多い。

　例えば、「コロナ禍で『まち』の人の笑顔が少なくなっていて、『まち』のよさが失われている。何とかしたいな」という問題的な場面で、階段アートに取り組む子供たちにとっての目的は、「まち」の人の笑顔を増やすことである。つまり、素晴らしい階段アートを完成させることが問題の解決ではなく、「まち」の人のたくさんの笑顔を見たときに、問題場面が解消され問題解決が終了するのである。

　このように、総合的な学習の時間においては、子供たちの心の揺れを整理して問いをもつようにすることが、主体的に学ぶための授業づくりの第一歩となるわけである。

（2）課題の設定と仮説づくり（子供たちの目標とすべきこと）

　問いをもった子供たちはその解決のためには何をすべきか考えはじめる。自分たちがやるべきことを課題として目標を設定する。有効で効果的な方法を考える際、様々な情報を収集し、整理・分析しながら結論を出していく。しかし、この結論は必ずしも目的の実現に向けた正解であるとは限らない。あくまでも、うまくいくだろうという仮説にすぎないのである。教師はここで子供たちの決めた課題の解決や取り組みが失敗に終わらないよう、十分に教材研究をして教師なりの見通しをもったり専門家とつながったりしながら、子供たちの活動を成功に導くように陰ながら支援していくことが必要となる。

（3）仮説の検証（活動）

　自分たちのすべきことが決まり目標がはっきりすれば、子供たちは自ら動き出す。自分たちの目標に向けて、よりよい方法を取捨選択しながら仲間と協働し、時には専門家や関連機関の人とつながることで加速度的に活動が進む。そして一人一人の意識がぐんぐん高まり、本気になって取り組むはずである。

　ここで教師は育っていく子供たちの姿に目を細めながらも、子供一人一人をしっかりと見つめて、個に応じた支援やアドバイスをしていくことになる。時に、教師は目標実現のためのチームの一員となって子供と一緒に熱中するような姿を見せることが、子供たちの活動を一層、後押しすることになるのである。

（4）まとめ

　自分たちの仮説でもある活動が終了することで目標が実現できたか、さらには目的を達成できたかを振り返り、しっかりとまとめを行う。これまでの活動の記録や振り返りカードなどを整理し、ポートフォリオにしてまとめたり、活動報告会を行ったりすることも考えられる。

　大切なことは、自分たちがやり遂げたという成就感や満足感を一人一人が味わい、皆でやったからこそうまくできたという協働のよさを確認することである。そしてさらにその中で自分の果たした役割や自分のよさを確かめるということである。

　プロジェクト的な活動によくあることだが、何か大きなことや価値あることを成し遂げると、その成果の素晴らしさに満足してしまいがちだが、大切なことはその活動の中で、いかに子供一人一人が学びを深め、資質・能力を育むこ

とができているかを評価し、子供たちと共に確認しながら進められたかということなのである。

4　評価について

（1）評価の観点

　学習指導要領では、各教科等の目標や内容を「知識及び技能」「思考力、判断力、表現力等」「学びに向かう力、人間性等」の「資質・能力の３つの柱」で再整理しているが、もちろんこのことは総合的な学習の時間においても同様である。総合的な学習の時間においては、学習指導要領が定める目標を踏まえて、各学校が目標や内容を設定するという、総合的な学習の時間の特質から、各学校が観点を設定するという枠組みが維持されているが、各学校が目標や内容を定める際には、学習指導要領において示された以下について考慮する必要がある。

・総合的な学習の時間を通して育成を目指す資質・能力を示すとは、各学校における教育目標を踏まえて、各学校において定める目標の中に、この時間を通して育成を目指す資質・能力を、３つの柱に即して具体的に示すということである。[5]

・各学校において定める内容について、今回の改訂では新たに、「目標を実現するにふさわしい探究課題」「探究課題の解決を通して育成を目指す具体的な資質・能力」の２つを定めることが示された。「探究課題の解決を通して育成を目指す具体的な資質・能力」とは、各学校において定める目標に記された資質・能力を、各探究課題に即して具体的に示したものであり、教師の適切な指導の下、子供生徒が各探究課題の解決に取り組む中で、育成することを目指す資質・能力のことである。この具体的な資質・能力も、「知識及び技能」「思考力、判断力、表現力等」「学びに向かう力、人間性等」という「資質・能力の３つの柱」に即して設定していくことになる。[6]

（2）評価規準の設定

　総合的な学習の時間における評価規準は、「内容のまとまり」ごとに作成することになる。ここでいう総合的な学習の時間における「内容のまとまり」とは、先に述べたように探究課題とその探究課題に応じて定めた具体的な資質・

能力と考えることができる。

　基本的な手順としては次のようになる。

①各学校において定めた目標と「評価の観点及びその趣旨」を確認する。

②各学校において定めた内容の記述（「内容のまとまり」として探究課題ごと
　に作成した「探究課題の解決を通して育成を目指す具体的な資質・能力」）
　が、観点ごとにどのように整理されているかを確認する。

③「観点ごとのポイント」を踏まえ、「内容のまとまりごとの評価規準」を作
　成する。

（3）評価の実際

【単元名】多文化共生への一歩！〜ラップで心の距離を縮めよう〜（第6学年）

「国際理解」（全50時間）

　本単元は、外国人が多く住む国際色豊かな地域で行われた実践事例である。
異なる文化を越えて地域の活動に進んで参画する態度の育成は、地域や保護者
の切実な願いであり、学校への大きな期待となっている。一方、そのことは、
子供にとって日常的な光景であるものの、異なる文化を越えた共生やそこに暮
らす人同士の関わりを意識して考えた経験は少ない。こうした背景から、「多
文化共生を目指す地域とそこに暮らす日本人や外国人が大切にしている文化や
価値観」という探究課題を踏まえて構想した単元である。子供は、多文化共生
に尽力する様々な立場の人々や、異なる文化的背景をもつ地域の人々との関わ
りを通して、地域の日本人と外国人とをつなげることへの思いを強めていった。
そして、「私たちの『まち』で異なる文化を越えた共生は実現するのか」とい
う問いと真剣に向き合い試行錯誤を繰り返す中で、テーマの実現に向けたラッ
プによる表現活動、異なる文化を越えて人々が交流できる魅力的なイベントの
開催に向けて取り組んだものである（資料10-1、10-2）。[7]

1　単元の目標

地域における多文化共生を目指した活動を通して，外国人が多く住む地域の実態，それを支援する 人々の思いや組織について理解し，地域の一員として異なる文化を越えた共生の在り方を考えるとともに，自らの生活や行動に生かすことができるようにする。

2　単元の評価規準

観点	知識・技能	思考・判断・表現	主体的に学習に取り組む態度
評価規準	①地域には，多文化共生プラザ等，外国人を支援する行政機関があることを知るとともに，多様な人が暮らしているまちのよさや，一人一人の存在が守られていることを理解している。 ②インタビューによる街頭調査を，相手や場面に応じた方法で実施している。 ③多文化共生に対する自らの認識の高まりは，地域の日本人と外国人をつなげるために探究的に学習してきたことの成果であると気付いている。	①課題の解決に向けた計画書の作成に当たり，何をするのか，何のためにするのかを意識し，解決の見通しをもって計画を立てている。 ②街頭調査や意見交流会において行う質問について，必要とする情報に応じて質問の内容や方法を決めている。 ③多文化共生を実現するためのイベントについて，「実現可能か」「意味があるか」「有効か」等の視点を結び付けてイベント開催の根拠を見いだしている。 ④活動を通して学んだ自らの思い，自己の成長，学びによる自己の変容を生かしてラップで表現している。	①地域に暮らす外国人との意見交流会において，異なる文化や価値観を受け入れ，尊重するとともに，共通性を見いだそうとしている。 ②異なる文化の共生を目指したイベントの開催に当たって，参加者の状況に応じて対応し，目的意識を明確にして関わろうとしている。 ③異なる文化の共生を目指したイベントを成功させるために，友達と役割と分担したり，自他の考えのよさを生かしたりしながら問題の解決に向けて協力して取り組んでいる。

資料10-1　文部科学省・国立教育政策研究所2020「『指導と評価の一体化』のための学習評価に関する参考資料」

121

3　指導と評価の計画（50時間）

小単元名（時数）	ねらい・学習活動	知	思	態	評価方法
1　異なる文化を越えた共生やそこに暮らす人同士の関わりの実態を調べて問題点を見いだそう。（14）	・地域の実態から問題点を見いだし，解決に向けた今後の活動への見通しをもつ。		①		・計画書
	・グローバルな視点と地域の視点から異なる文化を越えた共生やそこに暮らす人同士の関わりの実態を調べて問題点を見いだす。 **具体的事例❶「知識・技能①」** ※グローバルな視点による情報収集（国連担当者によるワークショップ，社会科の内容との関連，新聞・書籍等） ※地域の視点による情報収集（地域住民への街頭調査，支援する行政機関への訪問等）	①			・意見文
2　地域に住む様々な国の人々との意見交流会を開催し，問題点の解決策を探ろう。（8）	・街頭調査や意見交流会開催の目的や質問事項，情報収集の蓄積方法を明確にする。		②		・情報収集計画シート
	・街頭においてインタビューを行う。	②			・ノート ・集計シート
	・地域に暮らす外国人との意見交流会を開催し，問題の原因を探ったり，問題の解決に向けたより方法について考えを交流したりする。			①	・行動観察 ・作物シート
3　異なる文化を越えた地域の共生に向けて，できることを決定しよう。（8）	・地域の異なる文化を越えた共生や関わりに向けて，今の自分たちにできることについて根拠を明らかにし決定する。 **具体的事例❷「思考・判断・表現③」**		③		・作文シート
	・専門家からの評価を通して，提案のよさを自覚するとともに，身近な人をターゲットにするというアドバイスを踏まえ，今後の取り組み方への意識を高める。 **具体的事例❸「主体的に学習に取り組む態度②」**			②	・作文シート
4　魅力的なイベントを協力して準備し，実行しよう。（14）	・魅力的なイベントに向けて，友達と協力して準備し，保護者やこれまでお世話になった外国人や地域の人を招いて開催する。			③	・計画表 ・行動観察 ・作文シート
	・「異なる文化を越えた地域の共生」について，探究的に学習したことによって分かったことを振り返る。	③			・発言 ・作文シート
5　学習活動全体を振り返り，自己の成長や学びの価値，これからの生き方について自らの思いや考えをラップで表現しよう。（6）	・異なる文化を越えた共生についての自らの思い，本音，自己の成長を振り返り，ラップの歌詞や作文に表現する。			④	・ラップの歌詞カード ・作文シート

資料10-2　文部科学省・国立教育政策研究所2020「『指導と評価の一体化』のための学習評価に関する参考資料」

引用文献

1）文部科学省2017「小学校学習指導要領（平成29年告示）解説 総合的な学習の時間編」p.21
2）文部科学省2017「小学校学習指導要領（平成29年告示）解説 総合的な学習の時間編」p.31
3）田村学編著2017「小学校教育課程実践講座　総合的な学習の時間」ぎょうせいp.73
4）文部科学省2017「小学校学習指導要領（平成29年告示）解説 総合的な学習の時間編」p.103
5）文部科学省2017「小学校学習指導要領（平成29年告示）解説 総合的な学習の時間編」p.24
6）文部科学省2017「小学校学習指導要領（平成29年告示）解説 総合的な学習の時間編」pp.27-28
7）文部科学省・国立教育政策研究所2020「『指導と評価の一体化』のための学習評価に関する参考資料」pp.48-50

相澤昭宏

4 学習指導要領に見る道徳教育の変遷と 教育課程の編成

1 道徳教育と道徳の時間及び特別の教科道徳の変遷

(1) 「道徳の時間」の創設と内容項目の変遷
　「道徳の時間」は1958年の学習指導要領全面改訂において、基本的生活習慣を徹底すること等を目的とし、道徳教育の「要」として特設された（内容項目は36）。その後、1968年改訂で32項目、1977年改訂では28項目に整理統合された。更に1989年の改訂では新たな4つの視点に分類され、内容項目も18〜22項目に整理統合された。その後、道徳教科化に先立つ2002年、文部科学省は道徳の補助教材として「心のノート」を全国の小・中学生に無償配布した。文部科学省は、「心のノート」はこれだけで道徳の時間の指導を行う教科書や副読本的な性格のものではなく、あくまでも理解を深めるための「補助教材」であり、同時に道徳教育が全教育活動の中で行われるものであることから、道徳の時間だけでなく家庭との連携の他、学校生活の中の様々な場面での活用を推奨していた。この「心のノート」は2009年に新学習指導要領の告示に合わせて改訂され、更に2013年には読み物資料も掲載される等、内容的にも大きく変わり、その名称も「わたしたちの道徳」へと変更された。

(2) 「特別の教科 道徳」の創設
　その後、小・中学校における「いじめ」が大きな社会問題になり、2013年に発足した教育再生実行会議の提言で「いじめ問題等への対応」において「道徳を新たな枠組みによって教科化」することの必要性が示された。それを受けて2015年、学習指導要領の一部改訂により「道徳の時間」は「特別の教科 道徳（以下、道徳科）」として新たに位置づけられた。道徳を教科化するに当たって、2016年7月22日に、「道徳教育に係る評価等の在り方に関する専門家会議」から示された「『特別の教科 道徳』の指導方法・評価等について（報告）[1]」において、これまでの「道徳の時間」の課題を次のように示している。
1）指導が固定化・形骸化しているのではないか

２）読み物の登場人物の心情の読み取りに偏っているのではないか

３）望ましいと思われることを言わせたり書かせたりする指導に終始しているのではないか

　これらの指摘を踏まえて道徳科においては「質の高い、多様な指導方法」が求められるとしている。それが「考え、議論する道徳」であり、また「道徳的諸価値について多面的・多角的に学ぶ道徳教育への質的転換」である。

2　道徳科における教育課程の編成

（1）道徳教育全体計画の作成

　全体計画の作成に当たっては、まず学校教育目標に基づき、児童・生徒の実態、保護者や教師の願い、社会の要請、関係諸法規等を踏まえて「道徳教育重点目標」を設定する。次に、その「重点目標」を踏まえて「各学年の重点目標」を設定する。基本的には視点A、B、C、Dのそれぞれについて設定するが、児童・生徒の実態を勘案してより重点化を図ることも考えられる。次に、これらの目標を受けて、各教科、特別活動、総合的な学習の時間、外国語等における道徳教育について全体計画上に位置づける。「道徳科」については、その要として位置づける。この他、「学習環境」「学年・学級における道徳教育」「家庭・地域との連携」「人権教育」「環境教育」等の項目についても全体計画上に位置づける。

（2）「全体計画別葉」及び「年間指導計画」の作成

　次に、作成した「道徳教育全体計画」に基づいて「全体計画別葉」と「年間指導計画」を作成する。「全体計画別葉」とは、全教育活動の中での道徳教育について、各教科等と内容項目との関連や、道徳科の学習と各教科等の関連について、更に詳細に記載したものである。形式は特に定められていないが、内容項目毎にそれに関わる教科等の単元、題材等を記載するやり方や、「学年暦」を用いてその関連性を示すやり方がある。

　「別葉」が「道徳教育」に関わる、より具体的な計画であるのに対して、「年間指導計画」は「道徳科」に関わる具体的な計画である。内容項目が18 〜 22であるのに対して、道徳科は年間35（1年生は34）時間である。そこで、まず、「全体計画」で定めた「各学年の重点目標」に基づいて「重点内容項目」を設

定し、複数時間扱う内容項目を決める。次に、1つの内容項目について様々な角度からのアプローチが求められるものを複数事案扱いにするなどして、1年間分の計画を作成する。更に、全体計画別葉を元に、各教科の年間指導計画、行事等との関連を考えて主題配列を決定する。

（3）年間指導計画作成上の留意点

　道徳科は教科なので、当然、教科書の使用義務がある。しかしながら、前記（2）のような手順で年間指導計画を作成した場合、内容項目別の教材数や教材配列が教科書と異なることが想定される。道徳教育が各学校の教育活動、とりわけ子供の学校生活と密接に関わっていることを勘案すると、尊重されるべきものは、当然、各学校が独自に作成した年間指導計画となる。また、教材そのものについても、基本的に教科書教材を使いつつ、重点化した内容項目に関わる教材が不足していた場合は、文科省教材を活用する等、他の教材で補う必要が出てくる。つまり、各学校で充実した道徳科の学習を推進するためには、教科書の教材配列や取り扱う教材を各学校の状況、児童の実態に応じてカスタマイズすることが必須となるわけである。但し、これらの指導時期、教材の変更は、あくまでも学校全体の総意で行われるべきものである。

（4）道徳教育の「学級における指導計画」の作成

　道徳教育の指導計画としては、この他に「学級における指導計画」があげられる。「学級における指導計画」とは、「学級を担任する教師は、全体計画に基づいて学年の指導方針の下に学級における指導をどのように行うのかを具体的に計画し、見通しをもって指導に当たることが大切である」という考えの元、「全体計画を児童や学級の実態に応じて具体化したものであり、学級において教師や児童の個性を生かした道徳教育を展開する指針となるもの」（「学習指導要領解説　道徳編」〈2008〉）[2]である。全体計画構想図の形式に則ったものの他、日課表の形（資料1）、学年暦の形等、様々な形式のものが見受けられる。

第1学期　学級における指導計画具体計画			
			第6学年

児童の実態	○自分の立てた目標の実現に向けて粘り強く努力する姿勢はよく身に付いている。嘘をついたりごまかしたりすることも少なく、明るい気持ちで生活している児童が多い。 ○男子と女子、友達の好き嫌いによる分け隔てはなく、誰とでも仲よくすることができる。低学年の児童等に対しても親切にすることができる。 ○委員会活動や係り活動等、全校の為に働くことはよくできているが、自らやることを見つけて、主体的に行動するところまでは至っていない。 ○自然環境と人間の生活の関わりや生命の大切さについて知っているが、自分たちとの関わりについてはあまり意識していない。

指導時間＼内容	具 体 的 指 導 内 容	児童の様子
朝自習	○火曜日：係り活動、水曜日：ドリル、金曜日：学級活動	・A、B、C児は主体的にドリルに取り組むことが難しいが、他の児童は進んで学習している。
朝の会	○「聴き合い活動」を取り入れる ・ペアで1分ずつテーマに沿った話をして、お互いに聞き合う活動を行い、「親和的に聴く」姿勢を培う。	・よい聞き方を肯定的に評価することで、親和的に聴く姿勢が身に付いてきている。
学習指導	○児童の相互指名 ・誰を指名すべきか考えさせる。（発言の回数、意見の性質） ○グループ活動の重視 ・互いの考えを認め合うようにしていく。 ○各教科 ・国語：教材を通して、自然環境への見方・考え方を深める。 ・社会：歴史博物館見学、土器・竪穴式住居作り等の体験的な活動を通して、具体的に歴史への認識を深める ・算数：教え合いの場を設ける。 ・理科：「動物のからだのつくり」の学習を通して、生命の神秘さを感じ取ることができるようにする。 ・音楽：鑑賞の学習を通して美しいものに感動する心を養う。 ・図工：鑑賞の学習を通して美しいものに感動する心を養う。 ・家庭科：家庭科実践カードに家族からの一言欄を設け、家庭との連携を図る。 ・体育：見合う活動を重視し、教え合いを行う。学習カードで目標を明確にし、めあての実現に向けて努力する姿勢を培う。	・相互指名は互いによく考えながらやっている。公正さを欠く時には他の児童が指摘して、公正な指名ができるようになってきている。 ・グループ活動は協力できている。 ・各教科でも互いに認め合い、協力することができるようになってきている。 ・体育科や漢字、計算のスキル学習を通して、粘り強く努力する姿勢が身に付いてきた児童が多い。引き続きA、B、C児への支援を行っていく。

特別活動	○係り活動：朝の時間を活用し自治的に活動できる 　　　　　ようにする。 ○委員会活動：リーダーとして自覚をもって活動で 　　　　　　きるようにする。 ○学級活動(1)：互いの考えを尊重し合うことができ 　　　　　るようにする。 ○学級活動(2)、(3)：道徳科と連動させて指導する。	・係り活動は決められた 時間にしかやらない 姿も見られた。主体性 を欠くB、D児には引 き続き指導していく。
道徳科	○「自然愛護、生命尊重、感動・畏敬の念」の重点 化 ・日常生活の中で、意識化することの少ない内容 項目を重点化し、他教科等と連動させることで、 実感をもって学習できるようにする。	・他の内容項目におい ても、心の美しさに着目 した発言が増えてき ている。
休み時間	○規則の尊重、安全指導 ・遊びの約束や、時間を守ることを大切にすると 共に、安全な遊び方を心がける等、下級生の手 本になるようにする。	・遊びの約束は概ね守ら れている。A児も時間 を守って教室に戻れ るようになった。
給食指導	○会食の雰囲気作り、感謝 ・学級内交歓給食や係り給食等を活用して会食の 雰囲気づくりをすると共に、作ってくれる人へ の感謝の気持ちを培う。	・「給食をしっかり食べ ることで感謝の気持 ちを表そう」という姿 勢が身に付いてきた。
清掃指導	○振り返りの充実 ・分担した仕事を、責任をもって行うことができ たか、項目を決めて振り返る。その際、互いの 頑張りを認め合えるようにする。	・振り返りが形式的なも のになってきている ので、その意義につい て再確認を行った。
帰りの会	○係り、委員会の活動報告 ・その日の活動を報告し合うことで、責任をもっ て活動する姿勢を育むと共に、認め合う活動を 通して意欲付けを行う。	・主体的に取り組む児童 が増えてきている。引 き続きこの取り組み を進めていきたい。
その他	○家族交換日記 ・学校での出来事について2週に1枚程度の日記 を書き、家族に見せてコメントをもらってくる ようにする。	・きちんと返事を書いて くれる家庭が多いが、 書く量が減ってきて いる。改善が必要。

資料1

3　道徳科に求められるもの[3]

(1)「考え、議論する道徳」と「主体的・対話的で深い学び」
1）道徳科の基本的な学習過程
　道徳科の学習過程は、基本的には改訂前の「道徳の時間」に準じており、その展開は次のようになる。

○導入：本時、学ぶ内容について自分事としてとらえる。
○展開前段：教材を通してねらいとする価値の追求・把握を行う。
○展開後段：教材を通してとらえた価値に照らして、自己を深く見つめる。
○終末：実践への意欲をもつ。

　但し、「道徳科」に移行するにあたっては先に記したように、「読み物の登場人物の心情の読み取りに偏っているのではないか」「望ましいと思われることを言わせたり書かせたりする指導に終始しているのではないか」等の指摘があることから、上記の学習過程を踏まえつつ、「主体的・対話的で深い学び」を具現化するための「質の高い多様な指導方法」の工夫が求められるのである。

2）「主体的・対話的で深い学び」を目指した道徳科の指導の実際
【事例１】[4]
　教材に登場する様々な人物、一人一人の見方・考え方について考えることのできる発問構成（教材：「いっしょになって、わらっちゃだめだ」東京書籍４年）
○教材の概要：クラスの友達を「モンキー」というあだ名で呼ぶことを快く
　思っていない主人公は、みんなが「モンキー」とはやし立てる中、黙って教
　室を出ていった。それ以来、友達をあだ名で呼ぶことはなくなった。
○多面的・多角的に考えることのできる発問の工夫（対話的な学び）
・価値を実現しているのは主人公で、価値に反する行動をとっているのがクラ
　スメートである。いじめの対象となっている友達と、主人公、クラスメート
　という三者、それぞれの立場での見方・考え方を問うことを通して多面的・
　多角的に考えを深めることができるようにする。その上で、価値を実現して
　いる主人公の姿を見て行動が変容したクラスメートが、どのような価値に気
　づいたかを問うことで、ねらいとする価値に迫る。そうすることで、「価値
　ある行い」の大切さを的確にとらえるとともに「価値ある行い」を妨げる見
　方・考え方についても考えを深めることができた。
【事例２】[4]
　一つの事象について様々な角度から考えることのできる発問構成（教材：
「みさきさんのえがお」東京書籍３年）
○教材の概要：図書の貸出係の主人公が、先に人気の本を予約していったみさ
　きさんと、その人気の本が返ってきたところに丁度来合わせた仲のよい友達
　のどちらに貸そうか迷うが、最終的にはみさきさんに貸すことにする。

○多面的・多角的に考えることのできる発問の工夫（対話的な学び）

・後から来た友達に本を貸すことによる「よいこと」と「心配なこと」を問うことを通して、一つの事象について様々な角度から考えることができるようにする。そうすることで価値ある行いのよさと、価値ある行いを妨げる要因に気づくことができる。

○学んだことを態度化につなげるシミュレーション（体験的な学び）

・価値のまとめを行った後に、新たな問題場面を設定して、その時自分はどのように考え、どう行動するかを実際に演じてみる。本実践は「公正、公平、社会正義」に関する教材なので、「給食の配膳の順番を待っている時、仲のよい友達があなたの前に『入れてよ』と言ってきました。あなたはどうしますか」という場面を想定して、代表児童が演じるようにした。その際、見ている側（フロア）の子供に感じたこと、考えたことを問うことを通して、より多面的・多角的に価値への理解を深めるようにした。

【事例3】[4]

ダイヤモンド・ランキングを取り入れた、体験的で対話的な学習（教材：「一ふみ十年」東京書籍5年）

○教材の概要：立山に登山に行った主人公が座った場所に「チングルマ」という高山植物が咲いており、それを注意した自然保護センターの松井さんの話を聞く中で、自然保護の大切さに気付いていく。

○多面的・多角的に価値理解を深めるための活動を取り入れた展開後段（体験的・対話的な学び）において、自分たちの生活と関わらせながら、より価値理解を深めるために、ダイヤモンド・ランキング（資料2）を取り入れる。ダイヤモンド・ランキングではテーマを「環境を守るためにやっていること、やりたいこと」として次の手順で作成する。その中で、自然環境を守るためにやっていること、やりたいことを9枚のカードに書き、難しいものを上に、比較的容易にできそうなことを下にして右図のようなランキングを作る。その後、グループの中でランキングの意図を伝え合い、グループのランキングを

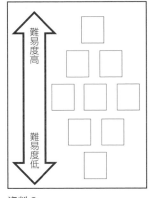

資料2

作る。そして、他のグループのランキングを見合い、その意図を伝え合うことを通して「対話的」に見方・考え方を広げるようにする。

4　道徳科における評価

（1）道徳科における評価の考え方

　道徳科の評価については、「小学校学習指導要領（2017年告示）解説 特別の教科 道徳編 第5章 道徳科の評価」[5)] で「児童の学習状況や道徳性に係る成長の様子を継続的に把握し、指導に生かすよう努める必要がある。ただし、数値などによる評価は行わないものとする」としている。具体的には「個々の内容項目ごとではなく、大くくりなまとまりを踏まえた評価とすること」や、「他の児童との比較による評価ではなく、児童がいかに成長したかを積極的に受け止めて認め、励ます個人内評価として記述式で行うことが求められる」とし、「一面的な見方から多面的・多角的な見方へと発展しているか」「道徳的価値の理解を自分自身との関わりの中で深めているか」といった点を重視することが重要であるとも記載されている。つまり、道徳科の評価においては、この2点から学習状況を把握し、それらをポートフォリオしていくことによって、児童の成長の様子を把握するということが必要なのである。

　以上の考え方を踏まえると、実際の道徳科の学習においては、当然、前記の「多面的・多角的な見方へと発展しているか」「道徳的価値の理解を自分自身との関わりの中で深めているか」という2点を把握することができるような学習活動が構成されていることが必須である。もちろんこれは、1時間の学習過程全体を通して言えることである。特に「自分自身との関りの中で深める」という部分については、把握した価値に照らして、自分自身の在り方について考えを深める展開後段に負うところが大きいと言える。

　展開後段においては、展開前段において深められた価値理解に照らして今までの自分の体験を振り返り、伝え合う活動を行う。また、その際、振り返りで「書く」活動を取り入れることも多いが、「書かれたもの」は往々にして「発表」となってしまい、その段階では「対話的な学習」が成立してはいないものと思われる。話し手（若しくは発表者）に対して聞き手がそれに応え、さらに最初の話し手がそれに応える。これが最低限の「対話」であり、そのような「対話」を通して子供は様々な新たな見方・考え方に出会うのである。このよ

うな「対話」を通して多様な見方・考え方に触れ、それらを通して自分自身の在り方について考えることが、「道徳科における評価」につながっていくのである。

（2）道徳科における評価の実際
【事例4】[4]

よりよく生きる喜び（教材：「四季抄 風の旅」立風書房）

○教材の概要：星野富弘さんの詩画集の詩　（「菜の花」「ぺんぺん草」等）

○多面的・多角的に見方・考え方を広げる展開後段の学習活動

①自分が心に残った詩についてワークシート④に記入する（【評価】自分自身との関わりの中で深める）。

②他の詩を選んだ友達と自由に考えを交流する。

③その交流の中で得た新たな見方・考え方を⑧の欄に記入する（【評価】多面的・多角的に見方・考え方を広げたり深めたりする）。

④全体で共有を行う。その際、1人の発言に対して、他の児童がその発言についての自分の考えを述べるという形で「対話的な学習」を行い、より多面的に考えを深めることができるようにする。最終的に終末の説話まで聴いた上で、学習全体を通して考えたことを⑥欄に記載し、全体の振り返りとする。

以上のような手順で自分自身の在り方について振り返った資料をポートフォリオしていき、その深まりを長いスパンで把握することによって「大くくりなまとまりを踏まえた評価」につなげていくことができる（資料3）。

花に思いを込めたワークシート

名前

☆心に残った詩はどれですか？またなぜその詩が心に残りましたか？

心に残った詩→

理由

Ⓐ

☆友達と考えを交流して「なるほどな」と思ったのはどんなことですか？

Ⓑ

☆今日の学習を通して「よりよく生きる」ということについてこれからも大切にしていきたいと思ったのはどんなことですか？

Ⓒ

資料3

5　特別支援学校（学級）における道徳科の学習

（1）特別支援学校（学級）における道徳科の指導に関する基本的な事項

　特別支援学校及び特別支援学級（横浜市においては「個別支援学級」）における道徳科の指導については、「特別支援学校学習指導要領解説 各教科等編 2018年3月」[6] の「第4章 知的障害者である児童生徒に対する教育を行う特別支援学校の各教科」の中で「道徳の目標、内容及び指導計画の作成と内容の取扱いについては、各特別支援学校を通じて、小学校又は中学校に準ずること」とされている。また、「ここでいう『準ずる』とは、原則として同一ということを意味している」ともした上で、更に特別支援学校（学級）において十分に配慮すべき事項として、

①生活上の困難の克服と、強く生きようとする意欲、明るい生活態度を養うこと

②他教科、自立活動等との関連を密にして経験の拡充を図り、道徳的心情を育み、道徳的判断や行動を出来るようにすること

③知的障害者である児童については、個々の児童の状況に応じて適切に重点を定め、指導内容を具体化し、体験的な活動を取り入れること

の3点があげられている。こう考えると、特別支援学校（学級）においても小学校・中学校に準じて道徳科の学習を行う必要があるということになる。ただし、子供の特性が個々、様々であることから、どこの特別支援学校（学級）においても「こうすればよい」という「絶対的な型」がないことは自明である。それらを踏まえ、ここでは特別支援学校（学級）における道徳科の学習の基本的な形を、実践事例をもとに考えていくこととする。

（2）特別支援学校（学級）における道徳科の指導の実際
1）基本的な考え方

　特別支援学校（学級）における道徳科の学習も、基本的に一般の学級と同様の学習過程で行われる。その際、在籍児童の特質から学習過程の可視化等の配慮を行う必要がある。

【事例5】[4]

　展開後段のグループ学習、SST（ソーシャルスキルトレーニング。社会生活を円滑に営んでいくために、対人関係などのスキルを身に付けるためのプログ

ラム）・自立活動との連携

　本教材は主人公が朝起きてから学校に
行き、給食を食べるまでの紙芝居である。
家族や交通安全指導員さんに会っても、
あいさつをしない主人公のどこがおかし
いかを問う教材である（紙芝居）。

〈ポイント①〉学習過程を可視化するこ
　　　　　　　と

資料4

・「学習の見通しをもつ」ことは特別支援学校（学級）に在籍する子供が安心
　して学習に臨む上でとても大切である。本時の学習過程をあらかじめ提示
　し、現在どこをやっているのかということを示しておくようにする（資料
　4）。同様に教材も可能な限り視覚に訴えるようにする。

〈ポイント②〉展開前段は学級全体で行う

・特別支援学校（学級）の子供の特性は様々であり、文章を理解する力にもば
　らつきがある。展開前段を学級全体で行うのは、文章理解が難しい子供に
　とっても、他の子供の考えを聞くこと自体が学びとなるからである。また、
　特別支援学級においては、初めに教材を全て範読するのではなく、教材の進
　行に合わせて場面ごとに発問しながら、ねらいとする価値の追求・把握を行
　うようにする。これは、時系列を追って発問することで、教材の内容を把握
　しやすくなるからである。また、教材を全文読み聞かせた後、前に戻ること
　による混乱を避ける意味もある。

〈ポイント③〉展開後段は特性別にグルーピングして行う

・特別支援学校（学級）の子供にとって大切なのが「社会的自立」であること
　を踏まえ、展開後段においては子供一人一人の特性に応じたグルーピングを
　して多様な振り返りを行うことが大切である。一般学級と同じように自己を
　見つめることのできる子供には、一般学級と同様の振り返りを少人数で行う
　ようにする。また、その特性に応じて、SSTや自立活動、生活単元などを組
　み合わせながら、より体験的な学びを行うようにする。本実践では、
　（ア）一般学級と同様に振り返りを行うグループ
　（イ）職員室に挨拶をして入室する練習を行うグループ
　（ウ）事務室に挨拶をして入室し、簡単な要件を伝えるグループ
　という3つのグループに分かれて展開後段の学習を行った。

以上の実践を通して、終末において上手に挨拶することが出来ていることを肯定的に評価することで学習の定着を図った。

【事例6】[4]

展開後段で体験を取り入れた学習

○本教材は乱暴に扱われて折れてしまったクレヨンの気持ちを考えることを通して、ものを大切にし、節度ある生活をしようとする態度を育てる教材である。（出典：「どうとく」東京書籍1年）

〈ポイント④〉言語化することが難しい子供への配慮

・特別支援学校（学級）には言語化することが難しい子供も在籍している。そこで、本実践では、丁寧に使ってもらったクレヨンの、表情を描き入れていないカードに表情を描き入れることで、丁寧に使ってもらったクレヨンの気持ちについて考えるようにした。その結果、表情を手掛かりとして、なぜそのような表情を描いたのかという理由を説明する中で、ねらいとする価値をつかむことができた。

〈ポイント⑤〉展開後段に活動を取り入れる

・展開後段では、実際に自分の机の中を整理・整頓する活動を取り入れた。そうすることで、展開前段の「ものを大切にして整理・整頓すると、気持ちよく生活することができる」という学びを「実感」へとつなげ、実践意欲を更に高めることができた。

〈ポイント⑥〉日常生活につなげる活動を取り入れる

・特別支援学校（学級）の目標である、「社会的自立」に向けて、3日間程度の実践カードを使って学習の日常化を図った。そうすることで、学んだことを「生きて働く力」とすることができるようにする。その際、特別支援学校（学級）の子供の特性を踏まえて、活動に取り組む期間を短めに設定し、一定のスパンで繰り返し行うことで、子供が無理なく実践しつつ、学習内容を定着させ、達成感を得ることができるように配慮した。

参考文献
1）文部科学省（2017）「『特別の教科 道徳』の指導方法・評価等について（報告）」
2）文部科学省（2008）「小学校学習指導要領解説 道徳編」
3）文部科学省（2018）「学習指導要領 特別の教科 道徳」
4）中澤道則（2022）「特別の教科 道徳」における指導方法とその評価（教育公務員弘済会

研究論文）
5）文部科学省（2018）「学習指導要領解説　特別の教科　道徳」
6）文部科学省（2018）「特別支援学校学習指導要領解説　各教科等編」

✉ 未来を創る

　「学校って教科書を学ばせればいいのですか？」とはよく言われることである。教科書は確かにとてもよくできている。日本全国、どこに行っても同じように学習内容を身に付けさせることのできる、きわめて優れた「アイテム」であると言ってもよいであろう。しかし、日本全国津々浦々、どこでも同じ教育がなされるだけでよいのだろうか。それぞれの地域にはその地域独特の生活様式もあれば、文化もある。気候にしても決して同じではない……。学校にもその学校独自の歴史と文化があるだろう。「教育課程を編成する」とは、まさに学校で学ぶべきことをその学校、地域、社会情勢、そして何よりも子供たちに合わせて「カスタマイズ」することなのである。だから社会が移り変わっていけば、教育課程もまたそれに即して姿を変えていかなければならない。そして、その「変化」の「真ん中」には、いつでも「目の前の子供たち」がいなければならないのだ。

　これから教師を目指す皆さん。皆さんが教師を目指す理由も人それぞれ、多種多様であろう。「子供が好き」「子供が成長する姿を見ることができる」……。もちろんそれはとても大切な「思い」だと思う。そんな中で、私が一番大切にしているのは、「教師とは未来の社会を創る仕事である」ということだ。子供たちは10年後、20年後の社会を創っていく、大切な「ひとり」である。そんな子供たちを育てる、価値ある「職」が教師なのだと思う。もちろんその出発点は、今、目の前にいる子供たちである。けれども「教育」が、未来の社会を創る営みである以上、ただ「今」だけを見つめるだけでなく、その「行く末」までもしっかりと見つめていくことが大切なのだと思っている。そこに各学校において教育課程を編成することの意義がある。子供たちを中心に据えつつ、「まち」を見つめ、未来を見据えて学ぶべき内容を「カスタマイズ」していく。そうであってこそ、子供たちに生きていく上で大切な資質・能力を本当の意味で身に付けさせていくことが出来るのだ。「子供たち」の、「まち」の、そして「社会」の未来を創る、この素晴らしい「職」で、皆さんが「皆さん自身」の夢をかなえていって欲しい。

中澤道則

5 特別活動の教育課程とホームルーム経営・キャリア教育

1 学習指導要領改訂の背景

(1) これまで指摘されてきた課題と育成すべき資質・能力の重要な視点

　特別活動は、学級活動（高等学校ではホームルーム活動）、児童会活動（中学校・高等学校では生徒会活動）、クラブ活動（小学校のみ）、及び学校行事から構成されるわが国固有の教育活動である。特別活動において、子供たちはひとつの社会である学校の生活の基盤となる力や、将来社会で生きて働く力を育んでいく。その際、一人一人が所属する様々な集団への所属感や連帯感を育て、それが学校文化への醸成にもつながることから、学習者である子供たちにとって思い出深い教育活動となっている。

　その一方で、特別活動には教科書指導書がないなどのことから、指導内容があいまいで、指導の仕方も指導者によって様々であると言われることがある。今回の改訂にあたっても

・各活動や学校行事における育てたい資質・能力やその学習過程があいまいであること
・内容や指導プロセスが整理されておらず、活動等の関係性や意義、役割の整理が不十分であること

といったことが指摘されている。

　そこで今回の学習指導要領では、特別活動の目標の整理や各内容及び学校行事を通して育てる資質・能力の明確化、合意形成して実践することや役割分担して協力し合うことの重要性の明確化、小・中・高等学校のつながりの明確化等が基本的な改訂の方向性として示された。その際、資質・能力の育成に関して、指導する上で重要な視点として「人間関係形成」「社会参画」「自己実現」の３つが示された。これらについては、それぞれ次のように述べられている[1]。

「人間関係形成」

　集団の中で，人間関係を自主的，実践的によりよいものへと形成するという視点である。人間関係形成に必要な資質・能力は，集団の中において，課題の発見から実践，振り返りなど特別活動の学習過程全体を通して，個人と個人あるいは個人と集団という関係性の中で育まれると考えられる。

　我々は他者との共存を前提とする社会生活を営んでいるが、子供たちは学校において学級集団をはじめとする様々な集団の中で互いのよさや可能性を認め合い、協働していく過程で、よりよい人間関係の築き方を具体的に体得していく。「人間関係形成」は、こうした集団の中で人間関係をよりよいものに形成していこうとする視点である。

「社会参画」

　よりよい学級・学校生活づくりなど，集団や社会に参画し様々な問題を主体的に解決しようとするという視点である。社会参画のために必要な資質・能力は，集団の中において，自発的，自治的な活動を通して，個人が集団へ関与する中で育まれるものと考えられる。

　人間関係を築いていく中で、子供たちは自ら進んで様々な集団の活動に関わることによってその意義を理解し、集団をよりよいものにしたいと思うようになる。こうして所属する集団への関心を高め、持続可能な社会の担い手としての意識を醸成していく。なお、「参加」ではなく「参画」であることから、すでにあるものに単に加わるということではなく、計画の段階から関わるといった主体的な態度を指している。

「自己実現」

　一般的には様々な意味で用いられるが，特別活動においては，集団の中で，現在及び将来の自己の生活の課題を発見しよりよく改善しようとする視点である。自己実現のために必要な資質・能力は，自己の理解を深め，自己のよさや可能性を生かす力，自己の在り方や生き方を考え設計する力など，集団の中において，個々人が共通して当面する現在及び将来に関わる課題を考察する中で育まれるものと考えられる。

　人間関係が形成され、社会への思いが高まったとしても、それが他律的、受

動的であっては自己の成長につながらない。あくまでも自分の意思でねばり強く活動に取り組むことによって、自尊感情や自己有用感は高まるものだからである。また、それは志を同じくする仲間に対する理解にもつながり、所属感、連帯感も一層育まれていく。

　これら3つの視点の関連については、国立教育政策研究所の事例集『みんなで、よりよい学級・学校生活をつくる特別活動（小学校編）』に次のように図示されている（資料1）[2]

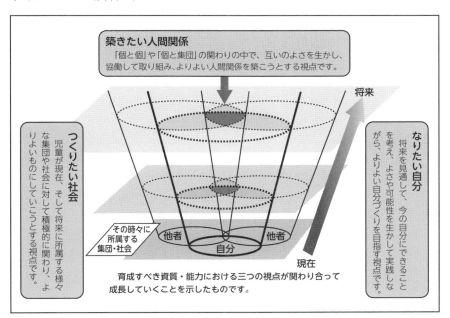

資料1

　自分が所属する集団の仲間に進んで声をかけ、協働してその集団をよりよいものにしようとする活動に取り組みながら集団への参画意識を高めていく。その積み重ねを通して自分のよさや可能性を伸ばし、なりたい自分になっていく──現在から将来に向けた、そうした展望がある。
　もっともこれら3つの視点は相互に関わり合っており、明確に区別されるものではない。

（2）特別活動の目標

　今回示された特別活動の目標は次のようである[3]。

> 　集団や社会の形成者としての見方・考え方を働かせ，様々な集団活動に自主的，実践的に取り組み，互いのよさや可能性を発揮しながら集団や自己の生活上の課題を解決することを通して，次のとおり資質・能力を育成することを目指す。
>
> （1）多様な他者と協働する様々な集団活動の意義や活動を行う上で必要となることについて理解し，行動の仕方を身に付けるようにする。
>
> （2）集団や自己の生活，人間関係の課題を見いだし，解決するために話し合い，合意形成を図ったり，意思決定したりすることができるようにする。
>
> （3）自主的，実践的な集団活動を通して身に付けたことを生かして，集団や社会における【主体的に集団や社会に参画し，】生活及び人間関係をよりよく形成するとともに，自己の（人間としての）生き方についての考え【人間としての在り方生き方についての自覚】を深め，自己実現を図ろうとする態度を養う。
>
> 　　　　　　　　　　　　　　　【　　】は高等学校、（　　）は中学校

　今回の改訂では、育成を目指す資質・能力を育む際に子供たちが特別活動における物の見方・考え方を働かせ、どのような学びの過程を経験すればよいかが示されている（目標についても、138ページでふれた「人間関係形成」「社会参画」「自己実現」の３つの視点をもとに整理された）。

　周知のように、今回の改訂では各教科等の目標のそれぞれに各教科等の特質を踏まえた「物を見る視点や考え方」が示されたが、特別活動についてはそれを「集団や社会の形成者としての見方・考え方」とした。具体的には、特別活動の特質が課題を見いだし、解決に向けて取り組む実践的な学習であることや、各教科等で学んだことを活用して実践する場であることから、各教科等の見方・考え方を働かせながら自己及び集団や社会の問題を捉え、よりよい人間関係の形成、よりよい集団生活の構築や社会への参画、及び自己の実現に向けた実践に結び付けるということである。各教科等で学んだことを特別活動の場で具体的に実践することが大切である。

　ここまで今回の改訂の内容について、資質・能力を育成する上で重要な３つの視点と特別活動の目標から見てきた。以下に小・中学校における学級活動「（1）学級や学校における生活づくりへの参画」（高校では、ホームルーム活

動「（1）ホームルームや学校における生活づくりへの参画」）をとり上げ、これまで実践されてきた話し合い活動の課題に触れながら、今回の改訂の趣旨を踏まえた授業改善を提案する。

2　活動づくりの大切なポイント

（1）活動の全体を通して学ぶようにする

　各内容や学校行事の内容において、これまでは項目名だけが示されていたが、今回の改訂では育成すべき資質・能力の明確化を踏まえ、それぞれの項目においてどのような過程を通して子供たちが学ぶのかが端的に示されている。学級活動（1）においては次のように例示されている（資料2)[4]。

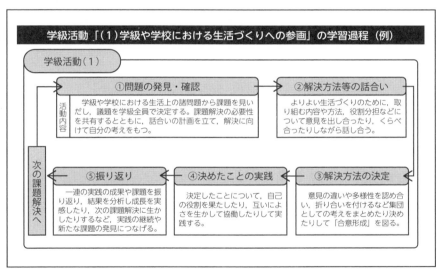

資料2

　学級・学校生活をよりよくするために子供たちが協働して取り組む課題を自ら見いだし、教師の適切な指導の下に提案された内容について、一人一人の思いや願いを大切にしながら話し合い、合意形成を図る。そして自分たちで決めたことに全員で協働して取り組むとともに活動を振り返り、次の課題発見、課題解決につないでいく――このような一連の活動の全体を通して、資質・能力

の育成を図ることが大切である。

（2）合意形成を図る

　「解決方法等の話し合い」や「解決方法の決定」がいわゆる学級会と呼ばれている話し合い活動の部分であり、子供たちは合意形成を図ることを学ぶ。合意形成という用語は今回の改訂で出てきたものだが（例えば小・中・高等学校の各学習指導要領の目標の（2）には「合意形成を図ったり」とある）、前回の学習指導要領（2008年）では「話し合い活動」が「集団討議による集団目標の集団決定」と表されていた[5]。

　単純には言えないが、「集団決定」と「合意形成」の2つを比較すると、「集団決定」とは文字どおり集団による行為としての（とりわけ最終的な）決定を指すのに対し、「合意形成」は集団内における意見の相違を納得がいくように一致させ、その上で行動に移すというニュアンスが含まれていると考えられる。「合意形成」は、その意味で決定に至るまでのプロセスを指していると言えるだろう。

　特別活動を通して育てる資質・能力があいまいであるとの指摘については冒頭で述べたとおりだが、それはこの1単位時間における話し合い活動についても同じことが言える。これまでの学級会ではとかく話し合いの進め方の習得が指導の中心となり、司会の仕方や決めるための手順やスキル（賛成・反対を述べ合い、それぞれの「いいところ」を採り入れてまとめるなどといった方法）に関心が行きがちであった（多数決が是か否かといった議論などもこうした背景があったと考えられる）。そうした決定そのものにではなく、そこに至る合意形成のプロセス——互いの意見を比較して共通点を見いだそうとしたり、理由をよく聞いて友達の思いや願いを理解しようとしたりする過程——にこそ豊かな学びがあり、特別活動が育てたい資質・能力に結び付くと考えられる。

　ところで学級会は次のように進めることが多い。

---

①はじめのことば　→　②計画委員の紹介　→　③議題の確認　→　④提案理由やめあての確認　→　⑤決まっていることの確認　→　⑥話し合い　→　⑦決まったことの発表　→　⑧振り返り　→　⑨先生の話　→　⑩おわりのことば

　そこで次にこの中の③⑥⑨に触れ、1単位時間の話し合い活動の質を高めるための指導のポイントを考えていく。

なお、小・中学校における国語科の学力においても、「話し合うこと」の中で、合意形成に至るプロセスについて系統的に学ぶ場面があるため、連携を図ることが重要である。

（3）学級会における話し合い活動の質を高める

1）話し合い活動の位置付け（「③議題の確認」に関連して）

　先に触れたように活動には一連の学習過程があり、その過程でみんなで話し合う場面がある（「141ページの資料2の中の②解決方法等の話合い」及び「③解決方法の決定」）。それは、例えばみんなで共通理解を図る必要が生じたり、活動の途中で問題が発生し、それを解決する必要が生まれたりしたときである。つまり、困ったから話し合って解決しようとするのであり、逆に言えば困っていなければ話し合う必要はないということである。

　学級会では話し合う必然性や切実感が大切だとよく言われるが、活動の目的を全員で共通理解した上でなぜこの時間にその議題をとり上げるのか、自分たちは何に困っているのか、その問題を解決した後の活動はどのようになるのかなど、話し合い終了時の具体的なゴールを一人一人がきちんと思い描いていることが大切である。

2）発言の理由や意図を丁寧に聞く（「⑥話し合い」に関連して）

　実態や発達の段階を踏まえた上でではあるが、子供たちが賛成意見や反対意見を言うときはその理由を述べるようにという指導がこれまでもなされてきた。しかしその実際は、「A案に賛成です。なぜかというとその方が学級の絆が深まるからです」といった表面的なものになりがちで、その理由をさらに吟味することはあまりなされてこなかった。

　様々な子供たちが所属する学級では意見の相違や価値観の違いがあって当然である。そう考えるに至った個々の過去の経験が違うからであり、また、そのことに対して自分の得手・不得手ということもあるだろう。さらには、立場が違うことで意見が分かれることも考えられる（あることを推進しようとしている提案者とそうでない者とでは、その活動に対する意欲や熱意に差があるだろう）。しかし、その違いがあるからこそ、互いのことを分かり合おうとすること——賛同できなくてもそう思う仲間がいること、そしてその存在そのものを受け容れること——に意味があるのであり、それが人間理解形成、信頼関係の

構築に結び付くのである（高等学校の学習指導要領解説には、以下のように書かれている[6)]）。

> なお，合意形成とは，全員の意思の統一という意味ではなく，実践内容についての合意であることに留意し，個々の考え方や意思，価値観等を相互に認め，尊重し合えるように指導することも大切である。

あの友達はなぜA案をいいと思っているのか。なるほど、過去にあんな経験があったからなのか。そのことは理解できる……こうした互いの内面的な部分、考え方や価値観を知り、それを認め合うことが話し合い活動では大切である。

もっとも主に小学生の実態として、自分の意見に固執して相手の意見が変わるまで納得しないといった傾向や、主に中学生や高校生の実態として自分の意見を主張して周囲から孤立するよりも当たり障りのない発言をして人間関係を優先させるといった傾向も見られる。学級会ではこうした非寛容さや同調圧力に流されず、他者の意見も受け容れながら自分の考えも主張できるようにしていくことが大切であり、それが共生社会で生きていく力の育成に結び付くのである。

3）発言等の価値付けをする（「⑨先生の話」に関連して）

教師の適切な指導の下で進められた学級会の終盤に教師がコメントする場面がある。多くは司会グループなどに対してねぎらいの言葉をかけたり、活動に対する期待を述べたりしている。

そこでねぎらいや期待だけでなく、この話し合いを通して何をみんなに分かってほしかったのか、どんなことを考えてほしかったのかなどに触れ、学びのまとめをするとよい。具体的には「活動のねらい」や「話し合いのめあて」を確かめた上でそれにふさわしかった発言をとり上げるようにする。すると子供たちも実感的に理解しやすくなる。

こうした教師の話をくり返し聞くうちに「よい話し合い」に対する理解が深まり、やがては自分たちで指摘し合えるようになっていく。

さらに、ここで話し合いのスキル的なことも付け足すとよい。例えば「不安に思っている人を安心させよう」「迷ったらねらいに戻ろう」「前もってみんなに聞いておこう」などである。教師によるこうした指摘を子供たちは"教え"として受け止め、次の学級会に生かすようになる。そこでこれらを短冊等に書い

て教室内に掲示し、視覚化しておく。

　なお、こうした掲示物は指導にも役に立つ。それは教師が互いにそれらを見合うことによって互いの学級の話し合いの様子や助言内容を知るようになるからである。そしてこれらを学年で整理すれば、まさに"生きたカリキュラム"となる。それらはその学級や学年にふさわしい、必要で具体的な助言だったからである。教科書や指導書がない特別活動にあって、新しくその学校に赴任してきた教師などにとってはありがたい資料にもなるだろう。

4）合意形成したことを確実に実行に移す

　特別活動において、話し合いを通して合意形成されたことは確実に行動に移すことが求められる。

　先に触れたように、話し合いの進め方の習得に指導の重点をおきがちだった従来の学級会では、活発な議論のやりとりといった表面的なことに目がいきがちで、子供たちも話し合うこと自体がゴールであるかのように思ってしまうことがあった。「話し合い」は困ったから行ったのであり、問題解決のための仮説を立てる時間である。よって、考えて決めた仮説が有効かどうかは実際にやってみないと分からない（141ページにある学級活動（1）の学習過程を参照されたい）。それが有効でなければまた話し合う——こうした不断のくり返しが大切である。

　ところで、話し合い活動では「折り合い」という言葉をよく用いる。これはとかく複数意見の調整——いいところを混ぜて新しい案を作ったり、全てを少しずつ行ったりするといった折衷案——を思い浮かべがちだが、それに加えて一人一人の内面で起きていること（例えば、ある提案に対して建て前としては賛成だが本音はやりたくないなどといった心の葛藤）に着目することも大切である。特別活動における合意形成とはこうした心の揺れを子供たちが自覚し、その上で「つくりたい社会」や「なりたい自分」を見据えて意思決定する貴重な経験の場である。みんなで決めた以上、自分には何ができるか、何をすべきかを考えて実行に移すこと。そうした"有言実行"の態度の育成が、特別活動の目標にある「ものの見方・考え方」で触れた実践の場としての特別活動の特質を生かすことにつながるのである。

　ここまで、学級会における話し合い活動の質を高めるための指導のポイントを述べてきた。まとめると次のようになる。

（1）話し合い活動の位置付ける（「③議題の確認」に関連して）
（2）発言の理由や意図を丁寧に聞く（「⑥話し合い」に関連して）
（3）発言等の価値付けをする（「⑨先生の話」に関連して）
（4）合意形成したことを確実に実行に移す

3　変わらないもの「なすことによって学ぶ」

　今回の改訂の内容を踏まえた活動づくりのポイントについて、学級活動（1）の話し合い場面をとり上げ、具体的に考えてきた。

　新学習指導要領が告示された2017年から今日までを振り返ると、そこにはコロナ禍という未曾有の出来事があり、「学校」は様々な制約を受けつつ、その存在意義を問われることになった。しかし、そんな中で明らかになったことの一つは、「学校」が協働的な学びに大きく寄与していたということである。志を同じくする者が"その場"に共におり、様々な関わりを通して学び合い励まし合うことの意義は計り知れない。

　そう考えたとき、「集団活動」と「実践的な活動」を特質とする特別活動が学校生活の基盤として機能することの重要性も明らかであろう。そしてそれを実現させるのが、方法原理である「なすことによって学ぶ」である。

　「なすことによって学ぶ」――なすこと、すなわち活動がまずあり、その活動を通して大切なことを学ぶ。大切なこと、例えば「協力」や「思いやり」がはじめからあるのではない。子供たちが活動に一生懸命取り組んだその結果として、「協力」や「思いやり」が身をもって理解されるということ。教師はそれを温かく見守り、時に励まし、時に称賛する――特別活動でよく言われる「教師の適切な指導の下に」ということも、そうした受容的・共感的な態度を前提としているのである。

引用文献
1）文部科学省2017「小学校学習指導要領（平成29年告示）解説　特別活動編」pp.12-13　一部を抜粋
2）国立教育政策研究所2018「みんなで、よりよい学級・学校生活をつくる特別活動（小学校編）」（教師向けパンフレット）p.3

3）文部科学省2017「小学校学習指導要領（平成29年告示）」p.183
　　文部科学省2017「中学校学習指導要領（平成29年告示）」p.162
　　文部科学省2018「高等学校学習指導要領（平成30年告示）」p.478
4）文部科学省2017「小学校学習指導要領（平成29年告示）解説 特別活動編」p.45
5）文部科学省2008「小学校学習指導要領解説 特別活動編（平成21年告示）」p.47
6）文部科学省2018「高等学校学習指導要領（平成30年告示）」p.38

 毎日がドラマ！

　　教員志望の大学生に接する機会が多いので、しばしば聞くことがある。「教師にどうしてなりたいと思ったのですか？」その返事の多くは「子供のころ、親身になって寄り添ってくれた先生に出会ったから」。思い出深い、自分の生き方にまで影響を与えた恩師の存在がそこにはある。このように、仕事内容よりも仕事をしていた人の生きざまが志望動機になっているということ——これは他の職業ではあまりないことではないだろうか。

　　その教員志望者が年々減ってきている。仕事が大変そうだからという。教職は業務内容がはば広くあいまいで、個人に任されている部分も少なくない。責任も重い。もっとも"営業成績"は数値で測れない。そもそもそうした言い方がなじまない。そしてここに来て「働き方改革」である。

　　確かに教師の仕事はいい加減にはできない。負担に思うときもある。しかし、多くの教師は負担と負担感はちがうことを理解している。例えば、やっていることの意義が分からない、いつまでやるのか見通しがもてない、自分で決められる部分がほとんどない——こうした状況では、業種いかんにかかわらず誰もが負担「感」を覚えるだろう。そうした「ない」は払拭しなくてはならない。教師の仕事に負担はある。しかしそれ以上にやりがいがある。いや、負担（障壁）があるからこそ、やりがいや達成感を味わえるのだともいえる。しかもそのチャンスは、子供とのかかわりの中で常に生まれている。

　　自分の拙い指導をけなげに受け止め、一所懸命に努力した末に「分かった！」「できた！」と目を輝かせる子供たち。それを見て自己有用感や自尊感情を高めているのはむしろ教師の方ではないかと思う。瞬間（いま）を生きる子供たちの息吹や体温を傍らで感じつつ自分の中にある様々な感情に気付き、喜んだりガッカリしたりしながら自分こそ学び続けていると実感できるということ——教職の魅力、可能性はこんなところにもある。

　　卑近な表現だが「毎日がドラマ！」さあ、一緒に歩んでいきませんか！

嶋田克彦

第Ⅳ章

今日的課題と教育課程

1 情報メディアを生かした令和の「ICT活用授業改革」

1 令和の日本型教育が目指す次世代の学校と「ICT[1] 活用授業改革」

　令和X年、どのような教室風景が見られるのだろうか。生成AI[2] が「教育データの利活用」を進め、個と集団の関わり方が情報機器を介して行われ、それも数年で違った風景になっているかもしれない。「令和の日本型学校教育」は、子供の資質・能力を育成することが目標である。子供が自己調整しながら、安心・安全に学ぶ姿を目指している。これまでの授業者は、自分が受けてきた義務教育9年間の教育が、少なからずモデルになっていた。しかし、「令和の日本型学校教育」者（以下、令和の教師）は、これまでのモデルがそのまま役立つわけではなく、授業を改革するぐらいの変化の変わり目に直面している。つまり、これまでの経験知が役に立つとは限らない「今」を、令和の子供も教師も生きている。プロンプト[3] に入力するだけで、ChatGPT[4] などのAIが、これまで積み上げられた知見から答えを出してくれる。その内容も短く要約され、もっと知りたければ、さらに質問を繰り返す。多様な調べる活動の中で答えを見つけるのではなく、「調べる＝答え」の日常を送る子供たちに、教師は日々授業を行っていく。タイパ・コスパ[5] で表されるように、「秒で分かる」ことに関心が高い子供の好奇心が満たされる授業を行おうと、これまで同様、令和の教師は日々研鑽に努めることになる。

　大学や専門学校などの教員養成の場、その後の教師として子供たちと接する学校現場でも、授業改革を目指し、実践的な取り組みが行われている。主体的・対話的で深い学びの視点からの授業改善の視点が次のように4つ示されている。

> ・見通しをもって、粘り強く取り組む力が身に付く授業
> ・自分の学びを振り返り、次の学びや生活に生かす力を育む授業
> ・周りの人たちと共に考え、学び、新しい発見や豊かな発想が生まれる授業
> ・一つ一つの知識がつながり、「わかった！」「おもしろい！」と思える授業
> 　　　　授業改善のための参考資料「改訂に込められた思い」より（文科省HP）

　これらの授業を具現化するために、教師は情報機器を活用した授業実践を進めてきた。これまでも、1990年初頭より情報機器は数多く授業に取り入れられてきた。さらに、GIGAスクール構想で、一人１台の情報端末が配られたことは、令和の教師に「授業改革」を迫るほどの大きなうねりを生んでいる。これまでの鉛筆・消しゴム・ノートなど机上に置かれていた文具が、タブレットに置き換わりつつある。デジタル教科書になれば、机にはタブレットとデジタルペン⁶⁾だけが置かれているという日もそう遠くない。一人１台の情報端末を活用する令和の教師は、自分が受けてきた教育や昭和・平成の多くの実践をモデルにしながらも、様々な情報をその場で取り入れながら授業を行うという授業スタイルの変化への対応が求められている。

　2016年６月16日に出された「小学校段階における論理的思考力や創造性、問題解決能力等の育成とプログラミング教育に関する有識者会議」において「次世代の学校の在り方」がまとめられた。そこにはICTが持つ特性や強みを生かすことで、これからの時代に求められる教育の実現を大きく後押しすることができるとされ、ICTがもつ強みや特性が３点示された。

（１）多様で大量の情報を収集、整理・分析、まとめ表現することなどができ、カスタマイズが容易であること
　　（観察・実験したデータなどを入力し、図やグラフ等を作成することを試行錯誤しながら繰り返し行ったり、発表内容を効果的にまとめて共有したり、個々の子供の学習ニーズに応じた学習内容を組み立てたりできること）
（２）時間や空間を問わずに、音声・画像・データ等を蓄積・送受信できるという時間的・空間的制約を超えること
　　（距離や時間を問わずに児童・生徒の思考の過程や結果を可視化したり、学習過程を記録したりできること）
（３）距離に関わりなく相互に情報の発信・受信のやりとりができるという、双方向性を有すること
　　（教室やグループでの大勢の考えを、距離を問わずに瞬時に共有したり交流したりできること）

（下線は筆者）

　ICTを活用することで、個々の子供の学習ニーズに応じた内容を組み立てやすくなったり、思考の過程や結果を可視化したり、考えを共有したりすること

がこれまで以上に可能になるとしている。2020年度にGIGAスクール構想で導入された一人1台の情報端末が、「次世代の学校の在り方[7]」の一端を見せてくれている。情報機器だけでなく、Google for Education[8] やロイロノート・スクール[9] などの学習支援ソフトウェアが、上記下線の内容を実現可能にしている。

平成は「黒板とスクリーン、コンピュータ」が活躍する「アナログとデジタルの融合世代の学校」と言え、令和は「インタラクティブホワイトボードとタブレット端末」が活躍する真の「デジタル世代の学校」となっていく。

感染症の世界的な流行、突発的な水害や地震といった自然災害、IT技術の進化による産業構造など、世界の構造はドラスティックな変化を起こしている。このような「先行きが不透明で、将来の予測が困難な状態（VUCAヴューカ[10]）」が続いているからこそ、教師が直面する課題はより複雑で、容易には解決できないものが増えてくることに疑いはない。どこに進めばよいのか、これまでの知識はこれからも活用できるのか、デジタル化することで多くの課題が解決できるのか、そんな時代を生き抜いていく教師も子供も身に付けるべきスキルは増えるばかりである。情報機器を活用し、多様で大量の情報を収集し、整理・分析し、まとめ・表現することができれば、解決できるのだろうか。

「次世代の学校の在り方」に、生成AIが加えられ、「初等中等教育段階における生成AIの利用に関する暫定的なガイドライン[11]（文部科学省 初等中等教育局 2023年7月4日）」が示され、あくまでも現時点で想定されるもので、状況の変化や生成AIの進化、活用する側のリテラシー向上によって、見直され改訂されるものであると、わざわざ「暫定的なガイドライン」と表記されている。生成AIもまだまだ回答には誤りがあり、あくまで参考の一つであることを認識し、「最後は自分で判断する」ことが大切であるとされているのも頷ける。社会やテクノロジーの変化が大きく、正しいとされてきたことも見直されるなど、未来の学校の姿がますます見えなくなってきた。

そこで、平成のアナログやデジタルを含めた情報機器等を活用した学校現場でのICT活用への取り組みを概観し、教師は子供たちにどのような力を育もうと奮闘してきたのかをまずは考えていく。今では当たり前となったICT活用がどのようにして教育現場に広がっていったのか、平成の情報教育の基礎となったものを紹介しつつ、これからの「令和の日本型学校教育」における「ICT活

用授業改革」の視点から、教師や子供たちが「共有する学校の未来」とは何か
を考えてみたい。

（1） 情報メディア「写真（静止画）」で授業が変わった
1） 写真が教育を変えた 〜絵から写真へ レンズ付きフィルムが事実を切り取る〜

　写真がまだなかった頃は、記録のために記憶に頼るしかなかった。画家がどんなに細密に現実を写し取ろうとも、人間の手による絵画には限界がある。見ようとしていても見えなかった事物もあれば、たとえ見えていたとしても、それを主観が取り除いてしまったものもある。

　この状況を一変させ、現実をそのまま記録として残すことができるようになった「写真」というメディアが、時を経て学校現場に取り入れられ、子供にとって分かりやすい授業教材の資料として使われるようになった。教師が撮影して現像し、大判にプリントしたり、カラーコピーをして拡大したりした写真は、1986年登場のレンズ付きフィルムによって、その利用場面が大きく増えていく。班活動では、班ごとにレンズ付きフィルムが1台ずつ配られ、個々の「気付き」を撮影し、発表することが可能となった。「写真の撮影者は子供」になり、従来の教師主導から、子供が主体的に学習に取り組むことができるようになるきっかけの一つとなった。

（2） 情報メディア「ビデオ」で授業が変わった
1） ビデオ（動画）が教育を変えた 〜子供も撮影しやすいビデオカメラ〜

　VHS-Cカセットの登場でビデオカメラが小型化され、学校でも利用されるようになった。社会科や理科など、子供たちに見せたい生産者へのインタビュー映像や理科の実験映像を教師が撮影できるようになった。編集は2台のビデオデッキをつなぎ、1台で再生、もう1台で録画を繰り返すため、時間と手間がかかる作業だったが、動く映像や音は、子供たちの「気付き」をさらに広げていった。

（3）情報メディア「デジタルカメラ」で授業が変わった
1）デジタルカメラが教育を変えた　〜撮った写真をすぐ確認、コンピュータに転送して加工〜

　デジタルカメラ本体と大型テレビをケーブルでつなぐことで、撮影した写真がすぐに表示され、「気付き」を促すための写真を瞬時に子供たちに見せることができるようになった。その写真をコンピュータの中にデジタルデータとして取り込むこともできた。Windows95も発売され、インターネットにつながる環境が構築されはじめると、さらにデジタルカメラが学習に欠かせないものになってきた。横浜の小学校において、屋上でバケツを使って育てていたイネの様子を、学校ホームページで紹介したところ、和歌山県の学校から「なぜ、たんぼではなくバケツなんかでイネを育てているのか」と電子メールが届き、交流がはじまった。しかし、まだデジタル写真の授業活用には教師の力が必要で、子供たちが自分たちだけでその写真を活用できるものにはなっていなかった。

2）フロッピーディスクカメラ[12]が教育を変えた　〜自分のポートフォリオがフロッピーディスクの中に〜

　デジタルカメラが普及してくると、生活科の授業など、活動を振り返り、その「気付き」をきっかけとして学習を進めていくために、使用する機会も増えていった。フロッピーディスクカメラは、自分が撮影した写真データが、自分のフロッピーディスクの中に記録されていく。またフロッピーディスクカメラは、両手でしっかりもって大きな液晶を見ながら撮影できるため、デジタルカメラを教師の手からやっと子供の手に渡すことができた。フロッピーディスクに収められたデータが簡易的な学習ポートフォリオとなり、活動の振り返りに大いに役立った。

（4）情報メディア「デジタルビデオ」で授業が変わった
1）デジタルビデオが教育を変えた　〜コンピュータでビデオ編集、テレビ番組をDVDで保存〜

　デジタルビデオカメラの登場で、テレビ局のように個人でビデオ編集ができるようになった。特別支援教育でビデオ映像が、特性をもった子供たちの活動に役立つと分かっている教員にとって、コンピュータでのビデオ編集は大変魅

力的だった。最初は必要がないところをカットするだけで満足していたが、画面上に文字を入れたり、画面が切り替わるところに効果的な動き（トランジション）を入れたりした。コンピュータの性能も上がり、子供たち自身でビデオ映像を編集できるようになると、特別活動の中で、校内美化啓発CMを作成したり、学習発表会のための紹介ビデオや卒業を祝う会のスライドショービデオを作成したりした。そのような活動をDVDビデオとして残しておき、次学年が観ることで活動の参考となり、学校文化の継承にもなった。

　ここで紹介した平成の教育現場にじわじわと浸透してきたデジタルカメラやデジタルビデオなどの情報機器は、GIGAスクール構想で児童・生徒一人一人に配られたタブレット端末1台で全て可能になった。小学校1年生も中学校3年生も「リープ・フロッグ現象[13]」のように一気に静止画や動画を扱えるようになり、自分の考えを相手に伝える場面で日々活用されている。「総合的な学習の時間」の、探究課題の解決を通して育成する資質・能力の中で、「課題の設定」「情報収集」「整理・分析」「まとめ・表現」でも、思考ツールを生かしながら、大いに活用されている。

2　情報と情報のつながりが育んできた「ICT活用授業改革」

（1）校外ネットワーク「インターネットへの接続」で授業が変わった

　様々なテクノロジーの発達、特にインターネットによって社会生活が大きく変わった。1990年代初頭、公的機関が博物館や美術館に所蔵されている作品等をインターネットに公開しはじめた。地球上の「知」がその場所に行かなくても見られるようになった。そして1998年にGoogleが創業し、情報への向き合い方が一変した。Google Earthでフランスのルーブル美術館に飛び、次はエジプトのピラミッドへと疑似世界旅行ができるようになった。情報は調べれば何でもすぐ手に入るため、デジタル化されていない、つまりはGoogleの検索に出てこないものは「情報」としてこの世に存在しないものになってしまった。インターネット「検索」で呼び出せる様々な魅惑の情報は、その事象にかけられているバイアスごと、自分に都合のよい情報として取り入れている。そのようなインターネットへの接続で、学校の授業改善はよくも悪くも大きく進んだと考えている。多様な価値観をもった人々との出会いが、教室で学ぶ子供たちの思

考に少なからず影響を与えてきた。

　例えば、電子メールを通して、普段出会えない方々の意見を聞き、それをもとに自分たちはどう考えるのかを話し合ったり、困ったときは専門の方からアドバイスをいただいたりした。教師の想定を超え、子供たちの思考は池に落とした小石の波紋のように広がっていった。しかし、校外とつながることは社会とつながることを意味する。子供が安心・安全に様々な経験ができる学校にとって、よいことばかりではない。「自分たちで調べもしないで、簡単に答えを得ようと聞くのではない」とお叱りの意見もあった。この経験から、子供たちは学校外の方へ質問するときは、しっかり自分の仮説をもち、友達とも相談した上で聞くという学びのルールや、求められているのは「コミュニケーション能力」の育成なのだと教師が改めて気付かされることもあった。

（2）校内ネットワーク「データサーバー」で授業が変わった

　インターネット情報を授業に取り入れられるよう、校内をネットワークでつなごうと「ネットデイ[14]」が、2005年頃から、各自治体で実施されていった。ネットデイ後、各教室にある大型テレビにSTB[15]を設置し、様々な静止画や動画などを校内にあるデータサーバー（NAS[16]）から各教室や特別教室から取り出せるようになった。体育館にこのSTBとプロジェクターを持ち込み、情報機器の操作に不安な教師も、テレビのようなリモコン操作で、安心してビデオ視聴が可能となった。操作ミス等で大切なデータが消えることもなく、低学年児童も安心して授業に活用することができた。

　その後、無線LANも普及し、ネットワークケーブルなしでコンピュータがネットワークにつながるようになり、データの受け渡しもスムーズにできるようになった。

（3）学校図書館がメディアセンターになり、授業が変わった

　2010年頃から、学校図書館にコンピュータとプリンターが設置されるようになってきた。図鑑などで調べはじめるともっと知りたいことが出てくる。さらに調べようとすると、インターネットへ接続できるコンピュータが必要になってきた。調べた内容をプリンターで印刷し、自分のノートや学習カードに貼り付け、学習に生かそうとする子供たちも出てきた。

　バーコードで蔵書管理をするソフトも少しずつ学校に導入されはじめ、学校

内にある本を検索できるようになった。教科書で紹介されていた書籍、理科実験で疑問となったことを解決してくれるさらに詳しい図鑑資料、さらに最新の統計資料などをインターネットから調べ、子供たちが扱う情報量は増え続けていった。子供たちは「情報」が散逸しないようにファイリングしたり、本に付箋を貼り付けその情報に早くたどり着ける目印にしたり、文書にアンダーラインを引いたりした。「情報」を整理するスキルも必要になってきた。横浜市立A小学校では、そのような取り組みを教職員で話し合い、6年間でどのような情報活用能力を身に付ければよいのかを「情報Ⅰ（アイ）テム2（資料1）」として取りまとめた。市内の学校をはじめ、神奈川県の学校へと発信し、さらに得られた「身に付けておきたい情報スキル」を組み込みながら、何度も加筆・修正され、70のアイテムとしてまとめられた。

（4）NHK教育番組で授業が変わった

　NHKの教育番組にも、メディア・リテラシーを育む「しらべて まとめて 伝えよう（通称：しらまと）[17]」が2000年に制作され、20004年度まで放送された。令和の現在も情報メディア教育を推進している堀田達也[18] 氏や中川一史[19] 氏らが解説を加え、メディアを活用するためにどのような力をどのような活動の中で育むことができるのかが示された（資料2）。各回の番組名には、「デジタルカメラをつかいこなそう」など、具体的な情報機器活用が示され、子供たちが身に付ける情報活用スキルを実際の授業場面の中で取り上げ、ここを工夫するとさらに子供たちの「思考力・判断力・表現力」が磨かれるという構成になっていた。インプットしたものをどう「アウトプット」するとよいのかが様々な視点からまとめられ、情報機器を取り入れた活動を作る上で、大変参考になる教材となった。

3　GIGAスクール構想が育む「ICT活用授業改革」

　1990年代より文部科学省における情報教育関連の多くの協力者会議委員を歴任された永野和男[20] 氏は情報教育の目標について、「人間の扱っているあらゆる情報がコンピュータを介して、蓄積・保存でき、通信手段を介して遠隔地からでも自由に授受できるような時代が来た時、人間として情報を適切に取り扱いうる能力を養うこと」（永野和男，1987，電子通信学会技術研究報告）と

規定した。まさに一人1台に端末が配付され、無線LANでインターネットとつながる「今」が、情報を適切に取り扱う能力を養う好機である。1987年頃は「情報を見抜く目」と「情報を処理する知恵」を統合した「情報理解能力」という言葉が用いられていた。現在は、「情報活用能力」という言葉になり、「言語能力」「問題発見・解決能力」とともに、学習指導要領（総則）の中で、学習の基盤となる資質・能力とされている。

　その「情報活用能力」は、コンピュータ等の情報機器を導入すれば解決され、伸びていくような感覚が教師にも子供にも、そして保護者にも少なからずある。平成の多くの授業場面で散見された「ICT機器を使うことそのものが目的」になり、何かしら導入すれば分かりやすくなったと錯覚し、子供も教師もその授業内容を分かった気になっていないだろうか。静止画や動画を使い、視覚的に分かりやすくなったことも多いが、分かりやすくしようとして教師がそぎ落とした事実のなかに、子供たちにとって大切なことが含まれていることもあるのではないだろうか。ここでは、「ICT活用授業改革」につながるキーワードの中から、「読解力」「アンコンシャス・バイアス」「デジタル教科書」「生成AI」に注視し、考えていきたい。

（1）「ハイコンテクスト」から「ローコンテクスト」に変わっていく【AI時代を生き抜く読解力】

　文部科学省（以下、文科省）は、「社会の変化に対応し、自ら課題を見つけ、学び、考え、判断して行動できるような力を身に付ける」という方針を掲げ、そのために「読解力」の育成が必要とし、これに合わせて、教育方法も、従来の詰め込み型の教育から、主体的かつ対話を通して学ぶ「アクティブ・ラーニング式」に、より重心が置かれるようになった。その現行の学習指導要領のキーワードの一つに「読解力」がある。文科省はその定義を、「自らの目標を達成し、自らの知識と可能性を発達させ、効果的に社会に参加するために、書かれたテキストを理解し、利用し、熟考する能力」とした。全国学力学習状況調査の結果分析からも、問題文をしっかり理解できていない児童・生徒が多くいることが問題視された。「読解力」を構成する「語彙力」と「要約力」の育成（資料3）は、人間の脳の神経回路が完成する12歳までが大切で、小学生のうちに、会話や本でたくさんの言葉に触れる、覚えた言葉をどんどん使う、話の内容を自分なりに考えるなど、たくさん脳を使うことで磨かれていく。令和

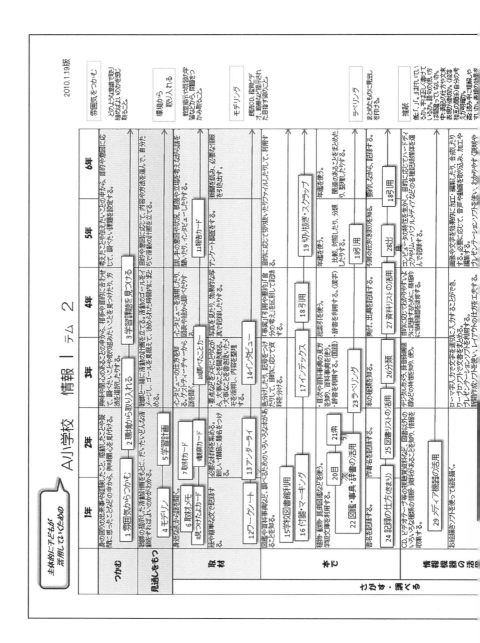

A小学校　情報　システム　2

2010.1.19版

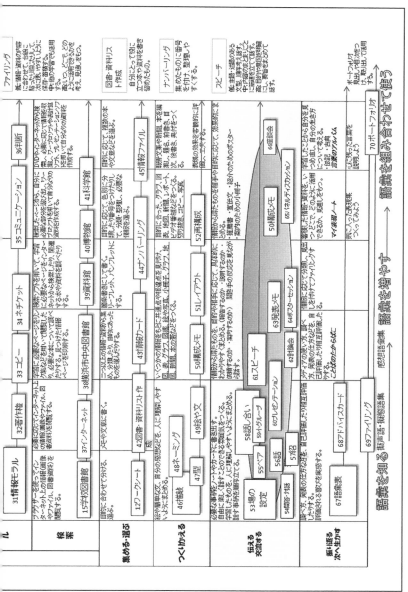

資料 1

161

NHK「しらべてまとめて伝えよう〜メディア入門〜」2002年度放送

■自分をしょうかいしよう
　　　１分間のスピーチで自分を紹介する。
■1年生をかんげいしよう
　　　１年生の歓迎会を開催する。
■デジタルカメラをつかいこなそう
　　　デジタルカメラで友だちの写真を撮影する。
■学校のじまんをみつけよう
　　　学校の中で他の学校に自慢できるものを探す。
■たのしくよめる新聞をつくろう
　　　学校の自慢をまとめて新聞を作る。
■かんさつしてスケッチしよう
　　　生物を観察しスケッチする
■ビデオカメラでさつえいしよう
　　　ビデオカメラを使って、動く被写体を撮影する。
■取材してじょうほうをあつめよう
　　　商店の仕事について店の人に取材する。
■おみせのガイドブックをつくろう
　　　地域の商店について取材を進め、結果をガイドブックの形にまとめる。
■発表の名人になろう
　　　写真や資料を見せながら店調べの結果を発表する。
■全国からのほうこく〜パート１〜
　　　全国の小学校からの報告を紹介する。
■インターネットでしらべよう
　　　調べたいことをインターネットのホームページやそのほかのメディアを使って調べる。

◆まちのじまんをせんでんしよう（安冨担当）
　　　自分たちの地域の自慢を学校のホームページで宣伝する。
●学習目標
　　　複数のメディアを組み合わせて情報を集め、パソコンでホームページを作る。
●活動の流れ
１　地域にどんな自慢があるか、インターネットや他のメディアで調べる。
２　宣伝する自慢をひとつ決め、さらに詳しく取材する。
３　集めた情報をもとに、地域の自慢を宣伝するホームページのプランを考える。
４　プランに基づいて分担を決め、パソコンでホームページを作成する。
■指導のポイント
・メディアの特性をよく考えて、複数のメディアを組み合わせて詳しく調べよう。
・どんなページをどのようにつなげればわかりやすいホームページになるか、よく考えよう。
・役割を決めて協力し合おう。
・書いた情報が正しいかどうかよく確かめよう。
●利用するツール
パソコン（ワープロ。ブラウザー）、デジタルカメラ

■自分のきろくをまとめよう
　　　家族などに取材して、自分の成長の記録をまとめる。
■１年間のニュースをあつめよう
　　　学校や地域の人に取材して、この１年間の10大ニュースを決定する。
■10大ニュースを発表しよう
　　　取材して決定した10大ニュースを学校のホームページで発信する。
■メディアのプロに学ぼう
　　　くわしく取材して番軽を作り上げていく放送局のディレクターの仕事を紹介する。

資料２

は、平成以上に情報収集や情報発信のためにSNSやニュースサイトなど、文字によるコミュニケーションが増えていく。そして、インターネットの世界では、日本人が美徳とする「ハイコンテクスト（文脈や相手の状況、声のトーンなど、言葉以外の情報を重視して行われるコミュニ

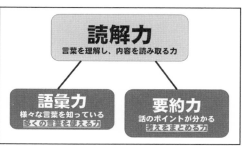

資料3

ケーション）」ではなく、英語圏で行われている「ローコンテクスト（文脈や背景ではなく、言葉そのものを重視して行われるコミュニケーション）」が重視される。グローバルな視点で的確な言葉を選び、「しっかりと自分の考えを伝えられる力の習得」がこれから求められていく。

（2）子供たちに求められる資質・能力が変わっていく【バイアス[21] がかかった情報処理】

　教員養成機関における「ICT活用の理論と実践」の中で、「情報は身の回りにあるもの全てであり、例えば子供同士の会話、おうちの人に子供が聞いたこと、教師の説明した言葉、板書や掲示物などが授業において大きな情報になる」ことを伝えると、学生は一様に驚きの表情を浮かべる。学校現場は多くの個人情報にあふれ、特に養護教諭は、心と体の健康も含めた「学校の情報処理センター長」であり、Aの情報とBの情報をどことどのようにつなぐのかが瞬時に求められると伝えると、納得の表情を浮かべる一方で、心配顔になる学生もいる。

　また、学生に「情報」のイメージをアンケートし、「テキストマイニング[22]」すると、新聞やテレビ・ラジオの既存のメディアではなく、SNSなどの個人が発信したスマートフォン等で得られる「デジタル化されたモノ」と返ってくる。改めてインターネットから得られるSNS等の影響が大きく、日々浴びている自分の興味関心が高くバイアスのある情報から、自分なりの思考や行動が形成され、それが醸成されていることに気付かされる。意図的なバイアスがかかっていることも承知の上で、さらに新しい刺激を求め、スマートフォンをはじめとした情報端末を操作し、処理しきれないほどの情報と学生は向き合っている。

　その処理しきれないほどの情報は、「アンコンシャス・バイアス（無意識の偏ったモノの見方）」も醸成させている。例えば「世界的名医の外科医＝男性」と無意識にとらえたため、文意がうまく読み取れないこともあった。特に仕事などで使用される言葉も変わってきているが、情報を発信する人間が意図せず使うことも多く、それを学習しているChatGPTなどの生成AIも、バイアスを学び続け、さらに生産し続けている。

　このバイアスには、「知覚と認知バイアス」「現状維持と記憶のバイアス」「判断と行動のバイアス」「人間関係のバイアス」「集団のバイアス」「数にまつわるバイアス」（バイアスの心理学 Newton別冊 2023）などがあり、何かを決めるときに教室でみられる「同調圧力」などは認知バイアスの一つである。令和の教師は、認知バイアスのとのつきあい方を子供と一緒に考え、それを意識した授業デザインを行っていきたい。インターネット等で情報を集め続けると、自分が知っていることは他の人も知っているという「知識の呪縛」に陥りやすい。そのことを知った上で、児童・生徒指導の場では、自分の判断が何らかの認知バイアスに影響されていないかどうかを疑いながら、子供同士の人間関係の構築や授業づくりを進めていくことが大切である。

（3）学校の教室風景が変わっていく【情報と情報がつながるデジタル教科書】

　タッチパネル上で、画面をつまむように指を近づけたり、広げるように動かしたりしながら、画面を縮小したり、拡大したりする操作は、「ピンチイン」「ピンチアウト」と呼ばれ、子供から大人まで直感的な操作が可能となった。コンピュータにおけるマウス操作、マウスの右ボタン操作以来の大発明とされている。この指で画面に触れ操作できるスマートフォンの普及に伴い、ヒトの外部脳としての役割を担うようになった。忘れていてもよく分からなくてもその場で調べればよいという生活になってしまった。また、文字を打って検索する時間も惜しいでしょうからと、街頭に張られたポスターには、QRコードが示され、詳しくはこちらを読み込んでくださいとなった。ポスターの前に行列ができ、その写真を撮っているのかと思えば、QRコードを読み取るために並んでいたという光景も珍しくなくなった。家電を購入しても紙に印刷された取扱説明書はなく、QRコードを読み込み、PDFファイルや動画を見ながら操作するとは想像すらしなかった。

　そして、2024年度にデジタル教科書が本格導入される。これは、ちょうど小

学校の教科書改訂と重なる。現行の紙の教科書にもQRコードが張り付けられていたが、今後は、QRコードを読み込む代わりに、画面にあるビデオマークや音声マーク、インターネットマークなど押し、情報にアクセスができるようになる。2024年度は、小学校5年〜中学校3年生の英語だけだが、順次紙と併用されながら、デジタル教科書が広がっていく。拡大して見せるための大型テレビから、タッチ操作で利用できる「インタラクティブホワイトボード[23]」へと移行が進んでいくことになる。また、端末の持ち帰りに難色を示している自治体は、個人情報の取り扱いや家庭内での無線LANへの接続環境、情報モラルに代わる「デジタル・シティズンシップ[24]」意識の醸成、タブレットを利用しグループ等で行うデジタル「思考ツール[25]」の利活用も含め、早急に検討していく必要がある。

（4）子供たちに求める資質・能力が変わっていく【生成AIは「よき他者」】

　ICT教育における「リープ・フロッグ現象[13]」が日本で起こっている。世界のICT教育に比べ、周回遅れとなっている日本のICT教育を、生成AIなどの積極的な教育利用を含め一気に世界レベルにまで引き上げたいというもくろみもあるのではないだろうか。

　これまでじわりじわり慎重に慎重を重ね、雨水が地中に染み込み、きれいな水として湧き出してくるように学校現場に浸透してきたICT教育が、堰を切ったように、どっと学校の中に流れ込んできている。そんな激流の中、教師は授業の中で「情報活用能力」スキルを伸ばすための時間を設けるようになった。静止画や動画から情報を読み取れるように繰り返し「気付き」を言葉にして発することや、教室の枠を超え、全国の教職員や子供たちと多様性を意識し、意図的に授業を作っていくなどの工夫も単元計画の中に組み込まれている。子供たちには図や絵、写真や動画を仲間に見せながら自分の考えを言語化したり、体育での技への挑戦やリコーダーで演奏する姿、発表する自分の姿などをビデオで撮影したり、自分自身を客観視しながら、個々の情報活用能力を育もうとしている。鉛筆と消しゴムを必死に走らせ、学習を進める「手書きの最後の砦」だった小学生が、音声認識ソフトを活用し文書を作成し、今日の授業の感想や振り返りをデジタルデータとして教師に提出している。

　2022年11月にChatGPTが一般に公開され、生成AIが大きくマスコミ等で取

り上げられると、それに呼応するかのように、教育現場に取り入れることがよいのかどうかの議論が続いている。筆者は、「よき他者」として利用し、子供たちがもっと考えることに時間を割くことにつながるのであれば、積極的導入を提案したい。情報活用の「収集⇒選択⇒加工⇒発信」の一連の流れを、「収集はAI、選択は人間、加工はAI、発信は人間」など、「よき他者」として相談しながら、最後のアウトプットに時間をかけることで、より質の高いものができあがるのではないかと考えている。さらにAIの学習が進めば、HPのユニバーサルデザインチェックのように、「バイアス」のチェックもお願いできるかもしれない。「よき他者」の協力を得るために磨くべきは、プロンプトにどのような内容を入力すればよいのかを考える「質問する言葉選び」かもしれない。齋藤孝[26] 氏は、『質問力[27]』の中で、「質問力とは、相手の興味や関心、考え方などを会話から効果的に引き出すことであり、コミュニケーションの秘訣」であり、「よい質問とは、自分が知りたい情報を、相手から引き出すことができる質問」だとしている。うまく質問できれば、相手をその気にさせ、「よき他者」である生成AIがうまく解決策を示してくれる。これからの学校教育が鍛えるべき能力の一つに、「質問力」をぜひ加えたい。

iPhoneが発明され、その便利さに気付き、多くの人へと広がるのにおよそ5年かかったと言われている。ChatGPTをはじめ、多くの生成AI利用が一般的になるのも5年だと仮定すると、次の学習指導要領では「生成AI」というものを特別なものではなく、自己調整力[28] 育成のための的確なアドバイスをしてくれる「よき他者」として利用しているだろう。

引用文献

1) ICT（Information and Communication Technology）は、「情報通信技術」の略で、通信技術を活用したコミュニケーションを指す。情報処理だけではなく、インターネットのような通信技術を利用した産業やサービスなどの総称として使われる。

2) 生成AI（ジェネレーティブAI）とは、画像、文章、音声、プログラムコード、構造化データなど、様々なコンテンツを生成できる人工知能のこと。大量のデータを学習した「学習モデル」が、人間が作成するような絵や文章を生成することができるようになり、さらなる進化が期待されている。

3) プロンプトとは、コンピュータやAIに対してユーザーが入力する命令や指示のこと。人工知能（AI）システムに対して指示や命令、質問を出すときは「AIプロンプト」という言い方もされる。

4) ChatGPT（チャットGPT）は、アメリカのOpenAI社が開発した人工知能（AI）を使ったチャットサービス。ユーザーが入力した質問に対して、まるで人間のように自然な対話形式でAIが答え、2022年11月に公開されてから、回答精度の高さも話題となり、利用者が増加している。

5) タイパとは「タイムパフォーマンス」の略で、費やした時間に対する満足度を意味し、コスパとは「コストパフォーマンス」の略で、かかった費用に対してどれだけの効果が得られたかを意味する言葉。

6) デジタルペンは、デジタルデバイスと連携して手書き入力やデジタルアート制作などに使用される筆記具のこと。

7) 次世代の学校指導体制の在り方について（最終まとめ）

https://www.mext.go.jp/a_menu/shotou/hensei/003/1375107.htm

8) Google for Education は、教育機関向けのクラウド型のオンライン学習ツール。教師同士のコラボレーションを促進したり、教師と児童・生徒のコミュニケーションの充実を図ったり、教師の指導を効率化できるツールのこと。

9) ロイロノート・スクールは、小学校から大学まで全ての授業で使える授業支援クラウドのこと。児童・生徒、学生の主体性を育み、双方向授業を作り出すことを目的としている。

10) VUCAとは「Volatility：変動性」、「Uncertainty：不確実性」、「Complexity：複雑性」、「Ambiguity：曖昧性」の4つの単語の頭文字をとった造語。2010年頃から人材育成の現場やマネジメントでも使用されるようになった。

11) 初等中等教育段階における生成AIの利用に関する暫定的なガイドライン（2023年7月4日文部科学省 初等中等教育局）

https://www.mext.go.jp/content/20230704-mxt_shuukyo02-000003278_003.pdf

12) 1997年にソニーから発売されたデジタルスチルカメラ「デジタルマビカ」は、本体内にフロッピーディスクドライブを搭載。フロッピーディスクを記録媒体とし、フロッピーディスクを入れ替えながら撮影することが可能。

13) まるでカエルが勢いよく跳躍するように、欧米や日本などの先進国で見られるイノベーションプロセスを飛び越えて、社会インフラが整備されていない新興国で新しいテクノロジーやICT、デジタルサービスなどが一気に広まる現象。通常は数十年かかるような変化が、わずかな期間で起こることになぞらえた呼び名。

14) 児童・生徒一人一人が情報ネットワークにアクセスできる環境を提供することを目的として、保護者・地域のボランティアが学校内にネットワーク環境を設置するためのイベントのこと。

15) STB（セットトップボックス）とは、動画やテキスト、画像などのコンテンツを表示させる機材装置のこと。STBは、ディスプレイやテレビ、デジタルサイネージなどの画面表示装置に接続し、サーバーにある保存された表示すべき映像信号を送り出す働きをする。

16) NAS（Network-Attached Storage）は、ネットワークに接続されたストレージデバイスのことを指し、ファイルやデータをネットワーク上で共有し、アクセスするための専用のデバイスのこと。複数のコンピュータやデバイスがネットワークを介してファイルを共有したり、バックアップを取ったりするために利用される。

17) 「しらべてまとめて伝えよう～メディア入門」放送年度：2000 ～ 2004年度
情報活用のための基本的なスキルやルールを身に付ける小学校中学年向けの情報教育番組。様々な情報を「調べ・まとめ・伝える」活動を通して、自ら問題を解決する力を子供たちに育てることをねらいとした。（2002年度放送番組表は、資料2参照）

18) ほりた・たつや／Tatsuya HORITA
博士（工学）（東京工業大学）。東北大学大学院情報科学研究科・教授（人間社会情報科学専攻メディア情報学講座情報リテラシー論分野）。2021年4月からクロスアポイントメントにより東京学芸大学教育学研究科・教授，2023年4月より学長特別補佐。文部科学省初等中等教育局・視学委員。国立教育政策研究所・上席フェロー。信州大学・特任教授。

19) なかがわ・ひとし／Hitoshi NAKAGAWA
1997年横浜市教育委員会情報教育課、1999年10月金沢大学教育学部教育実践総合センター助教授、2007年メディア教育開発センター教授、のち放送大学教授。『調べてまとめて伝える力』（キーワードで読む情報教育）編著. 日本文教出版 2002

20) ながの・かずお／Kazuo NAGANO
聖心女子大学名誉教授、専門は教育工学、情報教育。第6代日本教育工学会会長。1990年代より文部科学省における情報教育関連の多くの協力者会議委員を歴任し、現在、特定非営利活動法人学校インターネット教育推進協会理事長、特定非営利活動法人情報ネットワーク教育活用研究協議会会長。全国中学高校Webコンテストでは、最終審査委員長を20年務めた。

21) バイアスとは、英語の「bias」を日本語に取り入れた言葉。「偏り」「斜め」といった意味をもち、一般的には、人の思考や行動において偏りが生じることやその要因を指す。

22) テキストマイニングとは、大量の文章データから有益な情報を抽出する手法。自然言語解析を用いて文章を単語に分割し、単語の出現頻度や相関関係を分析することで、有益な情報を抽出する。

23) インタラクティブホワイトボード（IWB）は、電子黒板の一種で、スクリーン上でパソコンへの入力や指示ができる機能をもつ。ディスプレイとしての機能以外にも、情報を直接書き込めたり、情報をデータとして保存できたり、複数の人と画面を共有できたりする機能がある。

24) デジタル・シティズンシップとは、情報技術を適切かつ責任を持って利用する行動規範のこと。デジタル社会の一市民として、思いやりや他者への共感を持ち、責任を持ってテクノロジーを利用できるスキルのことを指す。

25) 思考ツールとは、物事を批判的、複合的に考える際に、その考えを整理して見えやすい形で表現するための道具のこと。分類する、比較する、関係づける、順序立てる、構造化するなどのパターンを図で示し、教育現場での利用も進んでいる。

26) さいとう・たかし／Takashi SAITO
明治大学文学部教授。専門は、教育学、身体論、コミュニケーション技法。2001年『身

体感覚を取り戻す』（NHKブックス）で新潮学芸賞受賞。同年に出した『声に出して読みたい日本語』（草思社・毎日出版文化賞特別賞）がベストセラーになり日本語ブームを作る。

27）「質問力―話し上手はここがちがう」齋藤孝 筑摩書房 2003 pp46-49
28）自己調整力とは、学習者が自ら学習をコントロールしながら目標を達成する学習スタイルのこと。

 I Create Tomorrow!

　30年前、遠く離れた和歌山の学校と２年生活科「バケツイネ」の授業の中でテレビ会議を行った。手を振ると、３秒ほど遅れて相手の手が動き出す。画質も粗く、話している人の顔が認識できる程度の電話機だった。それが当時の最新のテクノロジーだった。もっと簡単に、子供たちでも簡単に使えれば、教室を飛び越え、多様な見方・考え方にさらに触れられ、個々のコミュニケーション能力も一層鍛えられると強く思っていた。

　20年ほど前、６年国語で負の世界遺産と言われる「原爆ドーム」についてクラスで考えていた。「広島市のぼくらと同じ６年生は、どう思っているのだろう」という子供の発言を生かし、「広島市立〇〇小のみなさん、これからそれぞれの意見を述べていきます……」と空間を飛び越える授業をデザインしたかったと今でも思い出す。30年後、「こうなったらいいな」が現実になり、ICTの力を借りれば、これまで叶えられなかった子供の思いに寄り添えそうである。

　技術が進歩しても、「こうなったらいいな」と教師が思い続けなければ、実現のためのGIGAスクール構想の「革新的な扉」に、たどり着けないのかもしれない。学校は様々な価値観がぶつかり合う中で、健全な対立が生まれる場だ。価値観をぶつけ合い「こうなったらいいな」と思い続け、諦めず、ICT機器を積極的に活用し、一つ一つ実現していってほしい。令和の教師は、思考ツールで「気付き」の情報を交換したり、次年度へと生かすためにまとめをデジタルポートフォリオ化し、すぐに取り出したりできる。子供たちの成長を支援するため、現状に満足せず、ICTを有効活用しながら、バイアスなどの自分の心の癖を理解し、「学び続ける教師」として何事にも挑戦してほしい。ICTは、「Information and Communication Technology」の略だが、「Itsumo（いつも）Challenge！Teacher」の略だと常に思っている。

安冨直樹

2　特別支援教育と教育課程

1　特別支援教育の対象

　「特別な支援を必要とする子供」というと、どんな子供を考えるだろうか。発達障害を含め診断を受けている子供だけでなく、外国につながる子供、不登校あるいは不登校傾向にある子供、家庭的に課題を抱える子供等々様々な子供が支援を必要としている。そして、例えば発達障害の診断を受けている子供が不登校になっている等、重なることも少なくない。また、継続的な支援は必要ないものの、ある場面や教科などにおいて支援を必要とする子供もいる。

　ここでは、特に障害がある、あるいは疑われる子供を中心に取り上げるが、教育に携わる者として、支援を必要とする子供は、一部の子供だけであるという考え方ではなく、全ての子供が必要なときに必要な支援を受けられることが求められていることを理解することが大切である。全ての子供に必要な支援を提供できるということは、子供一人一人の実態をしっかりととらえ、教育をしようとする教師力の向上にもつながることだからだ。

　「特別支援教育を担う教師の養成の在り方等に関する検討会議報告」（2022年3月　文部科学省）の中にも、「特別支援教育は、従前より、障害のある子供一人一人の教育的ニーズに対応して、全ての子供たちの可能性を引き出し、持てる力を最大限度まで高めるための個別最適な学びと、協働的な学びが実現されるよう、個に応じたきめ細かな学習の工夫を実施してきた。こうした特別支援教育の考え方は、特別支援教育分野の専門性向上や進展のみならず、また、障害の有無に関わらず、教育全体の質の向上に寄与するものである。」「特別支援学校、特別支援学級、通級による指導といった学びの場だけでなく、小中学校等の通常の学級においてこそ『特別支援教育』を推進する必要性が高まっている。」と記されている。[1]

　つまり、特別な支援を必要とする子供は、特別支援学校、特別支援学級に在籍していたり、通級による指導を受けていたりするだけでなく、通級指導教室を利用せずに通常の学級にも在籍しているということである（資料1）。

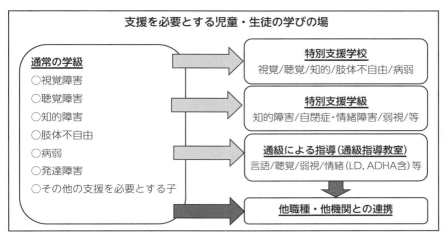

資料1　支援を必要とする児童・生徒の学びの場

2　特別支援教育の意義

　2006年の教育基本法改正において、【教育の機会均等】第4条の第2項に「国及び地方公共団体は、障害のある者が、その障害の状態に応じ、十分な教育を受けられるよう、教育上必要な支援を講じなければならない。」との規定が新設された。さらに、2007年の学校教育法改正により、障害のある子供の教育に関する基本的な考え方について、大きな転換が図られた。特別な場で教育を行う「特殊教育」から、一人一人の教育的ニーズに応じた適切な指導・必要な支援を行う「特別支援教育」がスタートした。

　「特別支援教育」は、障害のある子供の教育に関わる学校・学級・担任だけではなく、全ての学校において全ての教師が取り組むべきものとされた。この考え方は、全ての支援を必要とする子供にとっても、大変有意義なものとなった。

　2022年「通常の学級に在籍する特別な教育的支援を必要とする児童生徒に関する調査」では、小・中学校の通常の学級に8.8％（小学校における結果は、10.4％）の教育的支援を必要とする児童・生徒がいるという結果が示された。この調査は、診断の有無に関わらず、担任が回答したものである。前回の2012年の調査結果6.5％から大きく数値が上がった要因の一つに、教師自身の子供

の困っている様子を把握する力が育っていることがあると考える。

　特別支援教育は、何らかの要因で学校生活に不適応さを感じる子供が、より過ごしやすく学びやすくなるよう一人一人のニーズに応じた支援が受けられることであり、それを当たり前のこととして受け入れられる、言い換えれば、多様性を認めることのできる子供の力を育てることにある。

3　教育の場

　義務教育段階では、誰でも該当の年齢になれば地域の小・中学校に入学する権利があるが、35人学級（中学校においては40人学級）の中では、学習や集団活動が難しいのではないかと不安を抱く場合、市町村教育委員会や学校と就学先について相談ができる。その中で、本人・保護者の意見を十分聞き、合意形成を図りながら教育委員会として適切な就学の場を決定していく。

　横浜市においては、小学校入学のための相談の結果、次の4つの教育の場が検討される。

・小学校の通常の学級
・小学校の通常の学級＋通級指導教室
・小学校の特別支援学級
・特別支援学校

　検討された結果、より適切な場で教育を受けはじめても、子供の成長によっては、教育の場を見直す必要が生じる。その場合は、教育相談として、再度、教育委員会や学校での相談を通し、教育の場を変更することがある。それぞれの教育の場は独立したものではなく「連続した学びの場」として、子供のニーズに応じてスムーズに学びの場を変えることができるようにすることが望まれる。

　「連続した学びの場」の活用として、特別支援学級に在籍している子供が、特定の教科あるいは単元を通常の学級で学ぶ「交流および共同学習」の学び方もある。また、横浜市は「特別支援教室」として、学校内で少人数指導や個別指導を行える教室を設置している。これは、教育委員会の判断によらず、学校裁量で対象となる子供や活用内容を工夫できる場である。保護者と本人の了解のもと、特別支援教室の利用がはじまる。国語や算数の時間、クールダウンを

する時など、必要な時間に在籍する教室から離れ、特別支援教室を利用することを通して学習への理解を深めたり、自信を回復したりしていくことができる。

4 通常の学級に在籍する特別な支援を必要とする子供たち

先に述べたように、発達障害が疑われる児童・生徒は通常の学級内に8.8％が在籍しているという結果が示された。小学校においては10％を超える。つまり、35人学級であれば3人程度の支援が必要な子供が在籍しているということになる。その子供たちは十分な支援を受けられているだろうか。現状では、まだ十分な支援を受けられていない子供がいることも、同調査の中で示されている。

支援を受けられていない要因には、保護者や本人が特別の支援を拒んでいるケース、支援を要する子供が多く、手が回らないケースなどが考えられる。全ての教師が支援の方法を理解しているわけではないため、学校組織として支援を考えていくことが必要になる。必要な支援を受け、学ぶことの楽しさや面白さが分かってきたり、自分にとって必要な支援について理解できたりすることで、子供の精神的な安定も図られてくる。分からないまま着席し、友達と比べて自分ができないことばかりに注目してしまう状況が続けば、教室に居場所はなくなり、不適切な言動で自分の存在をアピールしようとすることも十分に考えられる。また、登校への意欲が失われてしまうことにもなる。2010年3月に初めて出された『生徒指導提要』の中にも、特別支援教育に関する事項が盛り込まれている。特別支援教育の視点は、障害のある子供だけを対象とするものではなく、どの子供にとっても有益なものであり、子供を理解する上で重要であるということが、このことからもうかがえる。

（生徒指導提要とは、生徒指導の実践に際し、教師間や学校間で教職員の共通理解を図り、組織的・体系的な生徒指導の取り組みを進めることができるよう、生徒指導に関する学校・教職員向けの基本書として、小学校段階から高等学校段階までの生徒指導の理論・考え方や実際の指導方法等を、時代の変化に即して網羅的にまとめたもの。2022年に改訂版が出されている）

（1）合理的配慮の提供
一日のうちの多くの時間を「学ぶ」ために使う学校生活の中で、分からない・できないことの積み重ねはつらいことである。合理的な配慮を受けること

は、学びのスタートラインに立てるということである。

　「障害者の権利に関する条約」（2006年国連総会で採択）においては、「合理的配慮」とは「障害者が他の者と平等に全ての人権及び基本的自由を享有し、又は行使することを確保するための必要かつ適当な変更及び調整であって、特定の場合において必要とされるものであり、かつ、均衡を失した又は過度の負担を課さないものをいう。」と定義されている。文部科学省によれば、学校教育の中の合理的配慮には、（ア）教師、支援員等の確保（イ）施設・設備の整備（ウ）個別の教育支援計画や個別の指導計画に対応した柔軟な教育課程の編成や教材等の配慮があるとされている。

　障害者本人、あるいは保護者の申し出から合理的配慮の提供は検討されるが、実際は障害受容がない場合や申し出に対して抵抗がある場合もあり、教師の実態把握から本人にとって必要と思われるものを提案し、本人・保護者の了解のもと支援がはじまることも少なくない。合理的配慮という言葉が示される以前から、一人一人に応じた支援を工夫してきた教師も数多く存在していた。

　学校において合理的配慮の提供は義務であり、特別支援学級に限ったことではない。どの学びの場においても、学校組織として、子供が分かるための手立てを工夫していくことだけでなく、進級・進学など学ぶ場が変わったときに「ルビを振ってください」「プリントを拡大してください」など、自分に必要な支援を子供自ら求められるような力を付けさせることが望まれる。併せて、困っていることを相談して解決する経験の積み重ねをさせていきたいものである。

（2）受験に際しての配慮

　通常の学級のみを学びの場とした場合、「自立活動」という教育課程はない。しかしながら、「自立活動」の視点は、支援を考える上で大変有効であるため、「学習指導要領解説　自立活動編」には目を通しておくことが望まれる。

　支援の手立てを考える上で、本人・保護者のニーズを把握し目標を立てることが必要であり、簡略化した形であっても「個別の指導計画」を立てることが望まれる。その中に支援の方法が記され、それに基づいて定期試験が実施されていたことが、高校や大学受験をするときの合理的配慮の根拠ともなる。例えば、個別の指導計画に基づいて、別室受験や座席の配慮などが受けられるということである。参考までに「神奈川県公立高等学校の入学者の募集及び選抜実施要領」から、その旨の項目を以下に記す。[2]

資料2　2023年「神奈川県公立高等学校の入学者の募集及び選抜実施要領」より

5　特別支援学級における教育課程

（1）特別支援学級の対象

　特別支援学級は、弱視者、難聴者、知的障害者、肢体不自由者、病弱者（身体虚弱者）、言語障害者、自閉症者、情緒障害者を対象としており、自閉症者と情緒障害者については、両者を併せて「自閉症・情緒障害特別支援学級」としている。

　以前、「特別支援学級」が「特殊学級」と呼ばれていた頃は、学校に必ず特殊学級が設置されているとは限らず在籍数も多くはなかった。文部科学省の特別支援教育の現状によれば、2005年度小学校の特殊学級在籍者数は67,685人であったが、2021年度には232,105人になっている。全児童数は減少傾向にあるにも関わらず、特別支援学級在籍数は、16年間の間に約3.5倍になっている。自閉症・情緒障害学級だけをみると約6倍に増えている（資料3）。

	学校別							
	小学校		中学校		義務教育学校		合計	
	学級数（学級）	児童数（人）	学級数（学級）	生徒数（人）	学級数（学級）	生徒数（人）	学級数（学級）	児童・生徒数（人）
2005年度	23,706	67,685	10,308	29,126			34,014	96,811
2021年度	50,909	232,105	21,635	91,885	601	2,467	73,145	326,457

資料3　2005年度及び2021年度　特殊学級数・特別支援学級　在籍児童・生徒数

　この在籍数の急増からも、特別支援教育が周知・浸透したことの影響がうか

がえる。子供や保護者が一人一人に合った教育を受けることを受け入れ、教師が一人一人に合った指導・支援をしなければならないことを理解してきた時代の流れが見られる。学び方の違いを考慮した指導方法や教材の提供など細やかな指導支援が行われることが望ましいが、教師の指導力という課題がある。特別支援教育に当たる教師には授業力はもちろん、子供を把握する力や連携力など高い教師力が求められている。そのため、各教育委員会では特別支援学級担任向けの研修や特別支援に関する研修に取り組んでいる。特別支援学級を担任することで、子供一人一人を理解する力や指導・支援を工夫する力が向上したり、次世代を担う多様性の視点をもった子供を育成したりできることが期待されている。

　子供の実態を把握するためには、家庭の様子を聞き取ったり、就学前の機関と連携を図ったりすること、併せて学校内での集団の様子や個人の様子を観察することが大切になる。また、専門機関における発達検査の結果等があれば、そこから発達の様子や認知特性を読み取れることも多くある。特別支援学級の担任は、発達検査の結果をある程度読み取れる力があることが望ましいだろう。また、通常の学級に比べて、保護者との連携も密になるため、保護者とのやりとりのスキルや保護者のニーズを把握する力が必要になってくる。

　横浜においては、特別支援学級のことを「個別支援学級」という名称を用いて呼んでおり、「弱視」「知的障害」「自閉症・情緒障害」の3つの学級種がある。2023年度現在、横浜市では在籍児童数が合計80人を超える個別支援学級もある。

（2）教育内容

　知的障害のある者のうち、準ずる教育・下学年の教育内容が難しい場合には、

	通常の学級	通常の学級＋通級	特別支援学級	
			知的障害	自閉症・情緒障害
該当学年の教育課程	○	○	○	○
下学年の教育課程	×	×	○	△
特別支援学校の教育課程（知的）	×	×	○	×
特別支援学校の教育課程（自立活動）	×	○	○	○

資料4　学級と教育課程

自立活動の区分	項　　目
1 健康の保持	（1）生活のリズムや生活習慣の形成に関すること （2）病気の状態の理解と生活管理に関すること （3）身体各部の状態の理解と養護に関すること （4）障害の特性の理解と生活環境の調整に関すること （5）健康状態の維持・改善に関すること
2 心理的な安定	（1）情緒の安定に関すること （2）状況の理解と変化への対応に関すること （3）障害による学習上又は生活上の困難を改善・克服する意欲に関すること
3 人間関係の形成	（1）他者とのかかわりの基礎に関すること （2）他者の意図や感情の理解に関すること （3）自己の理解と行動の調整に関すること （4）集団への参加の基礎に関すること
4 環境の把握	（1）保有する感覚の活用に関すること （2）感覚や認知の特性についての理解と対応に関すること （3）感覚の補助及び代行手段の活用に関すること （4）感覚を総合的に活用した周囲の状況についての把握と状況に応じた行動に関すること （5）認知や行動の手掛かりとなる概念の形成に関すること
5 身体の動き	（1）姿勢と運動・動作の基本的技能に関すること （2）姿勢保持と運動・動作の補助的手段の活用に関すること （3）日常生活に必要な基本的動作に関すること （4）身体の移動能力に関すること （5）作業に必要な動作と円滑な遂行に関すること
6 コミュニケーション	（1）コミュニケーションの基礎的能力に関すること （2）言語の受容と表出に関すること （3）言語の形成と活用に関すること （4）コミュニケーション手段の選択と活用に関すること （5）状況に応じたコミュニケーションに関すること

資料5　自立活動6区分27項目

知的障害特別支援学校の教育課程を参考にすることができる。その場合のみ、「教科領域を合わせた指導」が可能となり、生活単元学習や遊びの指導が組み入れられる。知的障害に限らず、どの障害種においても、特別支援学校の教育課程の一つである「自立活動」の内容は指導していく（資料4）。

　「自立活動」とは、「個々の児童又は生徒が自立を目指し、障害による学習上または生活上の困難を主体的に改善・克服するために必要な知識、技能、態度

及び習慣を養い、もって心身の調和的発達の基盤を培う」ことをねらいとしている。自立活動の内容には6区分27項目（資料5）があげられているが、小学校学習指導要領や中学校学習指導要領に示されている各教科等の内容のように、全てを網羅して指導するのではなく、一人一人の実態に応じて必要な内容を特設の時間及び学校生活全体を通して指導していくものである。前述もしたが、自立活動の視点は、障害のない子供にとっても有効なものがあり、直接自立活動を指導しない教師もこの項立てを理解しておくことが望まれる。

　例えば、知的障害はないものの集団生活の苦手さや学び方の違いから、「特別支援学級」での指導が望ましいと判断されて入級した子供は、準ずる教育内容を学ぶことと併せて「自立活動」のねらいをもって学んでいくことになる。

（3）指導案

　知的障害児の多かった時代は、特殊学級と言えば「生活単元学習」といった印象があった。生活単元学習の「児童生徒が生活上の課題や問題を解決するために、一連の活動を組織的に体験することで、自立的な生活に必要な事柄を実際的・総合的に学習するものであり、各教科の内容をはじめ、道徳科や特別活動、自立活動の内容を組み合わせて指導を行うもの」といった指導方法・形態を十分理解せず、「生活単元学習」という教科があるようにとらえていた教師もいたように聞く。

　「生活単元学習」と称して在籍児童の多くが同じ活動をする指導案から、一人一人の実態を踏まえた各教科の指導案が作成されるようになってきた。その中には、一人一人の教科におけるねらいや支援が書き込まれるようになっただけでなく、自立活動のねらいも明記する学級が増えてきている。

　以下に例示したA小学校（資料6）では、同じ授業の中でも、子供たちのめあてに沿ってグループを作り、それぞれの実態に応じた課題を設定している。一人一人のめあてが違うことは支援の方法や教材の内容や活用方法、評価規準も異なってくる。教師にとって多くの工夫が必要となるが、子供に応じた内容や支援は子供の大きな成長につながり、教師自身の成長ともなる。

　B小学校（資料7）の例では、はじめに全員で今日のゴールを確認した後に、展開部分ではグループで活動することで、より子供の実態に応じた話し合う内容の深まりや話し合いスキルの向上が期待できる。時間を区切ることで集中し

A小学校　特別支援学級　国語科　本時展開　　　　○学習活動　　　・指導の手立て		
	Ⅰグループ	Ⅱグループ	Ⅲグループ
1 学習のめあて 予定の確認	○授業の流れをホワイトボードに掲示し、見通しをもつ。 ○各自のめあてを確認する。 ・複数の人が描かれているプリントは、個人用配付と併せて大きな画面に映しだす		
2 発表 聞き取り	めいたんていになって　ともだちをさがそう		
	①友達を探すために、その友達の特徴を伝える。 ・案内所（T1）に友達を探してほしいと依頼をする設定。 ・T1に質問されたことに答える形で、1対1のやりとりを丁寧に行う Qどうされましたか A友達を探しています Q何色の服ですか A青色です 　　・・・・ ・一人でのやりとりが難しい場合にはT2が支援する ・聞き取ったことを、T1がアナウンスする ②③BCグループのアナウンスを聞き、友達を探す ・聞いたことを○で囲めるように、洋服・帽子等の絵を用意する	①③ACグループのアナウンスを聞き、友達を探す ・アナウンスを聞きながらメモを取れるように穴埋めのプリントを用意する ②相手に伝わるように特徴をはっきりと話す。 ・伝えたいことをまとめられるように穴埋め式の読み原稿を活用する ・「お知らせをします。黄色のスカートをはいて、赤いカチューシャをした女の子を探しています」	①②ABグループのアナウンスを聞き、大事なことを落とさずにメモを取る ・聞き取るポイントを事前に確認する ③わかりやすい特徴をまとめ、読み原稿を考えてアナウンスをする。 ・特徴を事前にメモする ・難しい時には、話型のプリントを手掛かりとする
	伝えたい事柄や相手に応じて、声の大きさや速さなどを工夫する。【第1，2学年　思Aウ】		相手や目的を意識して、（中略）伝えたいことを明確にすること【第3，4学年思Bア】
3 振り返り	○発表した人のよかった点について話をする。 ・工夫したほうがよい点については、具体的にどうすればよかったかを伝えられるように支援する。 ○自分のめあてが達成できていたか振り返る。 ○次時の予告をする。		

資料6　A小学校　学習指導案

B小学校　特別支援学級　生活科・総合的な学習の時間　　本時展開		
学習過程	活動と内容	□教師の手立て　☆評価
導入	○本時の学習問題とゴールを確認する。 　自分たちの活動が子ども食堂の要望に合っているか見直して活動しよう。	□活動を通して何ができればよいのか見通しをもつために、活動の目的や今日の活動を通して何を自分たちは解決するのかを確認する
展開	○グループごとに、子ども食堂の要望や意見をもとに、自分たちの活動内容や計画を考え直す。 　野菜レシピグループ　育てている野菜の世話の仕方を見直す。 　チラシグループ　子ども食堂のことをたくさんの人に知ってもらうために、よいところや場所がわかるようにする。 　飾りグループ　季節を感じる飾りを考え、飾る場所にふさわしい大きさや形を考える。 　おもちゃ作りグループ　置き場所を考えて、大きさや使いやすさを見直す。 　おどりグループ　覚えやすく楽しめる振り付けを考える。	□子ども食堂からの要望や意見をグループごとに可視化することで、考えやすいようにする。 □計画表を見ながら修正していくようにする。難しいグループは　拡大した計画表に教師が書き込む。 □各グループの実態に合わせて話し合いの仕方を工夫する。話し合いが苦手な子供には、マンツーマンで思いを汲み取りながら、本人に合った表現活動を促す。
	【第2発問】 子ども食堂の方々が喜んでくれるものを作り上げることができるかな ・だれが、いつ何をするのか、くわしく決めて、みんなで取り組むようにしたい。 ・難しいときは相談したり、助け合ったりしたい。 ・材料や道具をきちんと用意したほうがよい。	決めたことを実現できるように役割分担して取り組むことや協力して活動することが大切であることを想起するようにする ☆子ども食堂のための活動を通して、友達と協力したり、共に活動を楽しんだりしている。【主②】
まとめ	○それぞれのグループで活動内容を伝え、アドバイスをし合う。 ・どのグループもすごくがんばっているね。 ・おどりは、かけ声も入れるといいよ。 ・レシピはたくさんあるとみんなが喜ぶね。	各グループの内容が伝わりやすいように、場の設定や発表の仕方を工夫する。
振り返り	○今日の活動を振り返る。 ・子ども食堂の方々の意見を確かめて、考え直すことができてよかった。 ・子ども食堂の方々に喜んでもらえるようにがんばって作ろう。	□個の状況に応じて、対話をしながら自分の思いを表出するようにする。

資料7　B小学校　学習指導案

児童／教科	生活科・総合的な学習の時間	自立活動
2年A（自・情）	今まで体験してきた活動を踏まえたり、友達の意見を聞いたりして、よい体験会を開く方法を考え、伝えることができる。	友達の話を最後まで聞いて、よいと思ったことを伝えることができる。 自立活動3（1）6（2）
2年B（自・情）	よりよい体験会の開催方法について友達の意見を取り入れながら自分の意見を考え、伝えることができる。	話し合いのルールやマナーを守って参加することができる。 自立活動3（1）3（4）
2年C（知的）	体験会の開催方法について、選択肢の中から自分の考えに近いものを選ぶことができる。	相手の話を聴いて、その内容を受け止め、発言をすることができる。自立活動3（2）6（5）
3年D（知的）	体験会の活動内容について、今まで体験してきた活動を振り返りながら具体的なイメージをもつことができる。	話し手に体を向けたり頷いたりして、相手の話を聞こうとする姿勢を示すことができる。 自立活動3（1）6（2）
4年E（自・情）	リサイクル紙すきの価値をどのように表現すれば魅力を伝えられるのかに着目して分析し、よりよい体験会の開催方法について提案ができる。	自分の意見と異なる意見が出た時や思い通りに話が進まなかったときに、感情をコントロールしながら話し合うことができる。 自立活動2（1）6（2）

C小学校　特別支援学級　個別の本時目標　「生活科・総合的な学習の時間」「自立活動」

資料8　C小学校　学習指導案

やすくなる子供も少なくない。各グループの報告とアドバイスタイムがまとめの時間となる。簡潔に伝えることの難しいグループには教師のサポートが必要だが、繰り返すことで他のグループのモデルから学んだことが生かされていくことが期待できる。

　本時展開とは別に、一人一人のめあてを明示している指導案も多くなっている。教科と自立活動の両方の視点からめあてを立てていることにより、児童の実態把握がより丁寧に行われていることがうかがえる。C小学校（資料8）やD小学校（資料9）がその一例になる。
※自立活動の数字については、資料5を参照のこと
※自立活動の項目全て、または単独に取り上げるのではなく、子供にとって必要な項目を選定し、それらを相互に関連付けて設定することが重要である。

D小学校　特別支援学級（２年　自閉症・情緒障害学級）個別の本時目標 「国語科」「自立活動」	
A児	（国語）カテゴリーを参考にヒントを考えたり、出す順を決めたりして、みんなが楽しめるクイズを作ることができる。 （自立）分からなくなったり、自信がなくなったりしても、あきらめずに最後まで取り組む。
B児	（国語）カテゴリーを参考にヒントを考えたり、出す順を決めたりして、みんなが楽しめるクイズを作ることができる。 （自立）大勢の人が見ていても、自分の課題に集中して取り組む。
C児	（国語）選択肢からヒントを選んだり、出す順番を決めたりして、みんなが楽しめるクイズを作ることができる。 （自立）周りの状況に左右されず、集中して課題に取り組む。
D児	（国語）選択肢からヒントを選んだり、出す順番を決めたりして、みんなが楽しめるクイズを作ることができる。 （自立）課題が終わったら、自席でできることを選び静かに過ごす。
E児	（国語）選択肢からヒントを選んだり、出す順番を決めたりして、みんなが楽しめるクイズを作ることができる。 （自立）困ったときに、自分から発信する。

資料9　D小学校　学習指導案

　これらのねらいやそれに応じた支援の手立てを本時展開の中に書き入れている学校もあるが、在籍児童数が増えている昨今、１ページの中に収めるのは難しくなっている。

6　通級指導教室における教育課程

（1）通級による指導

　通級による指導とは、通常の学級で各教科等の授業を受けつつ、障害による学習面や生活面の困難を克服するために一部特別な指導を必要とする児童・生徒に対して、特別な場（通級指導教室）で特別の指導をする特別支援教育も指導形態の一つである。

　通級指導教室は障害種に分かれており、在籍校に該当する通級指導教室がない場合は、他校に設置されている通級指導教室に通うことになる。また、地域や指導の状況によっては、通級の担当者が在籍校や在籍学級を訪問する「巡回指導」が行われることもある。

指導時間は、自立活動及び教科指導の補充を併せて、年間35単位時間（週１単位時間）から年間280単位時間（週８単位時間）までが標準として示されている。学習障害者（LD）及び注意欠陥多動性障害者（ADHD）の児童・生徒については、年間10単位時間から認められている。

（２）通級による指導の対象

　対象は、①弱視者 ②難聴者 ③肢体不自由者 ④病弱者・身体虚弱者 ⑤言語障害者 ⑥情緒障害者 ⑦自閉症者 ⑧学習障害者 ⑨注意欠陥多動性障害者であり、知的障害者は含まれない。

　年々、通級による指導を受けている児童・生徒数は増えている。2020年度の文部科学省の調査結果では、小・中・高合わせて16万4,693人が通級による指導を利用しており、前年度に比べ約３万人増加し、過去最多であった。内訳としては、言語障害が43,632人と最も多く、次いで注意欠陥多動性障害が33,825人、自閉症が32,346人、学習障害が30,612人、情緒障害が21,833人、難聴が1,956人、弱視が237人、肢体不自由が160人、病弱・身体虚弱が92人となっている（資料10）。

　2006年４月の学校教育法施行規則の一部を改正する省令により、通級による指導の対象として、自閉症と情緒障害が分けられるとともに、新たに学習障害、

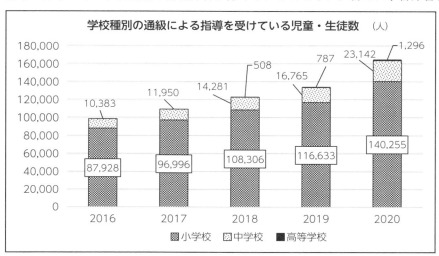

資料10　学校種別の通級による指導を受けている児童・生徒数

注意欠陥多動性障害が通級の対象となったが、経年変化からは言語障害や弱視等の増加に比して、自閉症、情緒障害、学習障害、注意欠陥多動性障害の著しい増加がみられる。

（3）指導内容

　一人一人の状況に応じて、自立活動（前述）を中心とした、特別の教育課程を指導する。そのために、指導に際しては個別の指導計画を作成することが必須となる。

　まず、子供の様子を丁寧に把握することが重要となる。本人の様子を観察したり、保護者や在籍学級担任、関係機関から情報を得たりしながら、指導目標を決め、具体的な指導内容、指導方法を検討し、本人・保護者・在籍学級担任等と共有していくことが求められている。指導目標や支援方法を決める際には、本人の考えを取り入れていくことが大事な視点となる。本人の自己理解、自己決定力を育むためにも「自分にはどのような特徴があって、どうなりたいのか」ということを、児童自身が気づくことが必要である。計画的な指導を通して、着実に障害の状態の改善・克服を図れるように、細やかな振り返りも求められている。

（4）横浜における通級指導教室
1）通級指導教室の種別

　横浜市には5つの種類の通級指導教室が設置されている。

　　ア　弱視通級指導教室

　　イ　難聴通級指導教室

　　ウ　言語障害通級指導教室

　　エ　情緒障害通級指導教室（自閉症含む）

　　オ　ADHD/LD通級指導教室

　イとウは同時に設置されていることが多く、「きこえとことばの教室」と呼ばれている。エとオは、一緒に設置されており、「まなびの教室」「学びの支援教室」などと呼ぶこともある。

　横浜市においては他校通級が多く、そのため、小学生については保護者の同行が利用する条件となっている。同行してくる保護者に対しては、「障害理解」「子育ての不安」「在籍校との連携」等々に対しての支援を各通級指導教室で工

夫をしながら行っている。

　全国同様に利用者は年々増加傾向であり、通級指導教室では指導時間や指導
人数などを工夫しながら指導を進めている。在籍校への定期的な訪問を通し、
在籍校と協働しながら指導に当たる「協働型巡回指導」もはじまっている。

　2023年度より、小・中学校に加えて横浜市立高等学校にも通級指導教室が設
置されるようになった。

２）情緒障害通級指導教室におけるプログラム

　2001年度の「横浜市教育課程編成の指針」の「中学校の自立活動領域別一
覧」の最後に、本人の「ニーズの確認」という視点が具体的に示されているが、
小学校においては、「保護者のニーズ及び本人の意向を十分に聞き取る」とい
う文言にまとめられている。どちらかと言うと、どのように子供を把握し、ど
のように指導するかということに重点が置かれていた。

　しかし、現在では、本人が何に困っているのか、どうなりたいか、どのよう
な支援がほしいのかといった「本人の思い」は、個別の指導計画作成において
も、合理的配慮のためにも欠かせない視点となっている。「本人の思い」つま
り子供にとって「自分の思い」を相手に伝えるためには、自分自身を理解する
ことや他者に相談をしたり依頼をしたりするスキルが必要となる。通級指導教

		指導内容	指導の観点
1	はじめの会	・始まりのあいさつ ・予定の確認 ・めあてを考える ・プリント記入	・活動の見通し ・他者意識 ・注目傾聴 ・自己決定
2	個別タイム	「サイコロトーク」 ・ルール説明 ・活動 ・振り返り	・自己理解 ・ルール理解 ・状況の理解 ・表現力　・援助依頼
3	ゲームタイム	「カードゲームＡ？Ｂ？」 ・相談をする ・活動 ・振り返り	・勝敗への意識 ・相談力　・手指の巧緻性 ・感情のコントロール ・対人関係　・協力
4	帰りの会	・今日の振り返り ・片付け ・次回の予告	・行動の想起　・振り返り ・気持ちの表現 ・基本的生活習慣

資料11　情緒障害通級指導教室　プログラムの一例（2020年ごろ）

室の利用の有無に関わらず、自己理解力と相談する力は小学生のうちから身に付けてほしいものである。筆者も加わった本人を交えた「本人参加型ケース会議」に取り組んだ事例からは、本人が自分の思いを伝えること、他者から認められることにより、行動の変容・心理的な安定等の成果が得られた。

　また、指導形態としては、個別指導あるいは小集団指導がとられている。午前、午後に分けて指導グループを編成している教室がほとんどである。

　2020年ごろのプログラムの一例を示したが、「自己理解」「自己決定」「相談力」「援助依頼」などの指導の観点が見られる。小集団指導の１コマを個人指導の時間に充てることもある（資料11）。

7　資質・能力と自己理解

　学習指導要領（2017年告示）で示されている資質・能力の３つの柱とは、①知識及び技能が習得されるようにすること　②思考力、判断力、表現力等を育成すること　③学びに向かう力、人間性等を涵養することである。これらを子供の発達の段階や特性等を踏まえつつ、偏りなく実現できるようにすることが求められている。どの教科においても、目標や内容がこの３つの柱で再編成されている。

　３つの柱の根底には、自己理解力が必要になると考える。自分の得手・不得手を踏まえつつ、どのように知識・技能を身に付けていくのか、自分に適した学び方はどのようなものであるのか、模索していくことが継続した学びにつながる。さらに、思考力、判断力、表現力等を育成するには、他者の存在が必要になる。他者に自分の考えを伝えたり、他者の意見を聞いて自分の考えを深めたりしながら、学びを進めていく。また、他者の存在は自己理解のためにも重要である。どうしてもできないことに目を向けがちになるが、自分のよさをしっかりと認められるように周囲がサポートしていくことが必要である。独りよがりな自己理解に陥らないように、学校生活を通して他者との関わりから自分のよさを学ぶことが必要である。

　学びに向かう力や人間性等をゆっくりと育てていくには、小さい頃から分からないことや失敗したことを他者の力を借りながらでも解決していく経験の積み重ねが必要である。そのためにも、担任や身近な大人との信頼関係の構築は欠かせないものになる。相談できる環境、失敗や分からないことを責められな

いこと、再チャレンジできることが保証されていること、そして、再チャレンジが成功や理解につながるような手立てを教師が考えていることが大切である。

　GIGAスクール構想が展開され、現在、子供たちには一人１台の端末が与えられている。調べ学習や課題の作成等、ICT活用は進んできている。[3] これは、一人一人の学び方を認めるよいきっかけとなったのではないかと考える。子供の実態によりICTの活用の仕方は異なるが、認知的思考の偏りのある発達障害児にとっては、教科指導における読みや書き、思考の整理などの困難を軽減したり、解消したりできると期待されている。また、興味関心の幅を広げたり、より深めたりすることも可能となり、これからの活用の在り方が楽しみである。以下に読み書きに関するICT活用事例をあげる（資料12）。

➢ 読み上げ機能や書き込み機能の活用

例） 文字を音（オン）に変換することが苦手だったり、時間がかかったりするため、文字を音読したり、黙読したりすることが苦手な児童・生徒に対して、読み上げ機能の活用により内容理解の支援が可能

例） 音（オン）を文字に変換することが苦手だったり、時間がかかったりするため、文章を書いたりすることが苦手な児童・生徒に対して、書き込み機能の活用により表出の支援が可能

資料12　文部科学省　「特別支援教育におけるICTの活用について」より抜粋

8　個別の教育支援計画・個別の指導計画

　個別の教育支援計画とは、教育、医療、福祉、労働等の関係機関が連携・協力を図り、障害のある子供の生涯にわたる継続的な支援体制を整え、それぞれの年代における子供の望ましい成長を促すために作成する個別の支援計画のうち、教育機関が中心となって作成するものをいう。

　個別の指導計画とは、障害のある子供などに対して、実態に応じた適切な指導を行うために教育課程を具体化し、一人一人の指導目標、指導内容及び指導方法を明確にして、きめ細やかに指導するために教育機関が作成するものである。

　指導に当たって重要なことは、子供の実態把握やニーズに基づいた目標を設定し、そのためにどのような指導・支援の手立てを考えていくかということである。目標は、長期的な視点をもった「長期目標」と一つ一つ達成していくための「短期目標」がある。本人の気持ちも確認しながら目標をより具体的に

立てることが適切な指導・支援につながる。落ち着きのない子供の短期目標が「45分間着席し授業に集中する」とした場合、目標を達成することはかなり難しいことであり、努力していた子供も教師も達成感を感じることはできない。「15分間着席する」「プリント1枚は最後まで仕上げる」など、スモールステップの目標が達成されることの繰り返しが、最終ゴールにつながるだろう。

9　おわりに

　諸外国では特別支援教育を担当する教師は、大学院を卒業することが求められている。これは、特別支援教育には、より高度な専門的な知識や教師力が求められているということである。日本の大学や専門学校では、教師になるために「特別支援教育」の単位を取得することが必要だが、十分とはいえない。そのため、各教育委員会では特別支援教育に関する研修を計画している。また、校内でも学び続けられるように「特別支援教育コーディネーター」を中心に校内研修計画が進められている。さらに、「特別支援教育コーディネーター」や管理職を中心に「校内委員会」が開かれ、校内での支援体制の充実を図っていくことで、組織力・教師力の向上が期待されている。支援を必要とする児童・生徒から教師は多くのことを学んでいるのだといえる。

　「知能テストとしつけ」（1964年　愛育指導研究会編）という本の中に、「……幼稚園、学校で大ぜいの前でけなしたりするのは、もっともつつしむべきことです。劣等感情をなくすには、○何かにうんと自信をもたせる　○自分の欠点を気にとめないで、得意のものでそれを蔽うように……（中略）……常に子どもの側に沿って、あたたかい目で、子どもを伸ばす工夫を考えてみなければなりません。」という表記があった。ずっと以前から、子供のよさに目を向け、自尊感情の育成を目指すために、教育者は工夫をしていかなければならないと考えられていたことがうかがえる。一人一人に寄り添う教育は、時代が変わっても変わることなく大切にされるべき視点である。特別支援教育の視点は、当該の子供以外の子供たちにとっても効果のあることが多く、一人のために考えたことは、みんなのために役立つことも稀ではない。

　子供が自分のよさに気づき、自己理解を深めながら自分に合った支援や工夫を取捨選択していける力が育つように教師は関わっていきたいものである。自分を理解するように他者を理解し、互いの多様性を認め、多様性を生かせる子

供たちが、「共生社会」の未来を築いていくだろう。特別支援教育に関わることは、未来を築くことである。諸外国の免許取得のシステムとは異なるが、日本の全ての教師が「特別支援教育」の専門家になってほしいと思う。そして、当たり前のように「特別支援教育」が行われることで、「特別支援教育」と言わなくてもよい時代がきてほしいと思う。

引用文献
1) 文部科学省（2022）「特別支援教育を担う教師の養成の在り方等に関する検討会議報告」
2) 神奈川県（2023）「公立高等学校の入学者の募集及び選抜実施要領」
3) 文部科学省（2020）「特別支援教育におけるICTの活用について」

 ## 特別支援教育は、奥が深くて面白い

　特別支援教育は、教育の根底に関わるものであり、特別支援教育の考え方や手立ては、どの教育の場面でも活用できる。通常の学級の中にも、障害の有無にかかわらず特別な支援を必要とする子供は増加傾向にあり、特別支援教育の理解は、これからの教育にとって欠かせないものであるということだ。どの教科学習を進めるに当たっても、学級経営を行うに当たっても、必要不可欠なのである。

　教員は「教える」という立場に立つが、「教育課程」を一方的に教えるということではない。私たちは、子供たちから多くのことを教えてもらっている。子供たちが伝えてくることをキャッチできるアンテナをもつことが大事である。特別な支援を必要とする子供たちは、そのアンテナを育ててくれる。「困っている子供」は、うまく言葉にできなくても、その視線、仕草、行動等からいろいろな発信をしてくれる。

　子供が、自分の思いに耳を傾け、自分のよさを生かそうとしてくれる大人と出会えたら、どんなに幸せなことだろう。教員は未来を担う子供たちを育む重要な仕事であるという自負をもち、そして、子供たちから学ぶ謙虚な姿勢を忘れずに、子供と共に学び続けてほしいと切に願う。

冢田三枝子

3　外国籍、外国につながる子供の指導と教育課程

　「外国人の子供たちが将来にわたって我が国に居住し、共生社会の一員として今後の日本を形成する存在であることを前提に（後略）」とは、文部科学省が2020年7月に示した「外国人の子供の就学促進及び就学状況の把握等に関する指針」の冒頭に書かれている内容である。日本は昭和の時代から、増えはじめた帰国子女や外国人の子供に対して、国際人権規約や子供の権利に関する条約等を踏まえ、受け入れ態勢の整備や就学後の教育の充実を図ってきた。これからはこのように日本の社会の構成員を育てる、あるいは健全な納税者を育てるといった考えの下、外国人児童・生徒の就学や教育を考えるべきであり、日本人児童・生徒と外国人児童・生徒が共に学ぶ中で、共生意識の醸成や国際性の涵養を図ることが大切である。

　それではまず、現在の外国籍等の生徒数の推移と彼らを取り巻く状況について確認したい。2018年12月に、外国人人材の受け入れを目的の一つとして入管法・設置法改正案が国会で成立した際は、外国人数及び児童・生徒数が急激に増加するのではといった予測があった。そこで文部科学省は、全ての外国人児童・生徒に教育機会を与えていく必要があることから、2019年5月に初めて全国的な「外国人の子供の就学状況等調査」を実施した。2020年4月にはその数が報道発表されたが、住民基本台帳上で学齢相当の外国人の子供の数はおよそ124,000人であった。2019年の後半からはじまった新型コロナウイルス感染症の世界的パンデミックにより、日本でも入国拒否対象地域を指定するなどの対策をとり、外国人新規入国者数および外国人児童生徒の就学者数は一時減少した。しかし、2022年にはこうした対策が段階的に緩和され、2023年5月にコロナ感染症の扱いが5類に変更されたこともあって、これらの人数が再び増加する可能性が出てきている。

　横浜市においても海外からの企業の集積や福祉・医療など様々な分野での人材確保等により、外国人の数が増え続けている。2022年5月1日時点で、139か国、およそ102,000人の外国人が在住しており、市立小・中学校には11,000人を超える外国籍及び外国につながる児童・生徒が在籍している。さらに、そのうち日本語の指導が必要と学校が判断した児童・生徒は、3,300人となっており、

横浜市ではこれまでの取り組みを充実させたより丁寧な支援策の構築が、各学校では柔軟で創造的な特別の教育課程の編成が求められている。

　こうした中、文部科学省は体制整備の一環として、2014年4月、義務教育段階での「特別の教育課程」を制度化し、各自治体や学校に特別の教育課程の編成・実施・評価・改善を示唆するとともに、日本語指導に必要な教員を2026年度までに計画的に措置して基礎定数化を図るなど、自治体を支援する事業を充実させている。また、「帰国・外国人児童生徒等に対するきめ細かな支援事業」は、国が各自治体の取り組みを支援するものであり、横浜市をはじめ各自治体はその地域特性を踏まえ、この支援を活用して様々な施策を展開している。

　横浜市が文部科学省に提出した2021年度の支援事業活用報告書によると、大別して9つのカテゴリーにおける取り組みが報告されている。主なものを紹介すると、日本語支援拠点施設「ひまわり」（以下「ひまわり」）の運営や母語支援ボランティア等の派遣、特別の教育課程による日本語指導や日本語能力測定方法等を活用した実践研究などである。なお、ここで言う日本語能力測定方法とは、文部科学省が2014年に示した、「外国人児童生徒のためのJSL対話型アセスメントDLA（Dialogic Language Assessment）」のことである。

　「ひまわり」では、来日したばかりで全く日本語が話せない児童・生徒や保護者を様々な形で支援・指導している。児童・生徒を対象とした「プレクラス」では、学校生活に必要な基礎的な日本語の習得や学校生活のルールやマナーなどを体験的に学ぶ場を提供している。例えば、日本では靴を履き替えて校舎に入ることが多いことや、掃除を自分たちで行うということを理解したり、授業中にトイレに行きたくなった時、どのように言えばよいのかを学んだりしている。

ひまわりプレクラスでの指導　　　　ひまわり学校ガイダンスでの支援

　「プレクラス」の期間は４週間で、水、木、金の週３日実施しているが、これは所属校での人間関係作りも大切であることから、全てを取り出すのではなく、所属校と「ひまわり」でバランスよく指導をするためである。また、「ひまわり」では、保護者に対しても「学校ガイダンス」を開設し、手厚い支援を行っている。会場に集まった保護者には、母語を話す通訳が付き、ビデオやスライドを見ながら、上履きや筆箱を用意することや学校納入金の支払いなどについて説明を行っている。特に学校から配られた書類の記入は、来日したばかりで全く日本語の理解できない保護者たちには最も困難なことであり、通訳や教育委員会の担当者が一緒に銀行口座開設の書類等を書いたりもしている。

　次に、特別の教育課程による日本語指導だが、日本語指導が必要な児童・生徒が一定数いる学校では「国際教室」を設置し、主に日本語指導を担当する教員と担任を含めた他の指導者たちが、管理職と相談しながら実施している。横浜市では、国際教室を設置している学校は年々増え続け、2022年５月時点で、小学校は153校、中学校は41校となっており、各学校では特別の教育課程編成や個別の指導計画の策定が進められている。

　特別の教育課程を編成するにあたり、学校管理職は、文部科学省が2014年に策定した「外国人児童生徒教育研修マニュアル」等を参考に、外国人児童・生徒に対する教育を学校全体の教育計画に位置付け、組織作りにも反映させることが必要である。学校教育目標策定では、人権教育を基盤とし自尊感情の醸成や多文化共生を実現するための目標を設定し、組織作りでは公務分掌に国際教育関係の部署を明確に位置付けるようにすることが肝要である。特にPTAの組織内にも国際部門を設定することが大切で、これが保護者を含め学校全体で共生の意識を育もうとする姿勢を示すことになる。

　国際教室や人権教育の担当者が個別の指導計画を策定する際は、まず受け入れた児童・生徒の日本語の能力や生活・学習の状況、適応状況等の把握を丁寧に行う必要がある。JSL対話型アセスメントの最初の段階で行う〈はじめの一歩〉では、挨拶や名前などに関する導入会話と55問からなる語彙力チェックを通して、児童・生徒の日本語力を把握する。その際、評価は以下に示す通り、ステージ１から６までに分類することになる。

ステージ	児童・生徒の日本語の状況	支援の段階
1	学校生活に必要な日本語の習得がはじまる。	初期支援段階
2	支援を得て、学校生活に必要な日本語の習得が進む。	
3	支援を得て、日常的なトピックについて理解し、学級活動にも部分的に参加できる。	個別支援学級段階
4	日常的なトピックについて理解し、学級活動にある程度参加できる。	
5	教科内容と関連したトピックについて理解し、授業にある程度の支援を受けて参加できる。	支援付き自立学習段階
6	教科内容と関連したトピックについて理解し、積極的に授業に参加できる。	

資料1　JSL評価参照枠ステージ

　次に下に示すフロー図に沿って特別の教育課程を編成し、1年間の支援サイクルを確立する。なお、1サイクル終了した後も、JSL評価参照枠ステージ（資料1及び資料2）の5に達していない場合、継続した支援を行う必要があると考え、再度、個別の指導計画を作成するものとする。

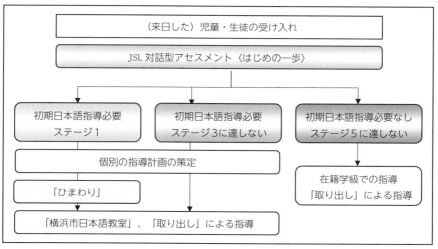

資料2

　特別の教育課程を編成する担当者は、その児童・生徒に適した個別の指導計画（資料３）を作成するために、事前のアセスメントを行うこととなる。日本語の能力を判定する際には、「聞く」「話す」「読む」「書く」の技能領域ごとに行うが、横浜市では技能領域ごとの細かな評価規準を設定しており、より適切な評価の実現をサポートしている。さらに、年度末に日本語の習得状況を再び記録して義務教育終了まで引き継ぎを行うことで、長いスパンでの支援を滑らかに行うことができることとなる。

　また、編成の際には、自治体の実施している様々な支援策を十分に理解し、

日本語指導に係る個別の指導計画（横浜版）						
ふりがな 児童生徒名				作成者	横浜太郎	作成日 更新日	R5年5月2日
		DLAステージ	学習項目 （記号可）	その他・備考		DLA測定結果 （　）月（　）日実施
日本語力	聞く	2	d, e			
	話す	1	c, d, e			
	読む	1	d, e			
	書く	1	d, e			
指導目標	聞く	3	a, b, c			
	話す	3	a, b, c			
	読む	3	a, b, c			
	書く	3	a, b, c			

指導計画				
期間	時間数	日本語指導プログラム	DVD 指導内容	指導に対する評価 学習状況の評価
4月 〜 7月	（3） 時間 ／週	（○）サバイバル日本語 （○）日本語基礎 （　）技能別日本語 （　）日本語と教科の 　　　統合学習 （　）教科の補修	「ひまわり」 ・挨拶、自己紹介、横浜市歌 ・ことばと覚えるひらがなワーク ・算数（足し算、引き算）	・学習意欲があり、日本語の宿題もしっかりやる。 ・名前など書くことに興味あり。
9月 〜 12月	（3） 時間 ／週	（　）サバイバル日本語 （○）日本語基礎 （　）技能別日本語 （　）日本語と教科の 　　　統合学習 （　）教科の補修		

資料３

バランスよく取り入れながら行うことも大切である。例えば、先に述べた「ひまわり」のプレクラスの３日間と自校で過ごす２日間の内容をうまく融合させて計画を作成したり、母語による初期適応・学習支援を導入したりすることで、児童・生徒は無理なく確実に学校生活をスタートできるはずである。

笠原　一

第Ⅴ章

カリキュラム・マネジメントと
カリキュラム開発

1　これからのカリキュラム・マネジメント

1　はじめに

　2017年改訂、『小学校学習指導要領（平成29年告示）解説総則編』（以下、学習指導要領と略称する）に、カリキュラム・マネジメントという用語が登場した。同総則では、カリキュラム・マネジメントを、「児童や学校、地域の実態を適切に把握し、教育の目的や目標の実現に必要な教育内容等を教科等横断的な視点で組み立てていくこと、教育課程の実施状況を評価してその改善を図っていくこと、教育課程の実施に必要な人的又は物的な体制を確保するとともにその改善を図っていくなどを通して、教育課程に基づき組織的かつ計画的に各学校の質の向上を図っていくこと（以下「カリキュラム・マネジメント」という）」と示している。従前から、教育行政は、各学校の教育課程改善に向け、学校の全体計画及び教育課程編成等に役立つよう「学校評価ガイドライン」などにPDCAサイクルの活用を盛り込み発出してきた。各学校はそれらをよりどころとして、教育活動全体にPDCAサイクルを回し、学校の自己点検評価に役立て説明責任を果たしてきた経緯がある。

　だが、PDCAサイクルがどのように生成されてきたのか、その意味内容について、行政側からの説明は見当たらない。また、PDCAを併用したマネジメント・サイクルの作成・実施に、現場からは、組織運営上、評価の観点や基準を作成するのに多くの時間と事務量を要するという問題や、地域・保護者との連携による「社会に開かれた教育課程」は、多重構造で分かりにくくなっている点などがあげられている。教育課程改善及び学校経営に対するカリキュラム・マネジメントを巡っては、その意義を改めて問い直していくことは重要な問題である。

　このような問題意識に立ち、本稿では、第1に、カリキュラム・マネジメントの意義を明らかにし、第2に、カリキュラム・マネジメントと教育課程の三つの側面を検討する。第3に、カリキュラム・マネジメントと一体的に扱うPDCAサイクルの成立経緯を考察し、最後に、カリキュラム・マネジメントの諸問題を整理し、これからのカリキュラム・マネジメントを展望する。

2　カリキュラム・マネジメントの意義

　小泉（2019）[1] は、各学校が教育の目的・目標実現のために必要な教育内容等を組織し、教育課程を実施、評価・改善する学習指導要領のカリキュラム・マネジメントに対し、次のように述べている。

> 　「教育課程の経営」と言わずに「カリキュラム・マネジメント」と表記する定義の仕方に無理がある。（中略）そのもととなっている中教審答申（2016〈平成28〉年12月21日）においても，「カリキュラム」と「マネジメント」の明確な定義が見られない。「教育課程」という教育行政用語を用いた説明の中に，突然「カリキュラム」という研究用語が使用されており，その使用や定義の仕方には，理解しがたいものがある。

　いわゆる法的責任を伴う学校や教員の仕事を明確にするには、カリキュラム・マネジメントという概念や用語に対する丁寧な共通理解が不可欠であるのだが、それらが国から丁寧に説明されていないという指摘である。
　一般的に教育課程は、学校の教育内容の全体計画を示し、カリキュラムは、国や地方の教育内容や計画、各学校の全体計画・指導計画、学校の伝統や文化等を含めた幅広い概念として用いられてきたが、2017年改訂学習指導要領におけるカリキュラムの概念は、学校の教育課程にとどまらず教育方法・教育評価・環境整備・学校経営の在り方等を包含して示すとともに、学校の教育課程を軸に学校教育の改善を図り、好循環を生み出そうとするカリキュラム・マネジメントの充実に変わってきている。
　一方、田村（2020）[2] は、マネジメントする要素となる学校文化について、次のように述べている。

> 　例えば、教職員の大半がカリキュラムづくりに対してネガティブな場合は、管理職や一部の教職員がどんなに素晴らしいカリキュラムを作ったとしても、それは否定されたり、表面的には賛同されても実際は十分に実施されなかったりする場合がある。この組織文化は二つの側面からなる。一つは、カリキュラム文化（中略）であり、もう一つは教職員同士の人間関係の在り方や働き方など、経営活動に直結した部分で、これが狭義の組織文化である。（中略）組織文化は共有された考え方や行動様式だが、組織内には共有化されていないが、少なからず組織に影響を及ぼす個人的価値観も存在する。

カリキュラム・マネジメントは、組織的な営為であり、教育の質の改善には、学校教育目標やカリキュラム計画、評価は欠かせない。各学校の教育課程や教育活動は、皆、一つとして同じではなく、特色をもって経営されているものである。その上、いじめや不登校など、多くの課題も山積する。組織がチームとして課題を解決していくにはどうあったらよいか、それらを優先的に考える必要があることを示唆している。

　また、文部科学省（2021）『Society5.0の実現に向けた教育・人材育成に関する政策パッケージ』においても「子どもたちの多様化」の問題に対して次のようにまとめている。

> 　「教室の中にある多様性」（内閣府）には、「発達障害7.7%」「特異な才能2.3%」「不登校1.0%・不登校傾向11.8%」「家庭の文化資本29.8%」「家で日本語を話す頻度2.9%」がある。その詳細では、「発達障害や特異な才能、家で日本語を話す頻度が少ない子ども、家庭の文化資本の差による学力差等、学級には様々な特性を持つ子どもが存在し、これらの特性が複合しているケースもある。同学年による同年齢の集団は、同調圧力が働きやすく、学校に馴染めず苦しむ子どもも一定数存在し、不登校・不登校傾向の子どもは年々増加の一途をたどっている。さらには、一斉授業スタイルでは、一定の学力層に焦点を当てざるを得ず、結果として、いわゆる、浮きこぼれ、落ちこぼれ、双方を救えていない現状。このように、子どもたちが多様化する中で、教師一人による紙ベースの一斉授業スタイルは限界に来ている。」

　これらのまとめからも分かるように、文部科学省は、多様化する子供たちに対し、教育課程や授業改善を強く求めている。学習指導要領が示すカリキュラム・マネジメントは、このような現場の状況を助けられるか。研究者の見方、実務を担う教員の主張の違いは当然出てくるものの、教育実践の質を高めていく上で、教育課程改善及び授業改善は、最重要課題であることを認識しておかなければならない。加えて、文部科学省（2020）は、『教育職員免許法施行規則等の一部を改正する省令の施行等について（通知）』において、「教職課程コアカリキュラム」で、教員が、カリキュラム・マネジメントできる力を身に付けるよう明示した。カリキュラム・マネジメントは、より充実した授業の創造と活性化した学校づくりには、重要な意義をもつものと小括する。

3　教育課程と「カリキュラム・マネジメントの三つの側面」について

　教育課程と「カリキュラム・マネジメントの三つの側面」について、文部科学省（2019）中央教育審議会の答申（以下、答申と略す）では、これまでの教育課程を不断に見直すという第二の場面を重視した上で、これからは、「社会に開かれた教育課程」の実現に向けて、第一と第三を加えたと記している。

「カリキュラム・マネジメントの三つの側面」

1. 各教科等の教育内容を相互の関係でとらえ、学校の教育目標を踏まえた教科横断的な視点で、その目標の達成に必要な教育内容を組織的に配列していくこと。
2. 教育内容の質の向上に向けて、子どもたちの姿や地域の現状等に関する調査や各種データに基づき、教育課程を編成し、実施し、評価して改善を図る一連のPDCAサイクルを確立すること。
3. 教育内容と教育活動に必要な人的・物的資源等を、地域等の外部資源も含めて活用しながら効果的に組み合わせること。

　学習指導要領では、カリキュラム・マネジメントの定義を三つの側面を並立して記しているが、前提となった答申では、並立でなく、側面2を基本として教育課程の実施・評価・改善していくことが、カリキュラム・マネジメントの確立であると読み解くことができる。

　側面1は、環境・福祉・国際・情報化・災害安全等について、探究的に問題解決ができるよう、各教科等間のつながりを捉えた学習を進める観点から、教科等間の指導事項を相互に関連付け、横断を図る手立てや体制を整え、各教科等が往還できているか、カリキュラム・マネジメントによって明らかにしていくことを示している。

　側面3は、「社会に開かれた教育課程」の理念に直結させている。社会や世界の状況を幅広く視野に入れ「よりよい学校教育を通じてよりよい社会を創る」という目標を、学校と社会が共有し、連携・協働しながら新しい時代に求められる資質・能力を子供たちに育もうとするものである。この側面でのカリキュラム・マネジメントの取り組みは、授業の質の向上の他、学校外の教育資源、ヒト・モノ・カネ・情報・時間などを豊富にし、学習指導や仕事の効率化にそれらを活用し、教職員の勤務改善にもつながる組織運営の改善を行うこと

を狙ったものである。

（1）カリキュラム・マネジメントの手順と構成要素

　次に、カリキュラム・マネジメントの手順と構成要素について、村川（2020）[3] がまとめたプロセスを見てみよう。

　資料１から得られる知見として、①〜⑩の手順で活用・運用が図れるよう整理されており、学校長や研究推進にあたる教員にとっては、とても参考になる手順である。また、カリキュラム・マネジメントの三つの側面と①〜⑩について、側面１「教科横断的な視点」は④、側面２「PDCAサイクルの確立」は②③④⑤⑥、側面３は、「人的・物的資源の活用」は⑦⑨に関連付けられ、構造的であり、教員の学びのプロセスにもなっている。

---

①全国学力・学習状況調査や県版学力テストをはじめとした各種調査票等を踏まえて児童生徒と学校・地域の実態把握及び教職員の保護者等の思いや願いの把握に努める。

②①の実態及び育成を目指す資質・能力を踏まえての学校教育目標を設定し、教職員との共通理解を図る。

③②を達成するための教育方法の内容や方法についての理念や教育方針（例えば、授業スタンダードや話し合いの仕方のルールなど）を設定する。

④③を踏まえて各教科等の教育活動の目標や内容、方法を具体化するとともに、関連的・横断的に編成・実施する。

⑤④に基づいて各学年・学級が日々の教育活動と経営活動を展開する。

⑥授業研究やカリキュラム評価等を通して、④に関わる形成的及び総括的な評価に基づき改善を図る。

⑦⑤を支えるための協働性の高い指導体制及び運営体制を構築し、学習環境及び研修環境・時間等を工夫改善する。

⑧⑦を通して、学習指導要領の実現に向けて求められる教職員の力量向上や職能開発、意識改革を図る

⑨家庭や地域との連携・協力及び外部機関（教育委員会や大学、異なる学校種を含む他校園など）との連携を図る

⑩全体に関わって管理職がビジョンを持ったうえでリーダーシップを発揮する。

資料１　「教育委員会・学校管理職のためのカリキュラム・マネジメント実現への戦略と実践」
　　　　ぎょうせいp.19より転載　下線は筆者が引いたもの

　学習指導要領の各教科の指導内容では、資質・能力のうち、知識・技能については具体的に定められているが、思考力・判断力・表現力等や学びに向かう人間性等を育てる教育方法や評価については、各学校に委ねられている。「地域に開かれた教育課程」におけるカリキュラム開発は、社会の意向も受け止める必要があり、その上で、どのような資質・能力を求めるか、問題解決過程での思考力・判断力・表現力等や学びに向かう人間性等をどのように育んでいくのか、学習過程を設定する必要があり、これらを遂行する各学校の力量には大きなばらつきが予想される。

　特筆すべきは、村川（2020）[3] は、これらの運用に当たり、地方教育行政単位で共通のツールやシステムが採用され、運用されることが急務であることを主張した点である。

　そこで、行政支援の例として、横浜市教育委員会が発出した「横浜市立学校カリキュラム・マネジメント要領」を概観する。

（2）横浜市立学校カリキュラム・マネジメント要領全校配付の有効性

　横浜市では、行政支援として、横浜市立学校（小学校・中学校・義務教育学校・特別支援学校）に対し、「横浜市立学校カリキュラム・マネジメント要領総則」（横浜市教育委員会2018a）[4]、「同 総則解説」（横浜市教育委員会2018b）[5] を策定して全校種学校に配付し、“オール横浜”で作る教育をスローガンに、家庭・地域・関係諸機関と目標の共有、連携・協働の強化により、子供たちに関わる全ての関係者が一丸となって資質・能力育成のためのカリキュラム・マネジメントを推奨した。

　支援方法について、自主的・自律的に「社会に開かれた横浜らしい教育課程」を編成・実施・評価・改善をするためのよりどころとして、小中一貫教育推進ブロック（以下、「ブロック」と略す）で、「横浜2030」素案「横浜の教育が目指す人づくり」に向けて、各ブロックのカリキュラム・マネジメント支援にあたっている。具体的には、「ア 教科等横断的な視点でその教育内容を組織的に配列する。イ 調査や各種データ等に基づき一連のPDCAサイクルを確立する。ウ 教育活動に必要な人的・物的資源等を、地域等の外部の資源も活用しながら、効果的に組み合わせる。」（横浜市教育委員会2018b, p.4）などを構築している。とりわけ、「授業のつながり」「人のつながり」「学びの場のつながり」（横浜市教育委員会2018b, pp.7-8）に整理されており、カリキュラム・

マネジメントは全教育活動に展開されるものとして、横浜市内全校種の市立学校に周知徹底を図っている。これらは、村川が述べているカリキュラム・マネジメントの手順と構成要素の全てを網羅し、各学校が理念を共有するとともに、それぞれの学校が地域社会や文化等の特色を生かして学校改善、教育課程改善、授業改善に臨めるようになっている。この一連の行政支援、小・中一貫校ブロック研修、自校の校内授業研究会等を連動させ、PDCAサイクルを回すことによる工夫・改善は、成果が根付いており、全国に先駆けたカリキュラム・マネジメントのモデルにもなっている。

4 カリキュラム・マネジメントと一体化するPDCAサイクルの成立経緯

　次に、カリキュラム・マネジメントと一体化するPDCAサイクルについて読み解いていく。カリキュラム・マネジメントと一体化するPDCAサイクルの成立経緯について、なぜこのようなサイクルが必要なのか、行政側からの説明は見当たらないため、これらを解明しておきたい。日経ビジネス編（2009）[6] では、PDCAサイクルを次のように定義している。

　PDCAサイクルとは、Plan（計画）、Do（実行）、Check（測定・評価）、Action（対策・改善）を繰り返して行うこと。Action（対策・改善）は、次のサイクルのPlan（計画）につながる。1950年代にデミング博士が品質改善の考え方として提唱したもので、今日では、国の政策運営、企業経営の全体、生産や営業等の活動、個人の活動等様々なレベルで用いられている。

　先行研究では、学校経営過程研究分野で、牧（1973）[7] は「学校経営におけるPDSとその課題」で「PDSマネジメント・サイクル」（Plan-Do-Seeサイクル）という用語で登場させている。マネジメント・サイクルは、ばらばらでなく、一貫した連続性のあるプロセスとしてフィードバックする重要性を説いている。PDSの根拠には、日経に述べられているように、デミングが提起した"Plan-Do-Study-Act"サイクルが基になっており、その成立と展開については、岩崎（2006）[8] による詳細な検討が行われている。しかし、岩崎（2006）[8] は研究過程で「一般経営学の品質管理研究において、いつ誰がPDCAサイクルを提唱したかは、はっきりわかっていない」（p.10）と述べている。赤堀（2000）[9] の研究では、学習目標の設定、学習内容の構造化、教授法、授業デザイン、授

業の実施、学習の途中・結果の評価、次の設計へフィードバックすることにより、授業が改善されると記述している。また、PDCAサイクルとPDSの違いは、①サイクル期間の長短、②数値目標の強調のし方、③改善策の具体的公表の有無の３点に整理されることを明らかにしている。

　これらのことから、PDCAサイクルとは、1950年、デミングによって提唱された品質管理の経路を、日本の実情に合わせて「計画（Plan）・実行（Do）・評価（Check）・改善（Action）」の４段階からなる経路として継承し発展させた経営システムの基礎概念であり、それらは、産業・行政・教育などの諸分野で広く活用されてきたものと捉えられる。

　2006年、文部科学省は、「義務教育諸学校における学校評価ガイドライン」[10]に「PDCAサイクルによる自己評価」を位置付け、2010年、中央教育審議会（報告）「児童生徒の学習評価の在り方について」[11] でPDCAサイクルの活用を示した。各学校は、教育課程編成、児童・生徒指導、安全管理、人権教育など、全ての分野でPDCAサイクルを活用することになった経緯がある。今日の学校評価にカリキュラム・マネジメント及びPDCAサイクルの活用が推奨されている理由は、子供の主体的・対話的で深い学びを重視する指導観、探究する学習過程を重視した評価観、協働での感動体験の共有や分かち合う学びの喜びを追究しようとする目標観が、2017・2018・2019年改訂学習指導要領における授業実践とを結びつける媒体的存在として、今日のカリキュラム・マネジメントに位置付けられるPDCAサイクルの発想に通じていると考察する。

5　これからのカリキュラム・マネジメント

　カリキュラム・マネジメントの実践において、PDCAサイクルを回し、改善を図っていく過程では、多くの問題があげられている。八尾坂（2019）[12] は、「カリキュラム・マネジメントの三つの側面」に対して次のように指摘する。

　　①については、"タイムマネジメント"の浸透、つまり管理職や教員自身に勤務時間の適正管理、意識づけ、会議や学校行事の見直し、校務分掌業務平準化などによる多忙化緩和の教育活動における質的・量的効果の研究である。②については、校務情報化支援システム（中略）、③の部活動指導よる負担軽減は喫緊の課題である。教員の負担軽減のみならず、生徒の健全な成長を促す観点からも見

> 直しが求められ、部活動のP-D-C-Aマネジメント・サイクルの意識化が不可欠となる。

　側面１～３までの運用で、改善しなければならないのは、学校組織運営の効率化や校務の情報化、部活動指導の負担軽減などであるとし、管理上の問題についても言及し、教員の勤務時間にリサーチクエスチョンを提供している。

　地域に開かれ信頼される学校を実現するため、学校は、保護者や地域住民の意見や要望を的確に反映させ、校長のリーダーシップの下、主体的に創意工夫のある教育活動を展開し、学校の自主性・自律性を確立することが求められている。この他にも、保護者や地域住民が参画しやすい環境を整え、開かれた学校づくりを促進するため、学校運営協議会を活用し、学校評価を通じ、組織的・継続的に運営改善を図るとともに、保護者や地域住民に説明責任を果たし、協力促進を図りながら、教育の質の向上を図ることも期待されている。

　他方、「社会に開かれた教育課程」の探究において、今後、問われていくのは、「社会に開かれた教育課程」は、教員不足や指導力不足の穴埋めを狙うものとしてはいないか、教員免許状を持たない人たちに指導上の責任を負わせることにはならないかなどの素朴な疑問である。また、この他にも、誰のどのような利益につながるのかなどがある。

　これらのカリキュラム改善・授業改善に、保護者や地域住民に意見を求め、連携・協働を図るのは、重要な要因であり大事な役割を担っているものの、保護者・地域住民が同じような価値観、文化観、行動様式をもっているとは限らない。学校教育目標を説明し、保護者や地域住民に理解を求め、皆の力で教育内容を成し遂げていくには、対立や矛盾をはらんでいることも視野に入れておかなければならない。

6　おわりに

　カリキュラム・マネジメントは、以下の諸点がまとめられる。

（1）重要性

・2017・2018・2019年改訂学習指導要領[13] で示されたカリキュラム・マネジメントには、三つの側面があり、各学校が編成する第２の側面の教育課程を核に、教育活動や組織・運営など、学校の全体的なあり方の改善が求められ

ている。

・横浜市教育委員会の事例からは、示唆に富む指針が示され、学校経営改善等に有効活用できる。とりわけ教員の学び合いを基調とする授業研究は、我が国に独自に発展した教員の研究研修でもあり、国際的広がり（レッスンスタディ）を見せていることから有効性が保たれている。

・デミングのPDCAサイクルは、我が国のカリキュラム改善に明確な指針を与えた。今後は、各学校の創意工夫されたPDCAサイクルも期待できる。

（2）問題性

・教員一人一人が身に付けるカリキュラム・マネジメント研修、外部評価を担う保護者・地域住民のカリキュラム・マネジメント研修が必要である。

・学校が、教育課程・授業評価・外部評価ツールの分析結果をどうまとめ、進めていくか、組織プレー、事務量も含め依然として課題である。

・「社会に開かれた教育課程」のカリキュラム・マネジメントでは、教育課程が目指す理念を、学校・教育関係者・保護者や地域住民・産業界等と共有していくことは、学校教育の質の向上を促し、家庭教育を充実させる効果が期待されるものの、実施に向けた体制整備が課題である。

　これからの未来を担う子供たちにとって、オリジナリティのあるカリキュラム（新たに単元化された学習内容・学習過程）は、その子供たちの生き方、キャリア形成に大きな影響を与える。かつて東日本大震災の時、子供たちは社会とともに復興に力を貸し、新たな生き方を作り出したことを忘れてはなるまい。学習指導要領の考え方を基礎としながら、社会とのつながりの中で学校教育を展開していく理由について、熟慮し、我が国が社会的な課題を乗り越え、未来を切り拓いていくための大きな原動力となる子供たちを育めるよう、カリキュラムとカリキュラム・マネジメントが一体となって推進されることが重要である。同時にカリキュラム・マネジメントの有り様に、「唯一絶対の解」はないことも付記しておきたい。

引用文献

1) 小泉祥一（2019）日本カリキュラム学会編（2019）「現代カリキュラム研究の動向と展望」教育出版 p.93
2) 田村知子（2020）「教育委員会・学校管理職のためのカリキュラム・マネジメント実現への戦略と実践」ぎょうせい pp.57-59
3) 村川雅弘（2020）「教育委員会・学校管理職のためのカリキュラム・マネジメント実現への戦略と実践」ぎょうせい pp.14-19
4) 横浜市教育委員会（2018a）「横浜市立学校カリキュラム・マネジメント要領 総則」
5) 横浜市教育委員会（2018b）「横浜市立学校カリキュラム・マネジメント要領 学習評価編」
6) 日経ビジネス編（2009）「日経ビジネス経済・経営用語辞典」日経BP社 p.174
7) 牧昌見（1973）「学校経営におけるPDSとその課題」『学校運営研究』明治図書出版 pp.111-117
8) 岩崎保之（2006）「マネジメント・サイクルを生かした学校評価の在り方 ―デミングの品質管理論を中心にして」新潟大学大学院現代社会文化研究科紀要編集委員会編『現代社会文化研究』37号, pp.1-18
9) 赤堀侃司（2000）「システムズ・アプローチ」（日本教育工学会編『教育工学事典』実教出版所収）p.250
10) 文部科学省（2006）「義務教育諸学校における学校評価ガイドライン」
11) 文部科学省（2010）「児童生徒の学習評価の在り方について（報告）」
https://www.mext.go.jp/b_menu/shingi/chukyo/chukyo3/004/gaiyou/attach/1292216.h
（閲覧日：2023年7月21日）
12) 八尾坂修（2019）日本カリキュラム学会編（2019）「現代カリキュラム研究の動向と展望」教育出版 p.330-331
13) 文部科学省（2017）改訂「小学校学習指導要領（平成29年告示）解説総則編」pp.4-5

マネジメント力を身に付けよう

　教育課程論は、教育を志す者にとって必須である。実際に実践し、授業力を向上させ、子供たちの学びの質保障をしていくには、マネジメント力が必ずついて回るものである。

　最近は、学級の中で「浮きこぼれ・落ちこぼれ・発達に障がいがある子供・不登校気味の子供が多く、教員は、何処に焦点を当てて授業したらよいのか困っている」という。だが、ここで熟慮したいことは、子供たちは、担任を困らせようとしているのでなく、子供自身が困っているという事実である。「できるようになりたい」「友達が欲しい」と思っているが、うまくいかないのである。そのような子供たちに、どう関わっていけばよいのだろうか。教員は、ひとたび教室に入れば、一人一人の裁量に任されている。だからこそ、学校の目標、教科目標、カリキュラムを十分理解し、納得した上で、主体的・自律的に実践に取り組めるようマネジメントすることが求められるのである。

　日本の授業研究は、世界的に見て、マネジメントが行われている点で評価は高い。エジプトは、日本の特別活動を採り入れ、教室清掃を教えている。清掃活動を振り返り、よりよい学校生活をつくり出していることを、頭の片隅にいれていただければ幸いである。子供一人一人が、授業が面白いと思えるマネジメントを大事に、研鑽を積まれることを願う。

坂田映子

2　カリキュラムとウェルビーイングの創造

1　カリキュラムとウェルビーイングの創造

（1）エージェンシーの視点による教育

　Education2030プロジェクトによるエージェンシーは、第Ⅰ章2節3項でも述べたように「変化を起こすために、自分で目標を設定し、振り返り、責任をもって行動する能力」と定義されている（OECD, 2019)[1]。それは、子供が実際の学校や日常の生活の中で、自身で考え、必要な改善に向かっていることが子供の理想的な姿といえる。そして、子供が社会に出た際には、個人の「主体性」がより求められるといえる。

　VUCAな時代における社会では、世の中にある既存のルールを変更する場合が出てくることも予想される。また、ルールの変更にとどまらず、そもそもルール自体が整備されていない場合、新たなルールを作っていかなくてはならない場合も考えられる。そのためにも、学校教育の段階から、単に「ルールを守る。」だけではなく、既存のルールの存在も含めて、そもそも「このルールは正しいのか？」「このルールは変えるべきなのか？」などを考える習慣を身に付けておく必要もあろう。その際の基礎として倫理観、道徳観などの視点も必要になる。また、多様な他者の意見を聴いたり、協働したり、価値観をぶつけるなどして、社会において必要となる個人の倫理観や道徳観を研ぎ澄ましていくことも必要になるであろう。

　この「主体性」については、児童・生徒が最も時間と労力の多くを費やす学校の授業においても考えていかなくてはならない。その考えていかなくてはならない点とは、例えば、数学や社会科の学習に取り組んでいても、児童・生徒は試験などの外発的動機に依拠していることが大いにあるのではないのかということである。もちろん、児童・生徒の学習の目的が、通知表や入学試験といった他者が設定した目標やゴールをクリアすること自体は否定するものではない。しかし、よりVUCAな状況が進行していく現代社会においては、他者が設定した目標やゴールに向かうだけではなく、「設定されているゴールはそもそも適切なものであるのか？」「設定されているゴールを見直す必要はない

のか？」などを考えていくことが求められていくといえる。学校でよい成績を得ることや入学試験に合格することだけではなく、「評価や試験の目的や意義、内容は適切であるのか？」「高い評価や高得点を得ることにはどのような意義があるのか？」などを考えていくことも、より必要になっていくことだろう。教師やカリキュラム、教育政策を作る人たちにも、このような問いに自問自答することが求められているといえる。

（2）コンピテンシーの視点によるカリキュラムデザイン

　時代の変化に対応して、現行の学習指導要領においても、小学校の初等教育段階では「プログラミング」「英語」、高等学校の中等教育段階では「情報」「金融」などのコンテンツが導入されている（文部科学省，2017a[2]；2018[3]）。第Ⅰ章2節1項において述べたように、カリキュラムに書き込むだけの「意図されたカリキュラム」だけではなく、教育環境も含めた「実施されたカリキュラム」、評価の視点も踏まえた「習得されたカリキュラム」を視野においたカリキュラムをデザイン（創造）していくことが必要となる。学校カリキュラムを実際にデザインする際、限られた授業時間数の中で新たなコンテツを導入すれば、現場の教職員の多忙化に拍車をかける場面も予想に難くない。そこで、これらの状況を打開していくヒントとなる視点がコンピテンシーであると考える。

　以下はA高等学校のB教諭が「全ての教科を大切にする気持ちと自分を安売りしないというプライド」というタイトルで外部の教諭に話をした時の一部抜粋である（2023年3月6日聴取）。

　「A高校という名前から、理数系の科目にばかり特化していると思われるかもしれませんが、英語はもちろん、国語・社会科も同様に重要として生徒に学んでもらうことを心掛けています。サイエンスを研究し、結果が出た時には、発表して世の中に成果を伝える必要がありますが、正しく人に伝えるためには、文章に起こす国語力・世界に発信するために英語力が必要で、おろそかにしては、サイエンスエリートは成り立ちません。

　また、一人での研究には限界があり、世界中の仲間と切磋琢磨していく中で、コミュニケーションによって相互理解を図るとき、自分のバックボーンとしての歴史、相手のバックボーンとしての歴史はとても大切になってきます。教養の豊かさは社会で大きく人を助ける力です。高校でそれをえり好みせずに学ぶのが大きな飛躍の一歩となると考えています」

このように重要なコンピテンシーを見出すためには、児童・生徒がコンテンツの周辺にあるコンピテンシーをゆっくり、じっくりと探せるように、実施するカリキュラムを創造することや、習得されたカリキュラムを児童・生徒が省察できるようにする隠れたカリキュラムと意図したカリキュラムの双方を含めたカリキュラムの構想と構築が、教師や関係する人たちには求められるといえる。

2　カリキュラムデザインとカリキュラム・オーバーロード

（1）カリキュラムデザインの発想

　ラーニング・コンパスとは、第Ⅰ章2節3項でも触れたように、教育の未来に向けて望ましい未来像を描いた「学習の枠組み」である。ラーニング・コンパスは、「評価の枠組み」でも「カリキュラムの枠組み」でもなく、学びのコンパス（羅針盤）というべき学びの方向性が示されている（OECD, 2019)[1]。羅針盤とは言い得て妙であり、人が携帯している羅針盤の針がピッタリとある位置を示すのではない。常に針が揺れている羅針盤を思い浮かべると、ラーニング・コンパスとしてのイメージにふさわしい羅針盤といえるかもしれない。そのような羅針盤の針は、人が同じ位置にいて羅針盤を覗き込んでみても、ピッタリと止まってある方向を指すことはなく、常にプルプルと示す針は微妙に揺れている。まさにこの針の微妙な揺れは、VUCAな時代にある私たちの進むべき方向、そしてそのための教育や学びの向きは絶えず揺れているということを物語っているかのようである。しかし、VUCAな時代にあったとしても「羅針盤の針が上にあれば、その針のさす方角はだいたい北である」ぐらいの学びの方向性があってよいと考えるのがラーニング・コンパスの発想だろう。

　そこで、本節ではこのラーニング・コンパスの発想にあやかり、ある程度のカリキュラムの方向、向きは示しておき、VUCAの時代に合わせ「いつでも柔軟にカリキュラムを想像・創造していくことができるように！」という発想のもと、「デザイン」という言葉を用いて「カリキュラムを開発すること」「カリキュラムを設計すること」などの意味を全て総じて、カリキュラムデザインやカリキュラムデザインに基づく授業デザイン（学習指導案や授業プランなども含める）という言葉を用いて、その紹介を行っていく。

　また、上述したように羅針盤の針をプルプル揺らしておくことは、カリキュ

ラムの想像や創造を行わないことではなく、カリキュラムについて自由な方向、方法などを時代や社会背景、国や地域のあり様を常に考え、個人と社会のウェルビーイングを目指し、ローカルにかつグローバルにカリキュラムの想像と創造を読者の皆さんには行ってほしいと願っている。この後に続く項では、様々な事例を取り入れたカリキュラムデザインや授業デザイン、現在学校現場でカリキュラムをデザインしている教師たちの願いなどを紹介していこうと思う。そして、教師一人一人がカリキュラムのデザイナーとして、カリキュラムをデザイン（想像・創造）していく際に本章が参考となることを願っている。

（2）カリキュラム・オーバーロード

　（1）にて、カリキュラムをデザイン、授業をデザインしていこうと意欲を持たれた読者に水を差すようで恐縮ではあるが、本項ではカリキュラムをデザインする際の留意点ともいうべく、カリキュラムにおいて国際的な課題として存在するカリキュラム・オーバーロードを取り上げる。

　OECD（2020）[4] では、カリキュラムをデザインする際、カリキュラム・オーバーロードに配慮することを指摘している。一般的にはカリキュラム・オーバーロードとは、カリキュラムを実施する際の過剰負担・負荷を意味し、OECD（2020）[4] では、以下の4つの側面からカリキュラム・オーバーロードの判断や分析ができると説明している。

①カリキュラムの拡張（Curriculum expansion）：どのような項目を削除する必要があるかを適切に考えずに、社会の要求に応じて新しい学習内容を追加する傾向

②学習内容の詰め込み過ぎ（Content overload）：指導可能時間に対する学習内容の過剰な量

③認識されている過負荷（Perceived overload）：教師や子供によって認識または経験され報告された過剰な負荷の次元

④カリキュラムの不均衡（Curriculum imbalance）：適切な調整を行うことなく、他の領域を犠牲にして特定領域に向けられる過剰な意識

　そして、OECD（2020）[4] では、以下のようにカリキュラム・オーバーロードの課題について説明をしている。

> 「カリキュラムとそのカリキュラムを実施する国や地域において、新たに生まれる経済的、社会的な要求との整合性をとり続ける取り組みは、カリキュラムに過剰の詰め込みや負担がかかりすぎた状態（カリキュラム・オーバーロード）を引き起こす。政策立案者が、多様な利害関係者、利益団体の要求に応えようとすると、詰め込みのカリキュラムを作成する可能性が高まる。カリキュラム・デザインの段階で何を含め、何を外すのか、そしてカリキュラムに含めるか否かの根拠は何か、そのような検討が不十分な場合に、カリキュラム・オーバーロードが特に引き起こされる。カリキュラム・オーバーロードによってカリキュラムが偏狭で断片的、もしくは歪曲された形での実施につながる可能性があり、子供たちの学習の質に影響を及ぼしかねない。新しいカリキュラムの要求を満たそうとして授業時間外での補習や宿題などが課されることで、子供たちと教師たち双方のウェルビーイングが損なわれる可能性が高まる。次々と生まれる社会的要求に対して、新たな教科を作ることで、さらなるカリキュラム・オーバーロードを引き起こすことがないよう、多くの国や地域では、新たに生まれる社会的要求を教科横断的テーマとして扱うことや、既存の教科に落とし込む方法をとっている」

OECD（2020）[4] では、カリキュラム・オーバーロードの課題解決に対して、国際的な状況を踏まえ、カリキュラム・オーバーロードを克服する方法として、コンピテンシーの考え方をあげている。例えば、国連の持続可能な開発目標（SDGs）やOECDのグリーン成長（Green Growth）の課題、そして増大する環境、社会、ガバナンスの観点から「環境教育と持続可能性」に関するものを教科と領域を横断したテーマに、カリキュラムをデザインすることをあげている。また、今後ますますグローバル化し相互に関連し合う世界で生きていくための備えを子供たちに保障するため、グローバルコンピテンシー育成の視点から、教科と領域を横断したテーマ「地域及びグローバルな市民性と平和」などの設定を例示している。教科と領域を横断したテーマは、従来の教科学習よりも子供たちの全人的な成長を促すために用いられることを指摘している。

3　キー・コンセプト、ビッグ・アイデアとカリキュラム

（1）ラーニング・コンパスにおいて整理された知識・スキル・態度及び価値観
本項では、まずはじめにラーニング・コンパスにおいて示されている「知

識」「スキル」「態度及び価値観」について整理しておく。

「知識」とは、「世の中の特定の側面に関する確立された事実や概念、アイデア、理論などを含むもの」としている。さらに「知識」を以下の4つに分類している。

①教科の知識

②教科横断的な知識

③エピステミックな知識

④手続き的知識

次に、「スキル」について述べる。日本では、学習指導要領にある「知識・技能」という知識と一体的なくくりで「スキル」は「技能」や「技術」と訳されがちであるが、ラーニング・コンパスでは、次のような意味で用いられている。「スキル」とは「プロセスを実行したり、目標を達成するために自らの知識を責任ある形で活用することができる能力」としている。そして「スキル」を以下の3つに分類している。

①メタ認知を含む認知的スキル

②社会・情動的スキル

③身体・実用的スキル

最後に、「態度及び価値観」であるが、ラーニング・コンパスでは、「個人や社会、環境に関するウェルビーイングの実現に向けて行う、個人の選択や判断、ふるまいや行動に影響を与える主義や信条」としている。

そして、「知識」「スキル」「態度及び価値観」は競合し合うコンピテンシーではなく、むしろ、相互に関わり合いながら育成されていくものとしている（OECD, 2019）[1]。

よりVUCAな時代において、「知識」「スキル」「態度及び価値観」を統合した形で、コンピテンシーは発揮していくものといえる。日本では、これら統合したコンピテンシーの育成は「生きる力」として現行の学習指導要領においても「知・徳・体」のバランスのとれた育成として見出すことができる（2017a[2]; 2017b[5]; 2018[3]）。

（2）キー・コンセプト、ビッグ・アイデア

（1）にて指摘したように、知識、スキル、態度及び価値観は三すくみの糸のように絡み合いながら、育成されていく。ラーニング・コンパスによると、

知識をより深く理解し、より高次のスキルを身に付けるためには、認知的な側面だけではなく、態度や価値観、情動などを相互補完的に併せて児童・生徒が身に付けていくことが重要であると指摘している。様々な状況や環境において知識をどのように活用していくのか試行錯誤する中で、①教科の知識、②教科横断的な知識、③エピステミックな知識、④手続き的知識の相互作用が生じて、より深い知識やスキルを児童・生徒は身に付けていくからであると説明している（OECD；2019）[1]。

　そこで、本項では特に「②教科横断的な知識」に着目してコンピテンシーの育成を目指す授業デザインの例を見ていきたい。

　Education2030プロジェクトでは、教科横断的な知識を育成するためのカリキュラムデザイン上の工夫として、５つのアプローチを例示している（OECD, 2019）[1]。本項ではそのうち「キー・コンセプトとビッグ・アイデアに関する学習」と「概念相互の関係を捉える学習」の２つを取り上げる（OECD, 2019）[1]。

　キー・コンセプトとビッグ・アイデアとは、各教科などの中核的な概念のことを指す。詳細なコンテンツを学習するのではなく、幅広い転移の可能性をもつ概念を重視することで、教科の本質及び教科横断的な知識を学習者が理解することを目指している。「転移の可能性」とは、特定のコンテクスト（教科など）で学習することが可能で、かつ他のコンテクストにも移って、知識やスキル、態度及び価値観を児童・生徒が身に付けられる可能性が存在するということである。また、キー・コンセプトとビッグ・アイデアの２つの言葉は同義的に用いられることがある。

　「概念相互の関係を捉える学習」とは、様々な事象が複雑に絡んでいる実社会や日常の課題を取り上げ、特定の学問分野を越えた多様な概念の相互の関連について学習することである（OECD, 2019）[1]。

　次の資料１は、某大学の教職課程を履修している３年生Rさんが作成した授業デザインの一部である。

探究課題 1

　この授業デザインは、どの教科で実施されることを想定しているか。また、「知識」「スキル」「態度及び価値観」はどのようなコンピテンシーを想定して設定されているか、そして、そのコンピテンシーは授業デザインのどんなところから予想されるのか、授業デザインから想定し指摘してみよう。

　生徒の様々な表現手段として、「言葉によるもの」「数量や寸法といった数値や数字、数式によるもの」「物体の空間感覚、色合いなどの質によるもの」などを提出物として最終的に用意している。また、これら生徒の作品や制作の完成後、それぞれ鑑賞し合い、お互いに意見交換する機会も作っていることが、この授業デザインに存在していることを付記しておく。

　以下では、生徒の作品例を教師が想定し、先に紹介することで設計及び制作の具体的なイメージをつかませようとしている。留意点として、これら作品例にとらわれずに、生徒には自分の近い将来を想定して具体的かつ実用的に設計及び制作を考えてもらうようにしている。

　設計と制作の際、「自分にとっての快適な空間」を考えるのだから、家族構成や所在地、勤務や通学状況など考慮することを生徒には求めている。

●テーマ
9坪ハウス-私の空間-

●内容
自分にとって快適な空間づくりについて考え、9坪の内部空間を構成する

●制作物
①簡易図面
②縮尺模型

●目標
①空間の構成力、ボリューム感、スケール感を養う
②簡易図面、縮尺模型制作で必要な材料・道具の扱い方、図記号の表示等、基本的な知識・技能を習得する
③住まいの内部空間設計を通して人とモノと空間の関係性、デザインの生活・社会との関わり方についての考えを深め、制作を通して学んだことを自身の生活に活かす

資料1　Rさんの考案した授業デザインの一部

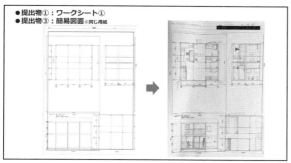

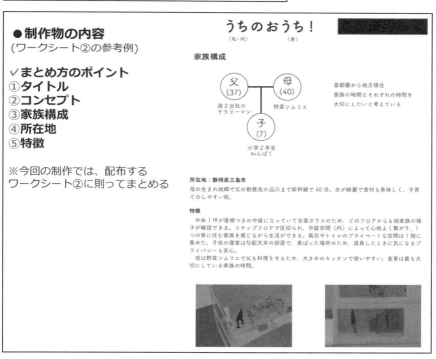

資料1　Rさんの考案した授業デザインの一部

　本資料では、図面、作図、制作などがあるので、中学校の技術科、高等学校
では工業科が思いつく教科での実践を想像されたかもしれない。また、設計に
関する知識を扱うことから、数学科の三平方の定理、三角比、三角関数の単

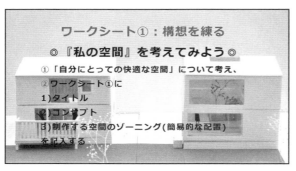

資料1　Rさんの考案した授業デザインの一部

元などの授業もありえそうだ。さらに、生活上の工夫や建物のデザインの豊かさ、機能性などを扱っているので、家庭科や美術科での授業実践もありえそうである。この授業デザインは、教科横断的に幅広い転移の可能性をもつ概念を重視することで、教科の本質及び教科横断的な知識を学習者が理解することを目指しているといえそうである。また、目標にもある「自身の生活に生かす」ことを学習目標におき、様々な事象が複雑に絡んでいる実社会や日常を取り上げ、近い将来の「うち（私）のおうち（家）」を教材化することにより、特定の学問分野を越えた多様な概念の相互の関連について学習することが可能になる。また生徒一人一人が将来に向かって自身の生活に夢や希望をもつことが可能になる好事例として、本授業デザインはあげられるといえよう。

引用文献

1) OECD（2019）OECD Learning Compass Concept Notes.
   https://www.oecd.org/education/2030-project/teaching-and-learning/learning/all-concept-notes/（閲覧日2023年7月2日）
2) 文部科学省（2017a）「小学校学習指導要領（平成29年告示）解説 総則編」
   https://www.mext.go.jp/content/20230308-mxt_kyoiku02-100002607_001.pdf.（閲覧日2023年7月2日）
3) 文部科学省（2018）「高等学校学習指導要領（平成30年告示）解説 総則編」
   https://www.mext.go.jp/content/20211102-mxt_kyoiku02-100002620_1.pdf.（閲覧日2023年7月2日）
4) OECD（2020）Curriculum Overload:A Way Forward.
   https://read.oecd-ilibrary.org/education/curriculum-overload_3081ceca-en#page1（閲覧日2023年7月2日）
5) 文部科学省（2017b）「中学校学習指導要領（平成29年告示）解説 総則編」
   https://www.mext.go.jp/component/a_menu/education/micro_detail/__icsFiles/afieldfile/2019/03/18/1387018_001.pdf.（閲覧日2023年7月2日）

茂野賢治

3 コミュニティ・スクールと「ふるさとカリキュラム」

1 「崩信」の時代の中の新しい学校制度

> 　朝日歌壇でよくお見受けする大阪の長尾幹也さんに先日、次の作があった。〈おのずから足踏んばって電車待つ突如背中を押す奴のため〉。人は押されれば、簡単にホームから落ちるに違いない。だが私たちは普段、そんな理不尽はないと信頼して、無防備な背を他人に見せて電車を待つ▼世の中をつかさどる「暗黙の信頼」である。それを、岡山で3月にあった事件は揺るがした。疑心暗鬼を生ずれば、おちおち電車にも乗れない。歌の心境が他人事（ひとごと）ではない向きも多かっただろう▼ことの度合いは違うけれど、高級料亭「船場吉兆」で、また醜聞が噴き出した。客の食べ残しを別の客に出していたという。思えば料理屋の厨房（ちゅうぼう）は、客の目を隔てた「密室」だ。吉兆に限らず、やろうとすれば難しいことではあるまい▼だが私たちは普段、そんな不実など思いもよらず、料理を口に運ぶ。念を押すまでもなかった「暗黙の信頼」が、ここでも揺れた。まっとうな店への疑心も植え付けたとしたら、船場吉兆の罪は重い▼「もったいない」と前社長が指示したそうだ。だが、それを言い訳にしては「もったいない」に申し訳ない。食べ物を大事にする思いと、商売のそろばんは、顔つきは似ていても心根が違う▼いま「信」は細り、不信をこえて「崩信」の時代という。最近の本紙世論調査では「世の中は信用できない人が多い」は64％、「人は自分のことだけ考えている」は67％にのぼっている。悲観したくはない。だが、そんなものさと受け流せる数字では、もうないように思う。
>
> 　　　　　　　（2008年5月6日〈火曜日〉付　朝日新聞天声人語より）

　この新聞記事[1]から15年が過ぎている。A小学校で学校運営協議会を立ち上げるときに、教職員や地域の方々を説得するために使用した朝日新聞天声人語の引用である。学校運営協議会を設置したことによって何が変化したのであろうか。

　コロナ禍の中では、人は家に閉じこもり、他人との接触を避ける行動が増えた。「自分はかかっていない、他人から移されるのは迷惑だ」という意識が蔓延し、他人を信用しない「崩信」は継続しているのだろうか。各地の夏祭り

が復活し、やはり、人は集まってくる。A小学校では「ふるさと祭」が復活し、準備が進められている。

　「世の中は信用できない人が多い」が64％、「人は自分のことだけ考えている」が67％であった「崩信」は、学校を核として「信」が構築されてきているようだ。

（1）地域に開かれた「信頼される学校づくり」からの出発

　文部科学省は、2000年1月学校教育法施行規則の改正「第23条の3」を追加し、「学校評議員は、校長の求めに応じ、学校運営に関し意見を述べることができる。」とした。続いて2004年6月地方教育行政の組織及び運営に関する法律の改正「47条の5」が追加され、「学校運営協議会を置くことができる」とし、①地域住民・保護者による合議体としての参加制度 ②教育課程編成及び行財政事項、学校教職員人事にまで意見具申することが可能という、スクール・ガバナンスの視点の権限を与えた。

　この法改正を受けて、横浜市は学校と保護者や地域の方々などが協働で学校運営を進めることにより、スクール・ガバナンスの視点による地域に開かれた信頼される学校づくりを推進するため、2005年4月1日教育委員会規則第15号「横浜市立学校における学校運営協議会の設置等に関する規則」（以下「規則」という）を制定し、規則の施行に伴って2005年3月28日教政第192号教育長通知「横浜市立学校における学校運営協議会の設置等に関する規則の施行について」で次のような留意事項等を通知した。[2]

　（1）趣旨（第2条関係）
　　学校運営協議会を通じて、保護者や地域の方々が一定の権限と責任を持って学校運営に参画することにより、そのニーズを迅速かつ的確に学校運営に反映させるとともに、学校・家庭・地域社会が一体となってより良い教育の実現に取り組むことがこの制度のねらいである。
　（2）協議会の役割（第9条関係）
　　ア　学校運営に関する基本的な方針（第1項及び第2項関係）
　　　保護者や地域の方々の参画を得ることで、校長の学校運営に対するサポートを得ることが、コミュニティ・スクール（学校運営協議会）の重要な目的です。学校運営の基本的な方針案について、校長と学校運営協議会の意見が一致せず、承認が得られない場合、校長は、理解を得られるよう、十分な説明を行い、議

論を尽くして成案を得るよう最大限努めてください。

　それでもなお、学校運営協議会の運営が著しく適正を欠くこと等により承認が行われない場合には、校長は、例外的に、承認を得ることなく学校運営を行うことができます。ただし、そのような状況が継続する場合には、指定を行った教育委員会は実情を把握した上で必要な指導を行い、なおも著しい支障が解消されない場合には、学校運営協議会の指定を取り消すなどの措置を講ずることになります。

イ　教職員の任用に関する意見（第4項から第6項関係）

　学校運営協議会からの意見は、校長の所属職員の進退に関する意見の申出とは異なるもので、保護者や地域の方々の意見を任命権者に直接伝えるための手続であり、両者の位置付けは異なります。教育委員会は、学校運営協議会が人事に関する意見を述べた場合であっても、校長からの意見具申を待って任命権の行使を行うことになります。

　しかし、学校運営協議会の設置は、学校・家庭・地域社会が一体となってより良い教育の実現に取り組むことがねらいですので、学校運営協議会の意見は校長と十分調整のもとで行われることになります。

　横浜市には、学校運営協議会の外に「学校評議員制度」及び横浜市独自の「まちとともに歩む学校づくり懇話会」があった。「学校評議員制度」は、校長の求めに応じて、個人としての立場で学校運営に関する意見を述べるものである。また、「まちとともに歩む学校づくり懇話会」は学校運営協議会や学校評議員の制度が出来る前から設置されており、スクール・ガバナンスの視点による学校づくりに関する意見交換等を行ってきた。地域に開かれた信頼される学校づくりをより一層進めていくために、いずれの制度を取り入れるかは学校や地域の実情等に応じて選択してきた。

　校長として「信頼される学校（スクール・ガバナンス）」「特色ある学校（ソーシャル・キャピタル）」の両方を「関係づくり」というキーワードで実践してきた。

　佐藤（2019）は、「コミュニティ・スクールは、成立過程を分析するときに、単なるソーシャル・キャピタルのための仕組みではなく、単なるスクール・ガバナンスのための仕組みでもなく、これら2つの側面を具有し、有機的に関係させながら教育の相乗効果を意図した、新たな学校制度の装置であることが明らかになる」[3] と主張する。

　A小学校の取り組みでは、「地域に開かれた信頼される学校づくり」という視点からは、スクール・ガバナンスのための仕組みと言えるが、地域に開くための手立てとして、教育活動の中にソーシャル・キャピタルを活用した。その結果「学校を中心とした地域のふるさと化」が推進され、地域と連携した環境整備やイベントが実施された。正に「新たな学校制度の装置」であると言える。

（２）新たな学校制度と地域学校協働活動

　A小学校が「防災まちづくり」として、総務大臣賞を受賞したことについて言えば、新たなる学校制度により地域づくりが進んだと言える。

　佐藤（2019）は、「新たな学校制度の装置」と規定したが、文部科学省総合教育政策局地域学習推進課地域学校協働活動推進室（2019年）の地域と学校でつくる学びの未来のパンフレットの中で、地域学校協働活動を「学校を核とした地域づくり」[4]と規定している。

> 　「地域学校協働活動」とは、地域の高齢者、成人、学生、保護者、PTA、NPO、民間企業、団体・機関等の幅広い地域住民等の参画を得て、地域全体で子供たちの学びや成長を支えるとともに、「学校を核とした地域づくり」を目指して、地域と学校が相互にパートナーとして連携・協働して行う様々な活動です。
> ・次代を担う子供たちに対して、どのような資質を育むのかという目標を共有し、地域社会と学校が協働。
> ・従来の地縁団体だけではない、新しいつながりによる地域の教育力の向上・充実は、地域課題解決に向けた連携・協働につながり、持続可能な地域社会の源となります。

　A小学校に着任したとき、旧住民と新住民との関係づくりが１つの課題であった。自治会・町内会が地域防災拠点を運営していたが、マンション群が次々に建設される中、それぞれのマンション管理組合で災害対策がなされるため、マンションの住民の多くが自治会・町内会に入会していなかった。

　地域防災拠点となる体育館で、子供たちを参加させて地域との合同防災訓練を実施したときに、マンションから通う子供たちの居場所がなかった。

　学校運営協議会という制度を活用し、地域に開かれた学校を目指し、スクール・ガバナンスとソーシャル・キャピタルをフルに活用することにより、地域学校協働活動が実現し、地域課題が解決され「学校を核とした地域づくり」が

実現した。

　「学校を核とした地域づくり」とはいえ、学校の教育課程とのつながりは、薄い。これまでの青少年育成組織についても教育課程との関連を見てみよう。

2　「青少年育成組織」と教育課程

　子供の健全育成に関わり、学校だけでは担いきれない状況の中、多くの青少年育成組織が生まれてきている。組織の発足過程を見ながら、教育課程とのつながりを見てみたい。

(1) PTA（Parents-Teachers Association 父母と教師の会）
1) アメリカで出発
　1880年代の社会問題である婦人解放、青少年の保護、公立学校の増設等を解決するために、母親の手による「児童愛護の運動」がはじまった。1890年A・バーニー女史（後にPTA生みの親と言われる）が声をかけ、ワシントンに2,000人の母親が集まる。1914年には、父親も入れるようになり、教育の民主化を目的として、1917年PTAの全国協議会が作られた。

2) 日本のPTAの結成
　我が国におけるPTAは、第二次世界大戦後、GHQの指導のもと文部省の勧奨がなされ、1947年から1950年にかけて、ほとんど全国の小・中・高等学校において結成された。横浜市のPTAは、1947年に、横浜市内の小・中学校に設置がはじまり、1950年、横浜市PTA連絡協議会が発足した。
　PTAの性格・役割として、以下のように定義づけられている。[5]

> 　父母と先生の会（PTA）は、児童生徒の健全な成長を図ることを目的とし、親と教師とが協力して、学校及び家庭における教育に関し理解を深め、その教育の振興に努め、さらに、児童生徒の校外における生活の指導、地域における教育環境の改善・充実を図るため、会員相互の学習その他必要な活動を行う団体である。
> （「父母と先生の会の在り方について」社会教育審議会報告 昭和42年6月23日）

　PTAは社会教育団体とされ、学校の単なる後援会や意思伝達団体ではなく、

会の趣旨に賛同した親と教師が自主的に参加し、会員の総意によって運営される団体である。

3）PTAと教育課程

現代は、PTA活動が困難になってきている。以前は、ほとんどの家庭が当たり前のように加入していたが、考え方が多様化したり、共働き夫婦が多くなってきたりして、加入しない家庭が多くなってきたことで、実質的に活動できなくなってきている。

PTA活動が困難になっても、学校の教育課程に影響が出ているという話はない。教育環境整備や家庭科のミシンの指導、読み聞かせなどPTAを通して人材を集めた経緯はある。この活動は、地域学校協働本部に引き継がれている。

（2）神奈川県学校・警察連絡協議会 1956年【学警連】

神奈川県教育委員会との協議により警察本部から各警察署長に発出された「学校と補導連絡体制の強化について（S31.12.5通達）」に基づき「学校警察補導連絡協議会」（当時）として各地域の実情に応じて設立された。設置状況は横浜水上署を除く53警察署単位ごとに設置され、県内の公立・私立小・中・高・特支の1,874校が加盟し、大多数が中学校の校長が事務局の会長となって情報交換を実施している。少年非行の低年齢化・虐待案件への迅速な対応のため、児童相談所が構成員として参画（2013年）している。[6]

> 1　目的
> 　児童生徒の健全育成、非行防止、安全対策等について、広域的な情報交換と問題事項の研究協議を行うと共に、各地区警察署、学校・警察連絡協議会相互の連携を図り、もって少年の健全育成に寄与するものとする。
> （神奈川県学校・警察連絡協議会の概要R２.８.生活安全部少年育成課資料より）

地域での事件発生や不審者の対応など、学校と警察との連携は、子供たちの安全・安心を守るために機能している。学校の教育課程とのつながりは、ほとんどないといえる。

（3）学校・家庭・地域連携事業 1983年

1983年１〜２月に起きた横浜市立中学生ら少年グループによるホームレス連

続襲撃事件の発生等の状況を受け、「青少年の非行防止と健全育成」を目的として出発した組織である。

　中学校区単位で教育委員会事務局が管轄し「学校・家庭・地域連携促進事業」が進められた一方、連合町内会単位で市民局が「地域青少年育成協議会事業」を進めた。

　1985年度には、「横浜市学校・家庭・地域連携事業推進要綱」を制定し、2事業を一本化し、区役所の管轄で継続されている。その後、1994年より各区役所の「個性ある区づくり推進事業」として、各区の地域特性を生かした事業として推進され、児童・生徒の豊かな人間形成を目的として、中学校単位で事業が推進されている。

　人権教育の視点で教育課程と関連した指導が行われた。しかし、各学校の教育課程の中に「学校・家庭・地域連携事業」との関連が位置付いているとはいえない。

3　組織をつなぐコミュニティ・スクール

　子供たちのために「青少年育成組織」が次々に立ち上がってきているが、いちばん重要な子供に関わる教育課程とのつながりが薄い現状が見えてくる。

　そこで、横浜市でも全校配置が進んでいる「学校運営協議会」と「地域学校協働本部」では、教育課程とのつながりを意識して取り組んでいくことを提起する。

（1）学校運営協議会と地域学校協働本部

　横浜市教育委員会事務局が作成した「地域とともに子どもを育む学校づくり」（2020年）には、次のように定義づけられている。[7]

> 　学校運営協議会は、地域・保護者の皆さんと学校が目標を共有し、一定の権限と責任を持って学校運営に参画する仕組みです。この仕組みを持つ学校を「コミュニティ・スクール」と言います。
>
> 　地域学校協働本部は、既存の地域と学校の連携体制をもとにして、地域学校協働活動推進員（学校・地域コーディネーター）が中心となって緩やかなネットワークを形成し、より多くの幅広い地域の皆さんや団体等の参画によって地域学校協働活動を推進する体制です。

　2004年に国が、地域教育行政組織及び運営に関する法律の一部改正により「コミュニティ・スクール（学校運営協議会制度）」が制度化され、学校評議会等のスクール・ガバナンスを中心とした仕組みがスタートした。

　また、2002年に完全学校五日制が開始され「地域子ども教室推進事業」（地域教育力再生プラン）委託事業も開始され、ソーシャル・キャピタルの考え方も進んだ。それぞれの出発点は異なるものの、現在のコミュニティ・スクールと地域学校協働本部の原型とも言える。

　「1　『崩信』の時代の中の新しい学校制度」で述べた、「学校を中心とした地域のふるさと化」を学校経営の柱として「A小学校学校運営協議会」を設立し、「ふるさと祭・学校ファンド」を立ち上げたのは、この少し後である。

　「学校を中心とした地域のふるさと化」を学校経営の柱にしたのは、多くの組織が青少年を守り育てようとしているのだから、それぞれの組織を知り、つなげ、子供と保護者が互いに感謝し合うべきであるという考えからであった。互いに感謝することによって、子供自身が成長して大人になったときに、地域に貢献する大人になることを願い「学校を中心とした地域のふるさと化」を主張したのである。資料1に示す図も、正に重なるものである。

　次の項では、資料1にある「学校運営協議会と地域学校協働本部が一体となって横浜の子どもを育てます」の視点に教育課程の視点を入れ、提案したい。

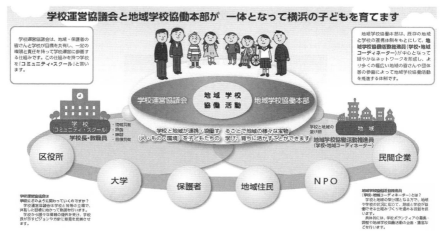

資料1　地域とともに子供を育む学校づくり

4 「学校を核とした地域づくり」を支える「ふるさとカリキュラム」の創造

　コロナ禍を通して、人とのつながりが希薄になってきている現代社会は、価値観も多様化してきている。スクール・ガバナンスを超えて「学校を核とした地域づくり」を推進し、「地域とともに子供を育む学校づくり」を目指すことは、喫緊の課題である。

　20年前と同じように新しい学校システムによって、「学校を核とした地域づくり」を進めていくだけではなく、「ふるさとカリキュラム」を目に見える形で構造図の中に組み込んでいきたい。国は、「ふるさと教育」「ふるさと発見学習」「郷土学習」等々のキーワードは、すでに提唱してきている。まずは、一つずつ整理しておく。

（1）ふるさと教育（ふるさと発見学習）

> 　ふるさと教育は，人間としてのよりよい生き方を求めて昭和61（1986）年度から取り組んできた「心の教育」の充実・発展を目指したものであり，平成5（1993）年度より学校教育共通実践課題として推進してきている。
> 　1　ふるさと教育のねらい
> 　ふるさと教育は，幼児児童生徒が郷土の自然や人間，社会，文化，産業等と触れ合う機会を充実させ，そこで得た感動体験を重視することによって，
> （1）ふるさとのよさの発見
> （2）ふるさとへの愛着心の醸成
> （3）ふるさとに生きる意欲の喚起
> 　を目指すものである。
>
> （文部科学省　ふるさと学習）

　ふるさと教育は、人間としてのよりよい生き方を求めて、「心の教育」の充実・発展を目指したものであり、「（1）ふるさとのよさの発見（2）ふるさとへの愛着心の醸成（3）ふるさとに生きる意欲の喚起」をねらいとしている。[8]
　また、地域学校協働活動を説明するパンフレットの中で、「地域学校協働活動として、例えばこんな取組が考えられます」の中に、「地域づくり」のベクトルの起点に「ふるさと発見学習」が位置付いている。地域学校協働活動であ

る以上、地域での「ふるさと発見学習」であり、学校での「ふるさと発見学習」と捉えてよいと考える。

　学校でのふるさと発見学習は、これまでの生活科や社会科、総合的な学習の時間の中で地域の材のよさに目を向けた授業実践は数多くあるため、その授業実践を「ふるさと発見学習」として教育課程の編成に位置付けてはどうだろうか。

　地域でのふるさと発見学習は、「まち歩き等のプログラム」が実践されてきているので、「ふるさと発見学習」の視点で整理することにより、生涯学習にもつながり、学校と地域が互いに切磋琢磨してふるさと発見学習を推進することができるであろう。

　これらのことを踏まえ「ふるさとカリキュラム」として位置付けていきたい。

（2）教育基本法改定に見る「郷土（学習）」

> 　5　伝統と文化を尊重し，それらをはぐくんできた我が国と郷土を愛するとともに，他国を尊重し，国際社会の平和と発展に寄与する態度を養うこと。
>
> （教育基本法第2条教育の目的）

　地域学校協働活動を説明するパンフレットの中で「地域学校協働活動として、例えばこんな取組が考えられます」の中では「より専門的な技能・知識を要する」ベクトルの起点に「郷土学習」が位置付いている。

　国際港都市を提唱している横浜市では、「国際理解教室」としても郷土学習を推進してきている。

　2017年度告示小学校学習指導要領解説総則編[9]では、郷土や地域に関する教育について以下のように記載されている。

> 　郷土や地域に関する教育（現代的な諸課題に関する教科等横断的な教育内容）
> 　本資料は，小学校学習指導要領における「郷土や地域に関する教育」について育成を目指す資質・能力に関連する各教科等の内容のうち，主要なものを抜粋し通覧性を重視して掲載したものです。各学校におかれては，それぞれの教育目標や児童の実態を踏まえた上で，本資料をカリキュラム・マネジメントの参考としてご活用ください。
>
> （小学校学習指導要領解説総則編 pp. 220-223）

この資料を参考にして「ふるさとカリキュラム」を位置付けることも可能である。

（3）学習指導要領の中の「家庭や地域社会との連携及び協働と学校間の連携」

> 2　家庭や地域社会との連携及び協働と学校間の連携
> ①　家庭や地域社会との連携及び協働と世代を越えた交流の機会（第1章第5の2のア）
> ア　学校がその目的を達成するため，学校や地域の実態等に応じ，教育活動の実施に必要な人的又は物的な体制を家庭や地域の人々の協力を得ながら整えるなど，家庭や地域社会との連携及び協働を深めること。また，高齢者や異年齢の子供など，地域における世代を越えた交流の機会を設けること。
>
> （小学校学習指導要領解説総則編 pp. 125-126）

この内容は、教育基本法第13条の「学校、家庭及び地域住民その他の関係者は、教育におけるそれぞれの役割と責任を自覚するとともに、相互の連携及び協力に努めるものとする」の規定を受けて、記載されている。正に地域学校協働活動が目指していることである。解説にも「学校、家庭、地域の人々と共に子供を育てていくという視点であり、それぞれ本来の教育機能を発揮し、全体としてバランスのとれた教育が行われることが重要である。」と記載されている。

これまでのソーシャル・キャピタルという視点だけではなく、「ふるさとカリキュラム」という視点を入れていくと各家庭の「父親のふるさと」「母親のふるさと」「祖父母のふるさと」が材となる。特に横浜では、開港からの歴史も浅く、いろいろな地方から出身者が集まっている実態がある。その出身地（ふるさと）のよさを横浜の「ふるさとカリキュラム」に生かそうとする考え方である。転校生も多い横浜である。転校生が入ったときの「ふるさとカリキュラム」という単元も作れそうである。経験してきた学校のよさも生かし、転校先である横浜の学校をよりよくしていくための「前の学校のよさ」を生かしていく「ふるさとカリキュラム」にしたい。

地域の高齢者には、戦争体験者他、いろいろな体験をされた方々がいる。「平和教育」はじめ、多様な体験の話を聞きながら生き方に学ぶ「ふるさと教育」が実現する。「ふるさと」という視点は、人の向こう側に見える景色であり、子供が大人になって帰ってくるための視点でもある。

可視的な地域の材の視点では、学校相互間の連携や交流に記載されている。

> ② 学校相互間の連携や交流（第1章第5の2のイ）
> イ 他の小学校や，幼稚園，認定こども園，保育所，中学校，高等学校，特別支援学校などとの間の連携や交流を図るとともに，障害のある幼児児童生徒との交流及び共同学習の機会を設け，共に尊重し合いながら協働して生活していく態度を育むようにすること。
>
> （小学校学習指導要領解説総則編 pp. 126-127）

これまでも、大切にされてきた視点ではあるが、コロナ禍の中、交流が止まっている視点である。アフター・コロナの教育課程では、地域にある学校相互間連携や交流についても「ふるさとカリキュラム」の一つとして入れていくことが考えられる。

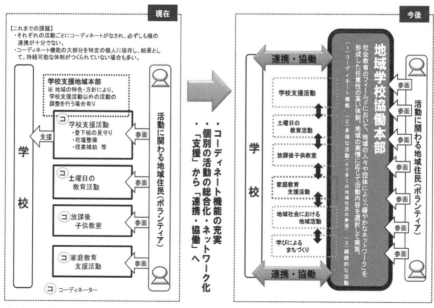

資料2　今後の地域における学校との協働体制の在り方

5 横浜の「ふるさとカリキュラム」を緩やかなネットワークで実現

　開港から160数年しかたっていない横浜。160年の伝統文化の学習に合わせて、横浜に住んでいる人たちのふるさとのよさに学び、横浜の地域を見つめ直し、横浜で地域を創る。

　「社会に開かれた教育課程」が提唱されている中、地域に住んでいる人の「生き方に学び・生き方を見つめ・生き方を創る」ことも「ふるさとカリキュラム」であり、「地域に学び・地域を見つめ・地域を創る」ことも「ふるさとカリキュラム」としたい。

　未来の横浜は、横浜の学校の「ふるさとカリキュラム」の推進により、外国籍・外国につながる子供や大人の出身地をも材として、これまでの深く強いつながりを目指すのではなく、悪い点や失敗にも目を向けることにより笑顔が生まれる「かわいらしさ」と資料2のキーワードである「緩やかなネットワーク」により、創り・つながる「創縁」（縁を創る）を目指していきたい。

引用文献
1) 朝日新聞天声人語（2008年5月6日〈火曜日〉付）
2) 横浜市教育委員会事務局
　 https://cgi.city.yokohama.lg.jp/somu/reiki/reiki_honbun/g202RG00001440.html（閲覧日2023年6月11日）
3) 佐藤晴雄（2019年）「コミュニティ・スクール」エイデル研究所 p37
4) 文部科学省総合教育政策局地域学習推進課地域学校協働活動推進室「学校と地域でつくる学びの未来 地域学校協働活動」
　 https://manabi-mirai.mext.go.jp/torikumi/chiiki-gakko/kyodo.html（閲覧日2023年6月11日）
5) 公益社団法人全国PTA連絡協議会社会教育審議会報告（昭和42年6月23日）「父母と先生の会の在り方について」
　 https://www.nippon-pta.or.jp/history/advance/03/03-1-1（閲覧日2023年6月11日）
6) 神奈川県警生活安全部少年育成課資料（2020年）神奈川県学校・警察連絡協議会の概要
7) 横浜市教育委員会事務局学校支援・地域連携課（2020年）「地域とともに子どもを育む学校づくり 〜学校運営協議会と地域学校協働本部が一体となって横浜の子どもを育てるために〜」
8) 文部科学省ふるさと学習
　 https://www.mext.go.jp/component/a_menu/education/micro_detail/__icsFiles/afieldfile/2010/10/07/1298232_07.pdf（閲覧日2023年6月11）
9) 小学校学習指導要領解説総則編（2017年）東洋館出版社pp.125-126、pp.220-223

北村克久

おわりに

「教育課程」は誰のもの

　それは、言わずもがな「教師」のものだ。教師が、学級担任や教科担任になって、児童・生徒に教育指導を行うことになったとたん、不可欠となる。教師の教育活動は、意図的・計画的・継続的に行われなければならない。学習指導要領を無視したり、子供の実態を軽視したり、個人の思い込みや好き嫌いで行ったりしてはならないからだ。

　そして、教育課程は「学校」のものである。学校には、教育課程を編成し実施・改善していく「義務」と「権利」がある。学校の教育活動は、意図的・計画的・継続的、かつ、組織的に行われなければならない。それが、学級王国を排し、学年連携を図りながら、教科担任制を機能させ、特色ある教育活動を具現化することとなる。近年、教育委員会が編成・配付する「教育課程編成の手引き」の類が、具体的になってきていることもあって、学校での編成を放棄する動きがあることは、由々しき事態である。

　また、教育課程は、「子供」のものである。今般の学習指導要領の改訂を見るまでもなく、従来より、子供の学習は主体的であらねばならないと言われてきた。主体的な学びには、学習の内容や方法や時間について、子供自身の見通しや目当てや振り返りが必要であり、子供自らの学習を自己調整しながら進めていかなければならない。教師の指示通りに動いていくような学習形態に、主体性のかけらも発揮しようがないのである。

　さらに、教育課程は「地域や保護者」のものである。それは、子供と同

様、「教員免許をもたない者にとって、教育課程は理解できない」と、ながらく教師の間で信じ込まれてきた。しかし、学校の運営に、保護者や地域の人々は、深く関わるようになってきた。そのための、学校説明の場においては、教育課程についての説明が核にならねばならない。また、学校に招き入れたり、学校から出て行ったりしながら、特色ある地域との連携を図らなければならなくなっている。そのような場での、対話的な学びの成立も、重要となる。従って、保護者や地域の人々からの、教育課程に沿った協力が不可欠となるのである。

　まず、教師となったら、日々の授業を核とする教育活動においては、日案、週案、月案などの計画をていねいに立てることから始めねばならない。そして、授業実践するたびに、授業評価の結果を週案等に朱書きしながら、教育課程の評価・改善に取り組む。つまり、教育課程に関するPDCAサイクルを回していくのである。

　と同時に、授業の対象である子供に、教育課程に基づいて、学習の内容や道具・方法・時間等について、分かりやすく伝えていかなければならない。そうしなければ、子供は、教育課程に沿った学習活動を、主体的に展開できなくなる。

　もちろん、学習指導要領の改訂を契機に、学校の教育課程の編成作業に、教師集団として加わらなければならない。

　そして、あらゆる場や手段を通して、保護者や地域の人々に、教育課程を理解してもらう努力を、不断に継続する必要がある。

　このような労は、働き方改革の現在においても、決して、惜しんではならない。本書が明日を目指す教師にとって役に立つことを念願するものである。

松永立志

プロフィール

相澤昭宏（あいざわ　あきひろ）

横浜市立小学校教諭を務めた後、指導主事として主に総合的な学習の時間の研究や実践を指導。その後、東部学校教育事務所で首席指導主事を務め、学習指導要領解説編集委員、横浜市立学校校長、同市教育研究会長を経て、現在、鎌倉女子大学にて総合的な学習の時間等の授業を担当。日本生活科・総合的学習教育学会常任理事。主な著書は共著として『新学習指導要領ポイント総整理』（東洋館出版社）、『新学習指導要領の展開』（明治図書）、等。

笠原　一（かさはら　まこと）

1989年から横浜市立中学校英語教諭、2004年から横浜市教育委員会指導主事として、小学校英語教育の始動に寄与。2009年文部科学省国立教育政策研究所学力調査課専門職として、全国学力学習状況調査に係る事例集等を編集。2012年西部学校教育事務所首席指導主事。2016年横浜市教育委員会教育課程推進室首席指導主事として「横浜教育ビジョン2030」「横浜市立学校カリキュラムマネジメント要領・総則」などを編集。2018年横浜市教育委員会国際教育課課長として、英語教育、日本語教育の充実に尽力。2023年から横浜市立大道中学校校長。

北村克久（きたむら　かつひさ）

横浜市立小学校教諭時代、理科・社会科の研究協力校・全国大会を経て横浜市教育委員会指導主事となる。横浜市教育課程研究委員会・カリキュラムセンター構想を担当。西部学校教育事務所長として学習状況調査と教育課程編成の研究、東部学校教育事務所長として地域と連携した子供の育成を研究。鎌倉女子大学准教授を経て、現在、星槎大学・大学院教授として、教育課程論、初等教科教育法（理科）コミュニティ・スクールの研究を重ねている。

坂田映子（さかた　えいこ）

星槎大学大学院教育学研究科教育学専攻教授。専門は「学校教育」「音楽教育」。横浜市教育委員会指導主事、同公立小学校校長。横浜市小学校音楽教育研究会会長、神奈川県小学校中学校音楽教育連盟理事長、鎌倉女子大学准教授を経て現職。JICA専門家としてミャンマーの初等教育・教員養成に携わったことから、東南アジアの教育なども手掛ける。最近の論文に「ブータンの情報化と伝統音楽との共生 ―民俗音楽を手掛かりとして―」（2022、星槎大学教職研究）「新たな学びへの挑戦 ―ポスト真実時代に教員はどう立ち向かうか―」（2022、教育展望）などがある。

茂野賢治（しげの　けんじ）

東京大学大学院教育学研究科博士課程単位取得退学。修士（教育学）。現在、東京工芸大学工学部教職課程教授、東京学芸大学教育学部初等教育教員養成課程非常勤講師として、カリキュラム論、教育制度・経営論、教育原理、数学科指導法などを担当している。横浜市立中学校教諭として、数学科、教育課程委員長、生徒指導専任などを担当した。その後、横浜市教育委員会事務局主任指導主事等、立命館大学講師を経て、東京大学大学発教育支援コンソーシアム推進機構リサーチ・アシスタント（RA）として、高大連携プロジェクトの推進、OECD/TALIS分析・教員研修支援専門研究員として、国立教育政策研究所にて日本をはじめとするOECD加盟国等8か国・地域の数学の指導実践・授業・学習状況・カリキュラムについて、AL（アクティブ・ラーニング）につながる分析と報告を行った。また、一般社団法人横浜すぱいす教員研修・調査研究担当理事として、子供の放課後支援の実践と研究を行なっている。社会教育・家庭教育・学校教育をつなぐカリキュラム、「社会に開かれた教育課程」及びそれらカリキュラムマネジメントが現在の中心的な研究課題である。

嶋田克彦（しまだ　かつひこ）
横浜市立小学校を経て、横浜市教育委員会西部学校教育事務所の首席指導主事を務める。その間、小学校学習指導要領実施状況調査の分析委員（特別活動）や指導資料『みんなで、よりよい学級・学校生活をつくる特別活動（小学校編）』の作成など、国立教育政策研究所の事業に携わる。その後、横浜市立峯小学校長に着任し、市小学校教育研究会副会長、市特別活動研究会長等の任に当たる。現在は教育委員会教職員育成課の教職員研修等支援員として大学生の人材育成（アイカレッジ）や各学校の校内研究（重点研）・研修（メンター研）などに講師として多数参加、大学の非常勤講師も務める。

武山朋子（たけやま　ともこ）
横浜市立小学校教諭、横浜市教育委員会指導主事、副校長、校長を経て、現在鎌倉女子大学教育学部講師。生活科、総合的な学習の時間と出会い、自身の教師としての軸をそこにおく。東京学芸大学平野朝久氏のもとで学び、有能な学び手としての子供を信じ支える授業づくり、学校づくりを目指し取り組んできた。現在、横浜市こども青少年局で、幼保小をつなぐ架け橋プログラムの推進にもあたっている。

冢田三枝子（つかだ　みえこ）
横浜市立小学校、特別支援学校、横浜市教育委員会特別支援教育相談課及び特別支援教育課に勤務。校長時代は、特別支援教育を中心とした学校経営を実践する。共著に『小学生のスタディスキル』『はじめての小学校生活』『発達障害のある子どもの国語の指導』等。日本LD学会会員。特別支援教育士スーパーバイザー。公認心理師。

中澤道則（なかざわ　みちのり）
1983年より横浜市立小学校教諭として勤務。現横浜市立学校校長。「心を育てる教育研究会（押谷由夫代表）」所属。同教育研究会編「子どもと教師の心がはずむ道徳学習」（東洋館1996）に執筆。「心のノート」の編集、文部省道徳教育推進指導資料、道徳副読本、道徳科教科書等の執筆に携わる。横浜市道徳教育研究会長、神奈川県道徳教育研究会長を経て現在に至る。

藤本英実（ふじもと　ひでみ）
横浜市立小学校教諭、同副校長、横浜市教育委員会指導主事、主任人事主事、横浜国立大学等の非常勤講師を経て、現在、横浜高等教育専門学校校長として社会科指導法などの授業も担当している。主な著書は、編著として『考え合う授業の追究』（東洋館出版社）、共著として『生きる力としての問題解決力を育む授業』（黎明書房）、『問題解決学習がめざす授業と評価』（黎明書房）等。

安冨直樹（やすとみ　なおき）
横浜市立小学校教諭、統廃合校の小・中学校副校長、横浜市教育課程委員（総則部会）などを経て、横浜高等教育専門学校専任教員。横浜国立大学大学院時代、コンピュータデータベースを活用した子供の思考分析に関わり、情報機器を学校教育に取り入れる可能性を知る。情報活用能力育成のため、遠隔教育、小学版統合ソフト開発協力、NHKメディア教育番組出演、小学館『教育技術』執筆等を行う。2007年東京大学大学院学校教育高度化専攻研究生、佐藤学教授のもとで「教師の学び」について研究。教員養成機関における人材育成、ICT活用授業デザインに関心がある。

松永立志（まつなが　たてし）
横浜市立小学校教諭・学校長、横浜市教育委員会指導主事・指導第一課長・教育課程開発課長・学校教育部長、鎌倉女子大学教育学部准教授、高知県授業づくり講座指導官として勤務。小学校学習指導要領解説国語編（平成11年・20年）作成協力者、小学校国語科教科書編集委員などを務める。編著書に、『国語科実践事例集　1年2年』（小学館）、『発問付きでよく分かる！　教材別板書アイディア53』（明治図書出版）、『やってみよう！　楽しいずかんづくり①〜④』（光村教育図書）、『広げる、まとめる、思考ツール　4年〜6年』（光村教育図書）などがある。

星槎大学叢書6

教師を育てる教育課程

編　者　北村克久

発行者　西村哲雄

発行所　星槎大学出版会
　　　　250-0631 神奈川県足柄下郡箱根町仙石原 718-255
　　　　Tel 0460-83-8202

編　集　かまくら春秋社
発　売　248-0006 鎌倉市小町 2-14-7
　　　　Tel 0467-25-2864

2024 年 2 月 22 日　初版第 1 刷

ISBN978-4-7740-8010-9 C1037

星槎叢書刊行にあたって

　星槎は「人を認める・人を排除しない・仲間をつくる」という三つの約束のもとに、社会に必要とされる様々な環境を創り、その実践に向けた挑戦を続けています。

　人はお互いに補い合って生きています。しかし、ときに我々は共に生きるという大切なことが見えなくなってしまうことがあります。そうした事態を乗り越えるためには、日常の身近なことから「共に生きることを科学する」ことが求められます。具体的には、「人と人との共生」から教育・福祉・医療・心理・公共など、「人と自然との共生」から環境の持続可能性・生物多様性保全・災害への対応など、「国と国との共生」から国際関係・国際協力・安全保障などが挙げられるでしょう。

　星槎とは星のいかだです。　由来は、それぞれに異なるさまざまな木を束ねて創った槎で天空の星をめざす、という中国の故事にあります。星槎叢書が、大海に槎を漕ぎ出し、より広く、より深い、知的冒険にあふれた共生実践に挑む航海者の羅針盤になることを願っています。

　二〇一五年一月

　　　　　　　　　　　　　　　　　　　　宮　澤　保　夫